カンボジア自転車プロジェクト

オッサンが国際支援をはじめた！

安田勝也

新評論

まえがき

「この子は、将来、自分の夢をあきらめるときが来る」

二〇一五年一〇月、カンボジアの農村エリアにある貧困家庭を訪問していたときに、同行してくれた現地支援団体の代表者が言った言葉です。

学校に通えて、将来の夢があれば、あとは一生懸命勉強するだけ。お金がなくても、この子どもには奨学金があるのだから……という単純な思考回路しかもち合わせていない私は、たくさんの子どもに「将来、何になりたい?」と尋ね続け、「しっかり勉強しなよ!」と言い続けたのです。子どもたちの事情を何も知らないで……。

私は、大阪で小さな経営コンサルティング事務所を経営しています。問題を抱える企業の人たちに、解決策を提示するというのが私の仕事です。しかし、冒頭の言葉を聞き、その子どもの事情を聞いたとき、私が言えることは何もありませんでした。

「解決策が思いつかない。グッドなアイデアを教えてあげることが私の仕事なのに……」

結構、落ち込みました。今思えば、学校に通うための奨学金を支援しているだけの存在である自分は、どこか得意になって「何か困っていることはない?」と、自己満足だけで支援の手を差し伸べようとしていました。それが、こちらの都合を押し付けるだけの偽善だということにも気が付かないで……。

この「単純・自己満足・偽善男」という性格が現在もときどき登場してくるのですが、自己認識するまでにはいろいろと悩みました。「どうしたらいいだろう……」と悩んだ末に得られた結論は、「そうだ！　自分には解決できないから、この子どもたちに自分で考えてもらおう。そのためには知識が必要だ。だから、学校に通い続けてもらおう」という他力本願な結論でした。そのとき、先ほどの支援団体の代表者が教えてくれたことを思い出しました。

「うちは、奨学金以外に自転車をプレゼントする活動も行っています。ただ、奨学金ほどは協力者が集まっていないのですが……」

「何で自転車をプレゼントするの？」と思った人もいることでしょう。その理由は本書で詳しく説明していきますが、徒歩ではとても通うことができないさまざまな事情があるのです。実際の自転車プレゼントの台数を尋ねると、二〇一四年度では奨学金が一四一〇人に給付されたのに対して、自転車は何と一二六台しかありませんでした。

「全然足りてないやん！」と感じたとき、私のコンサルタント魂が熱く燃え上がりました。

「夢を諦めなくていい方法は教えてあげられなかったけど、自転車をもっと集めることはできる！」

そこで、「すぐに企画書を書くから、一緒に協力してほしい！」と支援団体にお願いしました。このときが、「カンボジア自転車プロジェクト」のスタートとなりました。

改めて、自己紹介をしましょう。「カンボジア自転車プロジェクト」を主催している安田勝也です。元々はシステムエンジニアだったのですが、きつい仕事を投げ出し、見よう見まねでコンサルティング事務所をはじめたのが二〇〇五年です。人付き合いが苦手で、小さな事務所に一人。家族が食べるためのお金を得ることを第一に細々とこれまでやってきました。そんな私が、一〇年後となる二〇一五年にカンボジアを訪れ、さらには「自転車プロジェクト」を自ら立上げることになるとは、当初は想像もしていませんでした。

今は経営コンサルタントとしての仕事が自分の使命だと思っていますし、「自転車プロジェクト」の活動もその一部となっています。言ってみれば、仕事とボランティアの境目があいまいなのです。でも、どちらも自分の人生、外野の声は聞かないようにして、今は「これでいい」と思っています。「食べるためだけの細々男」が、どうして「カンボジアの子どもたちに明るい未来を！」と考えるようになったのか。本書では、その理由なども書いていきたいと思っています。単にカンボジアで行われているボランティア活動の報告書ではなく、安田という一人の人間の物語をみなさんに伝えることにします。その理由は、読んでいただければ分かります。

初めてカンボジアを訪れ、仲良くなったトゥクトゥクのドライバーであるジョンのアパートを訪れて裸でどんちゃん騒ぎをしたり、翌年、再び訪れたときにはバスで国境越えにチャレンジしたり、ジョンの実家にホームステイしたりと、楽しいこと満載です。さらに二〇一七年、三回目のカンボジア訪問では、ジョンと再会したときの宴で絶対に口にしてはいけない料理を調子にのって食べ、ひどい下痢のままアンコール・ワットのハーフマラソンも走りました。

「おまえ、カンボジアに何しに行ってるんや?」という非難の声がたくさん聞こえてきそうです。何かにチャレンジしたり、失敗したり、とにかく面白いことをする。それが楽しくて仕方がない、のではありません。さまざまなハプニングをSNSで発信すると、友達が面白がってくれるのです。これが私の動機です。友達が面白がってくれるからやってみる。それが原動力となり、「自分が誰かに仲間として認められている」と思えるのです。

正直に言って、私はSNS依存症です。「いいね」の評価が気になって仕方がないという小さな人間です。でも、そうした「いいね」を集めることで、SNSだけでなく実際の社会を笑顔にすることができるのではないかと思っています。友達から、仕事の取引先から、家族から、そして世界中からの「いいね」、もちろん本書を手に取ってくださったあなたからの「いいね」で、笑顔のある社会をつくりたいのです。


本書の出版について出版元である新評論の武市一幸さんと話をしたとき、次のように言われました。

「安田さん、ビジネス本を何冊か出しているようやけど、それらと同じように、何かを教える・伝えるという上から目線で書いてはダメでっせ」

確かに、これまでは知識や技術を伝えるために本を書いてきました。でも、今回は違います。究極の自己満足かもしれませんが、絶対に面白く、みんなから「いいね」と言ってもらえるように頑張って書きました。そういえば、武市さんはこうも言っていました。

「エンターテイメントなんだから、面白くなくては意味がありまへん！」

多いに笑っていただきましょう！「笑い」は関西人のお家芸。関西人の一人として、そこに力を入れて伝えていきます。あっ、武市さんも大阪の出身でした。

一人でも多くの人が本書を手に取り、クスクスと笑い、「いいね」と思ってもらえることを願っています。そして、ボランティアの真髄が伝わることも願っています。それでは、関西人のオッサンが発する「カンボジア自転車プロジェクト」の様子、しっかりと読んでください。

もくじ

第6章 二〇一八年の活動記録

カンボジア全図

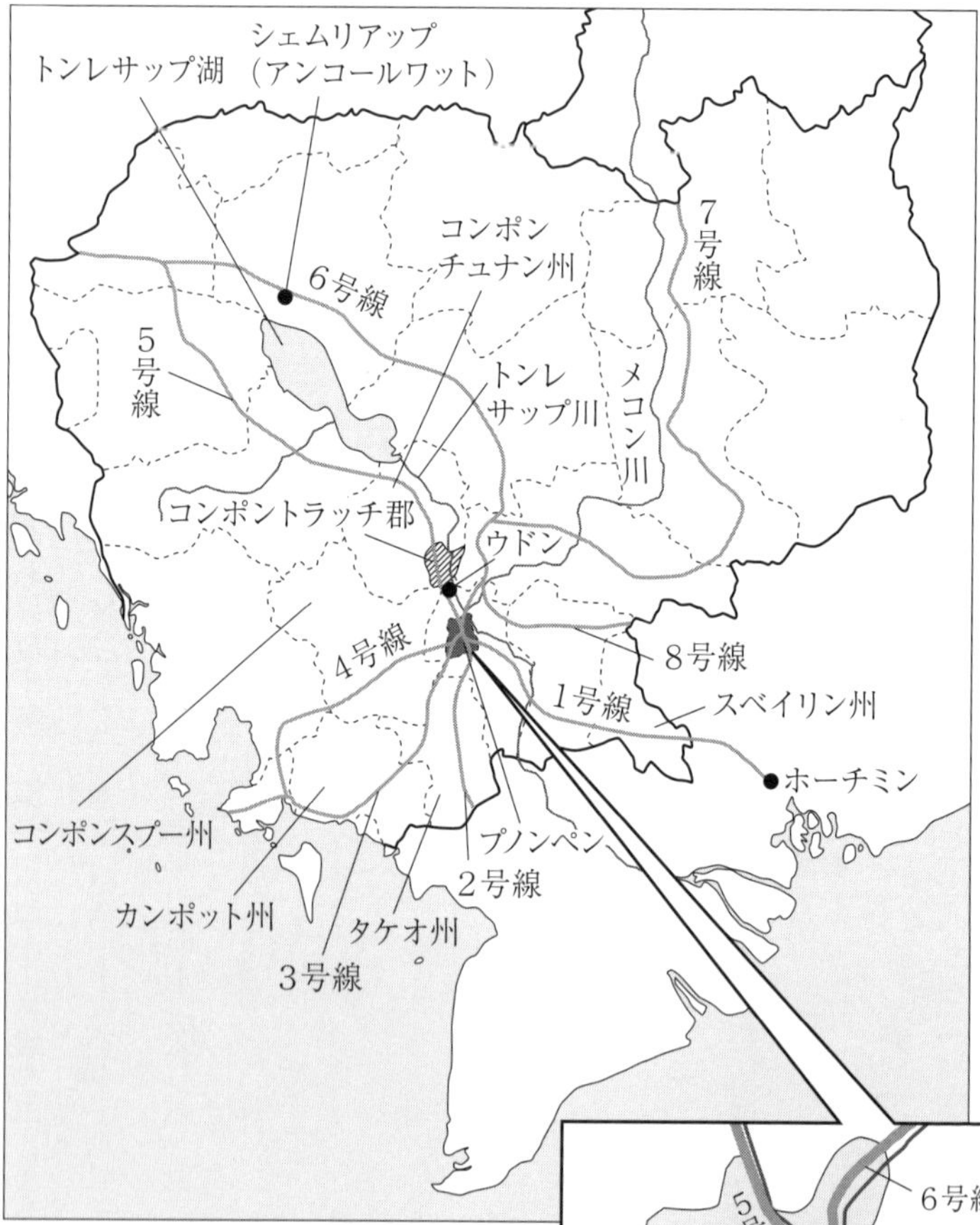
シェムリアップ
（アンコールワット）
トンレサップ湖
コンポン
チュナン州
6号線
7号線
5号線
トンレ
サップ川
メコン川
コンポントラッチ郡
ウドン
4号線
8号線
1号線
スベイリン州
ホーチミン
コンポンスプー州
プノンペン
2号線
カンポット州
タケオ州
3号線

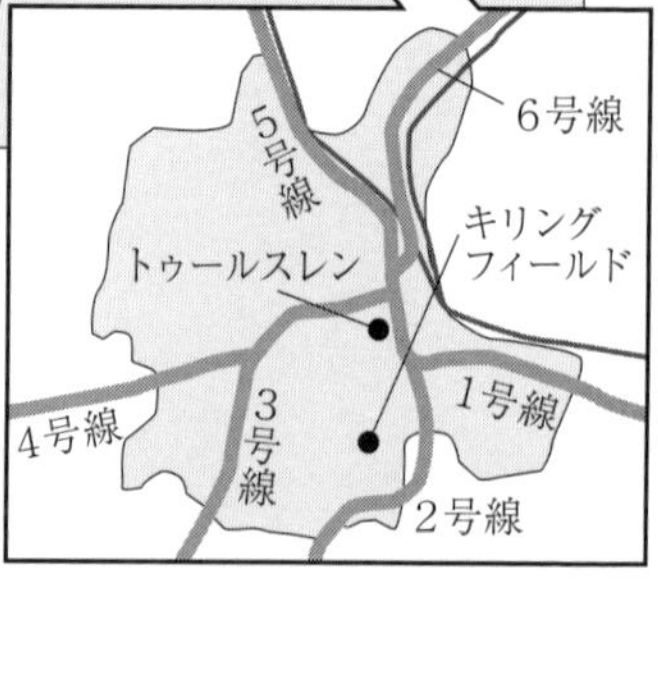
6号線
5号線
キリング
フィールド
トゥールスレン
1号線
4号線
3号線
2号線

プノンペン中心部

カンボジア自転車プロジェクト——オッサンが国際支援をはじめた！

第1章 カンボジアにはまったきっかけ

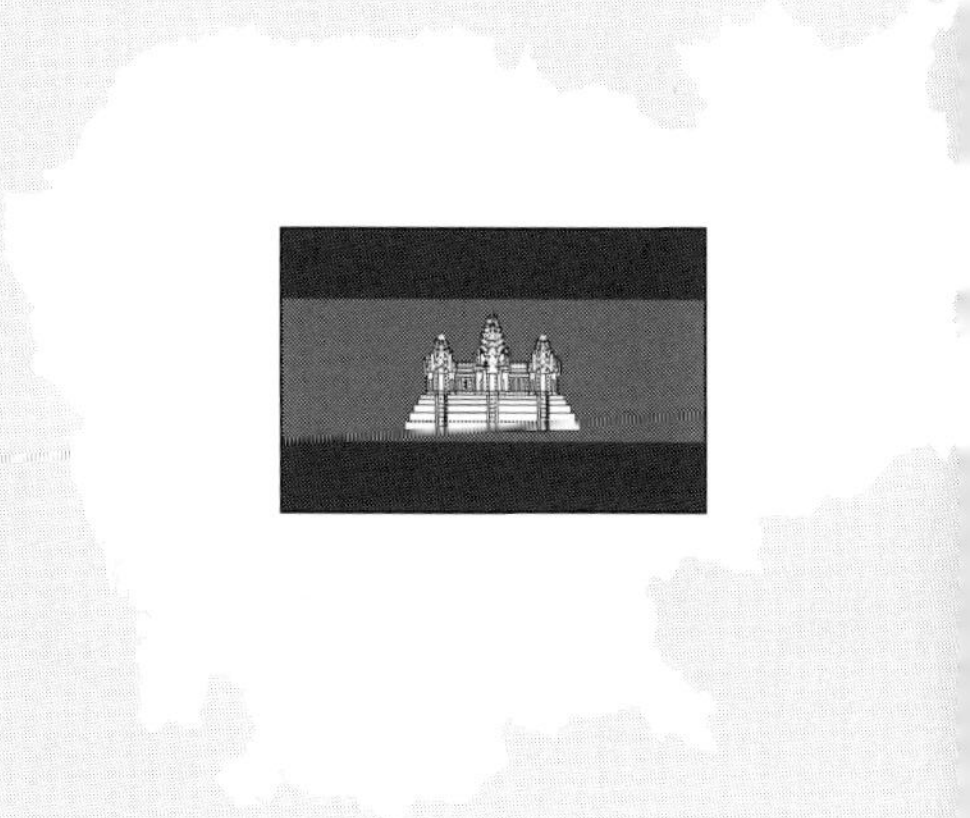

1 自己紹介と事業紹介

安田の生い立ち

大阪万博が終わった翌年の一九七一年、万博の興奮が冷めきらぬころに私は大阪で生まれました。二歳上の兄がいるのですが、この兄には家族で万博に行ったときの写真があります。その記憶が強烈すぎたのか、家族の間では「みんなで万博行ったなぁ」という思い出話がよく出るのですが、私は心の中で（おいらは行ってないけどな）とつぶやいていました。

一九七一年は高度経済成長期の終わりごろです。戦後、すごい経済復興を果たした団塊世代が子どもを産み、育て、第二次ベビーブームが起こりました。だから、私の世代は「団塊ジュニア」と呼ばれています。当時の家業は喫茶店。家族経営の喫茶店はそこら中に存在していました。両親が営む喫茶店も、好景気の後押しもあって流行っていたようです。

店の一番奥には、一〇〇円玉で勝負するスロットマシーンがありました。厨房の奥には秘密のスイッチがあり、これを「オン・オフ」することでスロットマシーンの当たる確率が変わるらしく、父親は「もう少しで出るはずやと思わせ続ける、さじ加減が大事なんや」と、子どもの私に話してくれたことを覚えています。今なら完全に違法ですね。もう三〇年以上前のことなので、お給料やボーナスをつぎ込んでしまったみなさん、どうかご勘弁を。天国の父親もきっと謝っています。

父親は、私が一五歳のときに他界しました。鹿児島県奄美諸島沖永良部島の出身で、中学を卒業したあと集団就職で大阪に出てきました。住み込みで一生懸命働き、そこで同じく集団就職で広島県深安郡神辺町（今の広島県福山市神辺町）から出てきた母親と出会います。多少余裕ができはじめたころに結婚し、兄が生まれたころに自分のお店をもちました。店の名前は「純喫茶パール」。

父の他界後、母一人で私たち兄弟を育て上げました。私が結婚して娘が生まれてからは、せっせと「ばあば業」に励みましたが、二〇一六年に他界しました。私がカンボジアに行く話をするたびに、「大丈夫なん？　気ぃ付けや！」と心配してくれていました。カンボジアに何をしに行くのかは興味を示さず、息子の身だけを案じるというやさしい母親でした。

バンド三昧といじられキャラ

中学校を卒業するころから、私はベースを弾きはじめました。きっかけは、「カッコいいミュージシャンに憧れた！」といったものではなく、とても受動的なものでした。先にベースを弾きはじめたのは兄でした。でも地味だからという理由でギターに転向したあとパンクロックにはまり、バンドを組もうと思い立ったのです。

パールの店内で撮った母親と筆者

バンドブームが少しずつ盛り上がるころで、友人にもベースを弾く人がいたようなのですが、「お前、ベースやれ！」って感じで私はベースを練習しはじめることになったのです。中学時代は勉強ばかりしてやっと進学校に入れたのに、「バンドばっかりやって！」、「お兄ちゃんの真似なんかして！」、「あんた、タバコ吸うてへんやろうな！」が当時の母親の決まり文句でした。

でも、私にしてみれば自分よりも年上の人たちとバンドを組むことで大人になった感じがして楽しかったです。もちろん、兄の真似をして（？）タバコも吸いましたし、お酒も飲みました。「勝也はベースも弾きよるし、タバコも酒もいっぱいしやなぁ」と、年上の誰かに言ってもらうことが自らの存在を認めてもらうことのように思えたのです。

バンド活動は、高校から大学とずっと続けました。メンバー全員でワンボックスカーに乗り込み、機材を積み込んで東京までライブをしに行くこともありましたが、そのまま「プロミュージシャンを目指す！」という勇気も意気込みもなく、大学卒業後はシステムエンジニアとしてコンピュータ会社に就職しました。

システムエンジニアの仕事、そして独立

顔色ばかり見る大人しい性格の私に、コンピュータという道具はとてもマッチしました。中学生のころにパソコンを買ってもらい、ゲームで遊んだり、プログラムの勉強をしたりしていました。コンピュータが大好きだったので、大学生のころ、自然と「コンピュータ会社に就職しよう」と決めてい

ました。毎日、コンピュータとニラメッコして仕事ができると思っていたのです。もちろん、それはまったくの誤解で、ほかの仕事と同じくコミュニケーション能力も必要ですし、「引っ込み思案だから」と大目に見てくれるようなものではありません。

二〇〇五年に独立するまで、二つのシステム会社で働きました。二社目では、転職組のなかで「仕事ができるやつ」と見られたい一心で、自分の偶像をつくり上げることに一生懸命だったように思います。もちろん、化けの皮がはがれていきます。それでも、「お前、仕事のできん奴やったんか！」と言われるのが嫌で、難しい仕事に直面したときも、「分からないから教えて！」や「もうダメ！助けて！」と言うことができませんでした。

誰かと一緒に何かをやるために必要とされる協調性が欠けていたように思います。他人に迷惑がかかることも考えないで、カッコつけることばかりを気にして、そして最終的には自爆です。

このころ、仕事から来るストレスか単なる暴飲暴食なのか、原因不明の胃痛に悩まされました。夜中になると「胃が痛い！」とのた打ち回り、タクシーで救急病院に飛び込むも、原因が分からず胃薬を処方されて帰宅するということを、ほぼ毎日繰り返していました。言うまでもなく、妻にはとても心配をかけました。

そんな日々を繰り返したある日、同じように病院に駆け込んだのですが、「一番きつい痛み止めを打っても治まらない。とりあえず入院してください」と言われてしまいました。同じ時期、健康診断で胆石も見つかっていました。でも、痛いのは胃なのです。病院で二週間ほど安静にし、胃痛が治まって退院したのですが、後日、胆のうを取る手術を受けて、病状は完全に治まりました。つまり、胆石症から来る痛みだったのです。

こうした出来事がきっかけで、会社を退職することを決意しました。退職の旨を社長に伝えたら、「こんなことがあったから退職は仕方がないけれど、うちの仕事を手伝ってくれないか?」という言葉をいただきました。転職するつもりでいたのですが、夢だった「独立」という言葉が脳裏に浮かび上がりました。そして、妻と相談し、「やってみよう」ということになったのです。

2 経営コンサルティングという仕事と自分

最初は家族を養うために

「安田コンサルティング」として個人事務所を立ち上げたとき、頭の中は「食べていけるか?」という不安でいっぱいでした。食べていくためには仕事を取ってこなければなりません。そのためにいろいろと動き回りました。そして何年か経って、「何とか食べていける」と感じたときにモチベーションが下がるなんて、ぜいたくな話です。そんな心情をコンサルティング仲間の福住昌子さんに話したら、そのときの私の状況を次のように説明してくれました。ちなみに、この福住さん、のちに紹介する自転車プロジェクトの重要人物です。

「灯台は、遠くにあると目指して行けるもの。近くまできたら、灯台のふもとは真っ暗なのよ」

なるほど、「食べていくために」という当初の目標を達成しつつあるから、周りが見えなくなったのです。新しい目標を見つけなくてはいけないと思いましたが、一度落ちてしまったモチベーションではそれも難しく、しばらくはダラダラとした時期が続きました。

中小企業家同友会との出会い

そんなある日、仕事先である建設会社の社長に、「経営者が集まる異業種の交流会があるからおいでよ！」と誘われました。引っ込み思案で、気さくに人とコミュニケーションを取ることが苦手なだけに、異業種交流会という場は決していいとは思えません。顔色ばっかりうかがって、会場の片隅でじっとしている自分の姿が目に浮かびます。実際、このような交流会に参加したときは、隙あらば片隅に逃げ、時間が過ぎるまで一人でいることが多かったです。

「嫌だったら断ればいいじゃん」と思われるかもしれませんが、実は断ることも苦手なのです。「誘いを断って、この人が嫌な気分になったらどうしよう？」と考えてしまうのです。それゆえ、その人の誘いに従って交流会に参加することにしました。

この交流会は「中小企業家同友会」と言います。四七都道府県すべてにあって、それぞれ少し違いはあるものの、「経営者としての自分を高め、良い会社を目指し、そして経営環境を改善し、日本経済の繁栄を目指す」という理念のもとで運動している団体です。

もちろん、参加したからには「この会はいいよ、入会しなよ！」という誘いを受けます。頭の中では、「誘ってくれた人をたてて何回か参加して、次第に幽霊会員になり、半年後にひっそりと退会する」という計画を立てていました。この計画どおりに事が進んでいたら、カンボジアの子どもたちを支援するための活動をすることはなかったと思います。

やっと得られた私の使命

巻き込まれ体質の私は、入会後もさまざまなことに「誘われる・断れず」を繰り返していきました。さまざまな活動をするうちに、引っ込み思案の私もさすがに知り合いができて、少しずつですがガードを緩めていくことになりました。そして、私の人生を変える「同友会名物」とも言えるセミナーに参加することになったのです。その名も「経営指針確立成文化セミナー」。大層な名前ですが、いわゆる経営計画書を作成するセミナーです。

ただ、その内容が一般的に行われているものとは大きく違っていたのです。その極め付けは、名称にもある「確立」の部分です。企業には、その目的や存在意義を示す経営理念というものがあります。しかし、すべての企業がそれを明文化しているわけではありませんし、そうした理念をもっていない企業も数多く存在します。わが「安田コンサルティング」も、社会に示すほどの目的や存在意義について深く考えたことはありませんでした。

「何のために、誰のために経営しているのか?」

「自分がもっとも大切にしている価値観は何?」

普段あまり考えない命題をヒントに、自分の心を深く掘り下げ、見つめ直すことで経営理念を明らかにしていきました。同友会の仲間がいろいろな質問を投げかけてくれるのです。このセミナーには、外部から呼ばれた講師は存在しません。

仲間　なんでコンサルタントやってんの？
安田　そりゃあ、お客さんである企業を元気にするためです。
仲間　元気にするって、どういうことなん？
安田　えっ……元気といえば……とにかく元気で……。
仲間　ちゃんと説明できひんのに、どうやって元気にするの？
安田　いや……その……。
仲間　そんなコンサルタントなんて、俺は頼みたくないわ！
安田　……。

こんなやり取りが続きました。そんななか、「安田君はどんな子どもやったん？」と質問されたことがきっかけで自らを内観する時間がはじまったのです。子ども時代の話は先に紹介しました。楽しいこともありましたが、どっちかと言えば辛いことや悲しいことのほうが多かったように思います。周りを見渡しても、イジメや虐待といった悲しいニュースがあふれています。

「怯えて泣いている子どもが世の中からいなくなればいい」

これが、心の中から出てきた声でした。でも私は、イジメや虐待を撲滅するボランティア団体の職員ではありません。「コンサルタントとして、それができるだろうか……」と、一生懸命考えました。そして、セミナーが終わるころ、私のなかの「妄想」が「イジメや虐待の撲滅」と「コンサルタントとしての仕事」をつなげたのです。その妄想とは、次のようなものです。

私の仕事は、目の前にいる経営者を元気にすることです。私と話をするなかで何かヒントを得た人は、「あんたと話ができてよかったわ」と言って、明るく帰っていきます。そのようなヒントをもとに会社の状態がよくなれば、従業員の給料が上がるかもしれません。さらに、職場環境が明るくなるはずです。

経営者がさらに職場環境をよくし、社員が仕事に対する誇りや働き甲斐をもつようになると、家に帰ったとき、「お父ちゃんの仕事は楽じゃないけど、たくさんの人に喜ばれるええ仕事なんやで！」と、ビールを飲みながら子どもに自慢することでしょう。このような一家団欒のシーンに、暴力や虐待は似合いません。また、このような家庭で育った子どもは誰かをいじめたりしないものです。

そんな簡単なことではない、ということも分かっていますが、私の単純な思考回路では、「だから、死ぬまでコンサルタントとしてがんばるねん！」と決意するだけの十分な理屈となりました。まさしく、これが私の使命だと確信したのです。

「泣いてる子どもは世界中におるで！」のひと言に震える

「子どもの笑顔のために仕事がんばるで～！」と走り出して数年が経ったころ、中小企業家同友会の経営者仲間だった「極東技研工業（株）」の西出力《にしでちから》さんに次のように言われました。

「安田さんの経営理念や、そこに込めた思いは分かるけど、活動の中心は日本だけですか？　泣いてる子どもは世界中におるで！」

もちろん、それは分かっていました。このように言われる少し前、仕事でミャンマーに行く機会がありました。当時、「東南アジア最後のフロンティア」と呼ばれていただけあってとても活気がありました。日本からもたくさんの企業が進出していますし、これからもさらに発展していくでしょう。しかし、街を歩いていると必ず物乞いの子どもに出会いますし、レストランで食事をしていると、赤ちゃんを抱いたお母さんがお金を恵んで欲しいと近づいてきます。

当時、何も知らなかった私は財布から一ドルをわたそうとしました。すると、通訳をしてくれていた人が、「わたさないほうがいい。この国を訪れた人がお金をわたすかぎり、こうしたことはなくならない」と言ったのです。（一ドルぐらいはいいじゃないか）と私は思いましたが、彼に従ってお金をわたすのをやめました。

帰国後、偶然に「レンタルチャイルド」という言葉を知り、関連する本を何冊か読みました。東南アジアやインドでは、田舎から誘拐してきた（あるいは買ってきた）赤ちゃんを使って組織的に物乞いをさせるグループが存在すること、そして、大きくなった赤ちゃんの手足を切断して、子どもに物乞いをさせるという話でした。ミャンマーで出会った赤ん坊を抱いた女性が、そのグループに所属しているのかどうかは分かりません。仮にそうだったとしても、私にはどうすることもできません。だから、目を伏せていたのです。

西出さんの話に戻ります。私は次のように返しました。

「そうやねん。だから、いつか海外に事業を広げるために英語の勉強もしてるんやで。英語がちゃんと話せるようになったら、また海外行こうと思ってるねん」

「その、いつか海外って、いつなんですか？『ちゃんと話せる』って、どういう状態ですか？英語で自己紹介ぐらいできるでしょ。だったら、すぐに行くべきでしょ！」

そう、私は「いつか」とか「ちゃんと」という言葉をつなげて、「今はやらない」ことの言い訳をしていたのです。「子どもの笑顔を最優先！」と使命感に燃えていることも事実でしたが、今ひとつアクセルを踏み込むことができなかったのです。そんな私の背中を強烈に押したのが西出さんだったのです。

まず、「何か自分でできることはないか？」と考えて、動き出すことにしました。動き出すといっても、インターネットで調べることからです。調べてみたら、すぐに東南アジアやアフリカにおける子どもたちの悲惨な環境に関する情報が得られました。そして、そうした子どもたちを支援しているボランティア団体のことも。そして、見つけたのが「ダルニー奨学金」という制度でした。その仕組みはのちに説明しますが、興味をもった私はすぐに資料を請求しました。二〇一五年八月のことです。

3 ダルニー奨学金――事務局の高橋あつこさんとの出会い

ダルニー奨学金とは、「公益財団法人民際センター（https://www.minsai.org）」が三〇年以上前から実施している奨学金制度です。タイ、ベトナム、ミャンマー、ラオス、そしてカンボジアのメコン川流域という五か国の農村エリアに住む貧困家庭の子どもたちを支援対象として活動しています。

多くの場合、こうした家庭の両親は農家であり、子どもといっても大切な労働力となっています。だから、小学校を卒業するとほとんどの子どもが働き出し、中学校には進学しません。仮に進学しても、卒業することができないという子どもが少なからず存在しています。そうした状況を改善しようと活動しているのが「民際センター」であり、その活動の一つがダルニー奨学金なのです。

私がこの奨学金に着目した理由は、「一対一でつながる教育支援」だったからです。奨学金で学校に通うことができる子どもが明らかになっており、一年に一度、その子どもの写真が送られてくるのです。ボランティア団体への寄付金というのは「何に使われているのか分からない」という場合が多いのですが、ダルニー奨学金は、「自分が応援している子どもの顔、名前が分かる」ということで、支援する側にも応援している実感が得られる仕組みになっていました。もちろん、支援対象国に前述したミャンマーが含まれていたことも着目したポイントの一つでした。

「それでは、どこの国の子どもを支援しようか……」

ダルニー奨学金は一口一万四四〇〇円です。一口で、一人の子どもが中学校に一年間通うことができます。また、支援する人数も決めなければなりません。ミャンマーの子どもだけでもよかったのですが、結局決めきれず、「五か国すべてに一人ずつ」支援することにしました。これが、民際センターと深くつながるきっかけになりました。

資料が届き、五人分の支援を申し込みました。そしたら、一週間後に民際センターの高橋さんという女性からメールが届きました。そこには、お礼に加えて次のようなことが書かれていました。

「当方、京都におりますので、機会があれば、関西（大阪か京都）でお会いできれば幸いです」

返信をするべきか、と悩みました。前述のとおり、私は引っ込み思案で、知らない人と交流

ダルニー奨学金のホームページ

するのが苦手です。しかし、西出さんからの応援もありましたし、少し気持ちが前向きだったので、「是非お会いしたい！」と返信しました。

そうしたら、すぐに高橋さんから返信が届いたのです。九月五日、大阪梅田の阪急百貨店のイベントスペースで民際センターの活動紹介をするということだったので、その日にあわせて会うことにしました。当時、まだ小学一年生だった娘と一緒に出掛けました。民際センターの活動紹介ではほかの団体の紹介もあるというので、娘に聞かせたかったのです。でも本音は、一人では緊張してしまうので、娘から勇気をもらいたかったのです。

高橋さんは、大きなスクリーンに写真を映し出しながら、少し早い口調で民際センターの紹介をしていました。たくさんの人たちがいるのですが、百貨店の中ということもあって、ほとんどの人は買い物休憩をしているだけのように見えました。この人たちのうち、何人が真剣に耳を傾けているのか分かりません。それでも、誰かの胸に留まればいいなと思って聞いていました。そして、「僕もこの活動に参加しているんです！」と心の中で自慢し、高橋さんの話を誇らしげに聞いていました。

高橋さんの活動紹介が終わって、すぐに声をかけました。イベントスペースの椅子に腰かけて、活動紹介の感想やダルニー奨学金をはじめた思いなどを話しました。高橋さんは、ほかの支援者のことやさまざまなエピソードを教えてくれました。話していた時間は三〇分もなかったと思います。そして最後に、「安田さん、ご支援ありがとうございました。支援している五か国にはそれぞれ事務局がありますす。旅行とかでお越しのときには是非お立ち寄りくださいね」と締めくくりました。このような言葉、社交辞令として言われるものです。私も、「いつか行けたらいいなぁ……」という思いでしたが、ここでまた、あの強烈な西出さんが登場してくるのです。

民際センターの活動紹介から一〇日ほど経った九月一六日、中小企業家同友会の例会がありました。この例会では、西出さんが経営体験を報告することになっていました。例会が終わったあとダルニー奨学金のことや高橋さんとのことを話したら、西出さんが次のように言ったのです。

「そうなんですか！　僕も日本赤十字社に寄付してるんです。ところで安田さん、その五か国の事務局にはいつ行くんですか？」

やっぱり、そうくるよなぁ……。「いつか」じゃダメなことは分かっているのですが、なんせ引っ込み思案だから、思い切ったことをするには腰が重すぎるんです。でも、負けてはいられないという思いもあって、「すぐに行くよ」と返事をしてしまったのです。その夜から、どうしようか……と悩みました。

行くことを決めたとはいえ、行き先はどこにすべきか。タイやベトナムは日本から観光客もたくさん訪れていますし、あまり「貧困」というイメージがありません（実は、これは私の完全な誤解で、やはり農村エリアの貧困はタイやベトナムでも深刻な問題であることをのちに知りました）。ミャンマーは行ったことがあるし……とすれば、残るのはラオスかカンボジアとなります。

そのとき、頭の中に浮かんできたのは、子どものころにテレビで見たカンボジア難民の映像でした。そこに映る子どもたちは、痩せているのにお腹だけがぷっくりと膨らんでいるという栄養失調状態でした。当時の私には遠い外国の出来事でしかなかったのですが、どういうわけか、その映像だけは記憶に残っていたのです。

「そうだ、カンボジアに行こう！」

こう決意して、翌日の九月一七日には民際センターの高橋さん宛てに、「一一月後半にカンボジアに行きたい。カンボジアの事務局にも伺いたいので話を聞かせてもらえますか？」というメールを送っていました。返信がすぐに届きました。

一一月後半にプノンペンに行かれるということで、日程調整します。事務局長のチャンディーさん（のちに登場する重要人物）に是非会っていただきたいです。ポル・ポト時代を生き抜いた苦労人です。最近も、支援者さんが一人、カンボジア事務所でチャンディーさんと話し、大変感動したと、担当スタッフが事務局会議で語っていました。

なお、その方は、支援する奨学生に会うために現地訪問もしたようです。これは、もちろん、その方が実質経費（車・ドライバーなど人件費含む）を払っての訪問です。よって、もし安田さんが、支援するカンボジア奨学生にも会いたいという場合も、それが可能か、また支払う費用などを聞くことも可能ですので、その旨、ご希望をお知らせください。

このメールを読んだとき、すごくドキドキしたことを覚えています。なんだか、どんどん前に進ん

でいる気分でした。周りの景色が少しずつ変わっていくような感じがしました。こんな些細なやり取りでも、私にしてみれば大きな一歩を踏み出しているというワクワク感いっぱいの出来事だったのです。もちろん、「是非、お願いします！」と返信しました。

ところで、メールに書いてある「ポル・ポト時代」って何やろ、と思ってしまいました。社会や世界の情勢、出来事などにまったく興味をもってこなかったので、本当に何も知りませんでした。ちなみに、アンコール・ワットがカンボジアにあるということも当時は知りませんでした。そこで、インターネットや本などでカンボジアのことを勉強して、一一月の訪問に備えることにしました。

4 カンボジアの基本的な情報

カンボジアはどんな国？

カンボジアという国を簡単に紹介します。西にタイ、東にベトナム、北にラオス、そして南は海に面しています。タイとベトナムという大国に挟まれていることもあって、悲しい歴史を繰り返している国でもあります。五月から一〇月が雨季で、一一月から四月が乾季です。私は毎年、乾季で過ごしやすい一二月に訪問しています。カンボジアには、琵琶湖の四倍ほどの面積となるトンレサップ湖がありえます。ただし、それは乾季のときの大きさで、雨季になるとメコン川に流れ込むトンレサップ川が逆流するために乾季のときの六倍にまで広がります。当然、周辺の土地や森は水に浸かってしまいます。だから、トンレサップ湖やトンレサップ川流域の住宅は高床式になっていることが多いのです。

面積は日本のおよそ半分で、首都はプノンペンです。人口は約一六〇〇万人で、ほとんどがカンボジア人（クメール人）です。言葉はクメール（カンボジア）語、宗教はほとんどが仏教（小乗仏教）で、イスラム教徒が一部存在します。通貨はリエル。でも、米ドルが広く流通しており、一ドルが四〇〇〇リエルとなります。私がよく食べるもので物価を説明すると、露店での朝食が四〇〇〇～五〇〇〇リエル。ごはんに鶏肉や豚肉を載せただけのシンプルな食べ物です。ちなみに、鶏ごはんは「バーイ（ごはん）サイッモアン（鶏肉）」、豚ごはんは「バーイ・サイッチュルーク（豚肉）」と言います。

また、ビールがとても安く、一ドルで三三〇ミリの缶ビール二本です。観光客が集まるところに行けば、お昼から夜遅くまで「ハッピーアワー」をしているのですが、こちらも一ドルで生ビール二杯というのが相場となっています。私は大のビール好き。だから、訪問中はよくハッピーアワーを利用して生ビール二杯を一気に飲みほし、一ドル紙幣をテーブルに置き、「お姉ちゃん、お金ここ置いたで！」と言って暑さを紛らわせていました。

主要な産業は、農業、工業、サービス業。サービス業のなかには、もちろんカンボジアが誇る世界遺産「アンコール・ワット」があります。ちなみに、アンコール・ワットはカンボジアの北側にあります。拠点となるのはシェムリアップという街です。プノンペンからシェムリアップまでは飛行機で四五分程度。ほかにも、バスやトンレサップ川を上る船もあります。私も、二〇一七年にアンコール・

ワットを強行スケジュールで見てきました。もっとも、あれを「見てきた」と言っていいのかどうか分かりませんが……。そのときの様子はのちの章で詳しく紹介します。

カンボジアの歴史

アンコール・ワットは、一二世紀〜一三世紀ごろ、カンボジアがもっとも栄えたときの主都です。「アンコール」は地域の名前で、「ワット」は寺という意味です。しかし、一五世紀ごろにシャム（タイ）に攻め込まれてアンコール・ワットは陥落しました。都を失って右往左往するうちに、周辺国に攻め込まれました。そして、一八六三年から一九五三年の九〇年間、フランスの植民地となったのです。

一九五三年には独立し、シハヌーク国王（一九二二〜二〇一二）の政権がスタートしますが、一

アンコール・ワット

九七〇年にロン・ノル将軍（一九一三〜一九八五）によるクーデターが起こり、シハヌーク国王は中国に亡命しました。新政権に対して「シハヌーク派」と「ポル・ポト派（クメールルージュ）」が手を組み、「カンプチア民族統一戦線」を結成し、中国の支援もあって一九七五年に政権を取り戻しました。

ポル・ポト（本名：サロット・サル、一九二八〜一九九八）は、新政権で極端な共産政策と恐怖による支配を行います。都市から人を追い出し、全員で農業を行います。資本主義的な市場や通貨を廃止し、教育は労働・農業・政治についてのみ行われ、宗教活動も禁止されました。子どもは五歳ごろから家畜の世話をはじめ、一二歳ぐらいになると建設作業や伐採活動を手伝わされることになったのです。また、軍隊にも参加し、学校教育というものはほとんど行われませんでした。

大人はもちろん農業に従事し、労働・農業に無関係の知識人の多くが殺されました。政治批判を恐れてのことです。さらに、その復讐を恐れ、知識人の家族も皆殺しにされたのです。村では密告が行われ、親の会話を子どもがクメールルージュに密告し、親が知識人とばれて殺されるといったケースもあったと言います。

ポル・ポトの政策は大失敗となり、国民は飢えに苦しみ、重労働で疲弊しましたが、文句を言えば殺されるという状況にありました。そんななか、ベトナムの支援を受けたヘン・サムリン（一九三四〜）が率いる「カンプチア救国民族統一戦線」が一九七九年に政権を奪い返したのです。これで平和が訪れると思いきや、カンボジアの共産化を恐れた欧米などの反ベトナム勢が「民主カンプチア連合政府三派」を結成し、ヘン・サムリン政権に対峙しました。そのためカンボジアは内戦状態に陥り、この状況が一九九一年まで続いたのです。

難を逃れようと、タイには数十万人規模の難民キャンプができました。しかし、一九八九年にソ連が崩壊し、ヘン・サムリン政権は財政状態などが悪化したため、欧米側もベトナムを敵視する必要がなくなったため、和平の方向へ急速に変わっていきます。そして、一九九一年に「パリ和平協定」が結ばれました。和平協定のあと、国連カンボジア暫定統治機構（ＵＮＴＡＣ）による平和維持活動が行われ、一九九三年にシハヌーク国王を国家元首としたカンボジア王国が成立したわけです。

東西大国のケンカの舞台になったカンボジア。そのなかで一番悲しい思いをするのは、政治とは無縁の国民です。そして私は、この国の子どもたちに支援することを決めたのです。その様子は、次章から述べていくことにします。

第2章

二〇一五年のカンボジア訪問記

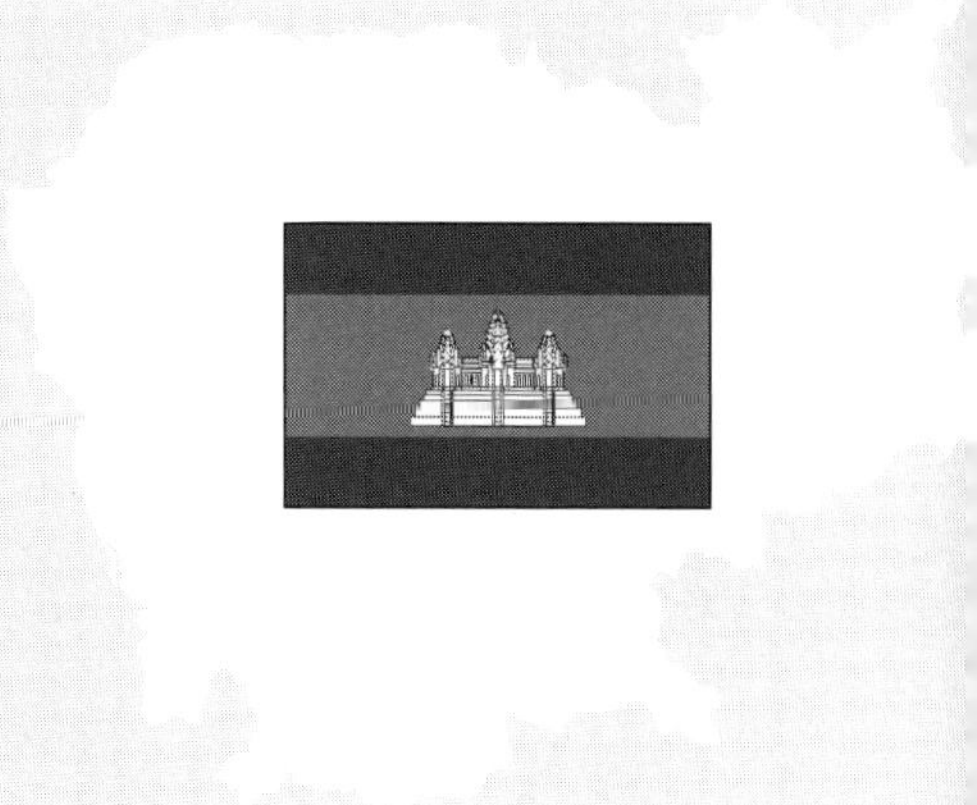

1 初めての海外一人旅

準備から渡航まで

民際センターの高橋さんに窓口になってもらい、カンボジア訪問の計画を進めました。日本では「民際センター」という名称で活動している団体ですが、海外向けには、東南アジアの拠点とあわせて「ＥＤＦジャパン」、「ＥＤＦカンボジア」、「ＥＤＦラオス」といった名称で活動しているということです。高橋さんに教わったカンボジアの事務局長チャンディーさんは、「ＥＤＦカンボジア」の代表ということになります。

チャンディーさんの予定ともあわせて調整し、結局、カンボジアへの渡航は一〇月三〇日に出発し、一一月五日に帰国するというスケジュールとなりました。現地での活動は一〇月三一日～一一月四日となります。日程が決まったら、チャンディーさんが詳細なスケジュールを送ってくれました。それを前提として、せっかくカンボジアに行くのだから、ほかにも見たり聞いたりしてみたいと思い、自分なりのスケジュールを考えました。これまで海外に行ったのは、サラリーマン時代のアメリカと開業後のミャンマーへの出張、新婚旅行の韓国、そして家内と出掛けた台湾で、すべて旅行業者にお願いしていましたが、今回は初めて自分で飛行機や宿の手配を行うことにしました。

まずは旅行サイト選びです。そして、選んだのは中国東方航空。旅費は、往復でサーチャージなどすべて込みの約五万六〇〇〇円（当時）でした。さらに割安のホテル予約までできる仕組みになっていたので、数あるホテルから予算や場所、室内の写真などを見比べながら「ダイヤモンドパレスⅡ」（現「ＲＳⅡゲストハウス」）というホテルに決めましたが、何気なくこのホテルに決めたのですが、別のホテルに決めていれば、のちに登場するトゥクトゥクドライバーのジョンと知り合うことはなかったでしょう。今にしてみれば、運命的な選択だったと思っています。

チャンディーさんから送られてきたスケジュール以外の予定も、ガイドブックなどを参考に決めていきました。ガイドブックは『地球の歩き方　アンコール・ワットとカンボジア』（ダイヤモンド・ビック社）です。世界遺産のアンコール・ワットに半分ほどのページが割かれているのですが、さまざまな地域やエリアの解説もあるので、現在でも必ず持参しています。

それ以外に持参したのはクメール語の本。これも悩みましたが、『旅の指さし会話帳　カンボジア』（情報センター出版局）にしました。この本は本当に重宝しています。イラストごとに日本語、クメール語（クメール文字とカタカナ表記）が載っているので、トイレに行きたいときは「トイレ」の箇所を指さして「ボントゥップタック！」と声を出したら、相手が本をのぞき込んで「あぁトイレね！」と理解してくれます。この本は、訪問した学校の子どもたちや友達になったカンボジア人の人たちとのコミュニケーションでも大いに活躍しました。

旅程が決まったら次はビザの手配です。カンボジアの入国にはビザが必要です。到着した現地でアライバルビザを取得することもできるのですが、もし取得できずに入国することができなかったら大変なので、事前に取得しておくことにしました。東京にある大使館や大阪の領事館でも取得可能ですが、やはり便利なのはインターネットで申し込む方法です。「e-VISA」というホームページ（https://www.evisa.gov.kh/）があって、そこからパスポートの情報、渡航日程、写真などを送信し、クレジットカードで料金を支払うという仕組みです。観光ビザなら三〇日間滞在できて費用は三六ドル。発行までの所要日数は三日です。私が申し込んだのは土曜日の夜でしたが、月曜日の夕方にはメールに添付されてビザが届きました。これを印刷して持参すればＯＫです。

準備を進めているとき、民際センターの高橋さんからさまざまなアドバイスをもらいました。たとえば、訪問する家庭へのおみやげです。子どもだからお菓子がいいかなぁー、と私は思っていたのですが、高橋さんは「カンボジアには歯磨きの習慣がないから、甘いものをあげないほうがいいかも」と言います。そして、貧困家庭を訪問するのだから実用的なものが喜ばれる、という話でした。「ＥＤＦカンボジア」のチャンディーさんも家庭訪問先へのお礼を用意しているとのことでしたので、いろいろ考えた結果、思いついたのは文具。使いきれないボールペンがたくさんありました。そしてタオル。「安田コンサルティング」と印刷されたタオルの在庫があったので、これも持参することに決めました。衛生状態がよくないということも聞いていたので、同じく石鹸も加えました。

石鹸といえば、異業種交流会でともに活動していた「丸善油化株式会社」（大阪府岸和田市）が石鹸をつくっていることを思い出しました。同社の山口和也さんに事情を説明して、Ｂ級品や廃棄予定のものでも構わないのでくれないかとお願いしたら、たくさんの石鹸を提供してくれました。

そしてもう一つ。親の仕事（農業）を手伝っている子どもが多いと聞いていたので、知り合いの「泉州作手紡績」（大阪府泉南市）の出口《でぐち》嘉津将《かずゆき》さんからいただいた軍手を持っていくことにしました。出口さんとは中小企業家同友会を通して知り合い、現在も「カンボジア自転車プロジェクト」を応援してくれているナイスな男性です。

これで、すべての準備が整いました。そんなときに、最終確認のため民際センターの高橋さんがメールをくれました。それを読むと、訪問する家庭の一つに、私が「ダルニー奨学金」で支援している奨学生が含まれていたのです。以下がそのメールの文面です。

> ちなみに、奨学生は、少女です。安田さんが先日娘さんと阪急にいらしたので、僭越ながら、奨学生は少女にと、チャンディーさんに依頼しました。娘さんも、関心を持ってくれるかと。
> また、安田さんの家族写真や風景などを見せれば（見せるだけ）、「ああ、この支援者の方も、家族があり、こんな場所に住んでいる。お子さんも、娘さんで、（奨学生少女と）同じだ」と親しみを持ってくれるでしょう。

何て素敵なことだろうか、と感動しました。訪問前なのに、まだ見ぬ奨学生のことに思いを馳せてしまいました。そして、私の娘のことまで配慮されている。そこで、娘や家族、事務所のスタッフの写真を持っていくことにしました。

2 トゥクトゥクドライバーのジョン、登場！

プノンペンへ到着

出発の一〇月三〇日を迎えました。上海でのトランジットを経て、プノンペンに到着したのは一三時一五分です。ビザはあらかじめ取得していましたので、入国審査はあっさりとクリアしました。空港の外へ出ると、東南アジア特有の、体中にまとわりつく湿度と温度、そして独特な街の香りが漂ってきます。

「いよいよやって来た！」と、体中で感じることができました。次はホテルまでの移動です。もちろんタクシーも使えるのですが、「やっぱりトゥクトゥクに乗りたい！」ということで乗り場を探したところ、タクシー乗り場の先にトゥクトゥクが一台停まっていました。おじさんに「トゥクトゥク？」と聞くと、「イエス！」。地図でホテルの場所を伝え、「ハウマッチ？」と尋ねます。そう、トゥクトゥクは値段交渉制です。ガイドブックで調べていた空港—市内間の相場は八ドルだったので、それを目標に頑張ろうと思ったら、最初から「七ダラー」とのことだったので交渉成立です。

ところで、カンボジアでの移動手段は、タクシー、トゥクトゥク、バイクタクシーの三択となります。トゥクトゥクとはバイクの後ろに客車を引いているもので、バイクタクシーは運転手の後ろに乗って二人乗りで移動するものです。バイクタクシーが一番安いのですが、スーツケースのような大きな荷物を持っている場合は利用できません。なお、料金メーターを付けているタクシーは少数ですから、どれを選んでも値段交渉が必要となります。

途中で給油をしつつ、トゥクトゥクドライバーは少しずつホテルに近づいているようでしたが、途中で何度も道を尋ねています。「大丈夫？　地図もう一度見る？」と聞いても「ＯＫ！　ＯＫ！」と返事するだけです。一時間以上かけて何とか到着。のちに判明したことですが、トゥクトゥクドライバーだけでなく多くの人が地図を読むことができないようです。その理由は分かりませんが、何度地図を見せようとしても見向きもしなかったことからそれは証明されます。

ちなみに、英語も怪しいものです。もっとも、こちらの英語も怪しいので、たぶんカオスな会話だったことでしょう。でも、返事は「ＯＫ！　ＯＫ！」を繰り返してきます。もし、カンボジアを訪問することがありましたら、「地図ダメ。英語適当。返事はもっと適当」という前提でコミュニケーションをすると楽しめること請け合いです。

夜中にもかかわらず、フロントの男性は愛想よく対応してくれました。親切・丁寧で流暢な英語を話す彼に対して、私はトゥクトゥクドライバーと同じく「ＯＫ！　ＯＫ！」を繰り返して部屋の鍵をもらいました。フロント脇に置かれている冷蔵庫に、缶ビールがあるのをすかさず発見しました。アンコールビールとの最初の出会い、以後、私の喉を何百回と潤してくれることになる、心の底から愛するビールです。「一本じゃ足りないよなぁ」ということで二本ゲットして部屋に向かい、それをあっという間に飲み干して、ベッドにもぐり込んでしまいました。

ジョンとの出会い

翌日は快晴！　支度をして、朝食をすませて外に出ました。ホテル前に停まっていたトゥクトゥクドライバーから声をかけられました。最初に声をかけられたのが、トゥアーさん（のちに改めジョン）。客を横取りしようと多くのドライバーから声をかけられますが、先手優先でトゥアーさんに依頼することにしました。

何故かって？　普通、お客を取られそうになったら「俺が最初に声をかけたんだ！」と口論になるところですが、彼は「しょうがないなぁー」と言わんばかりに静観していたのです。そんな彼を見て、「きっと、この人はいい人にちがいない」と思ったのです。これが、私の親友ジョンとの最初の出会いです。

ところで、何で「トゥアー改めジョン」なのか、その訳を説明しましょう。最初に会ったとき、お互いに自己紹介をしました。「私の名前はカツヤです。あなたの名前は？」と尋ねると、「トゥアー！トゥアー！」と答えるので、てっきり名前が「トゥアー」だと思ったんです。でも、その日の夜、彼の友達も交えて飲んでいるとき、「こいつの名前はジョンだよ」と言ったのです。「ジョンって名前なの？」と聞くと、「イエース！」との答え。ジョンも私も英語が苦手です。だから、さっきのやり取りはこんな感じだったのかもしれません。

ジョンと著者

安田　私の名前はカツヤです。あなたの名前は？
ジョン　（なんか英語しゃべっとんな。よーわからん）「ツアー行こう！　ツアー！」
安田　そっか。トゥアーっていうのか！

ジョンとの親交の様子は随時紹介していくことにして、次は、この日の最大の目的でもあるカンボジアの悲しい歴史を学んだ体験について紹介します。

3 キリングフィールドとトゥールスレンを訪問

キリングフィールド

ジョンに、「キリングフィールドとトゥールスレンを回りたい」と伝えて早速出発。まずはキリングフィールドへ。キリングフィールドはチュンエク村という所にあり、トゥクトゥクで一時間ぐらいかかりました。

さて、キリングフィールドとは何なのか？　一九七五年四月から一九七九年一月まで続いたポル・ポト政権。社会主義改革のもと、知識人はその家族も含めて反革命分子として捕えられ、拷問の末に殺されました。私が三歳半から七歳になったころの話です。ノホホンと暮らしていたころ、カンボジアではとんでもないことが起こっていたのです。拷問や殺害が行われていた所は、カンボジア国内にたくさんあります。後述するトゥールスレンが知識人などの収容所で、キリングフィールドは処刑を行った場所です。

入場料は六ドル。入り口で、日本語版のガイド音声を無料で借りることができました。案内板に記された番号を押せば説明を聞くことができます。入場して最初に目につくのが記念碑。その周りをぐるりと回って、最後に中に入るという見学コースになっています。

ポル・ポト政権は極端な共産主義体制を理想に掲げ、農業での自給自足を目指すために、政権を得たのち、三日間ですべての市民を農場へ強制移動させました。共産主義社会において農民が「英雄」とされていますが、実際には強制労働を強いられるという厳しいものだったようです。

一方、知識人とされる教師などは、ポル・ポト派の秘密幹部会である「アンカー」の指揮のもとクメールルージュによって捕えられ、三〇〇万人もの人が虐殺されています。当時のカンボジア人口の四人に一人が虐殺されたことになります。歴史上の出来事として、悲惨さを伝えるには十分な数字ですが、その人たちには愛する人や家族がいたのです。人、愛、家族といったものに、目を向けなければならないのです。

「みな誰も誰かの大事な人ばかり」――これが、私の座右の銘です。経営コンサルティングやセミナーの講師などを通して、もっとも伝えたい言葉です。これが世界中に広がれば、こんなことは起こらないだろうと信じています。

キリングフィールドのなかで一番胸が詰まったのが、「キリングツリー」と呼ばれる一本の大きな木です。なんと、赤ん坊をこの木に打ち付けて殺害し、傍の穴に埋めたというのです。なかには、殺されていく赤ん坊の姿を母親に無理やり見せて、散々悲しませておいてからその母親も殺害するといったこともあったようです。

後述するトゥールスレン収容所には、子どもと引き離される母親を描いた絵が掲示されています。人として、もっとも愛すべきものと強制的に引き離され、しかも殺されていくのです。知識人だけでなく、報復を恐れてその家族までも殺害。これだけでも絶対に許せないことなのに、殺害方法が残虐なのはどうしてでしょうか。その当時の情景を思い起こすと、本当に胸が締め付けられます。

最後は記念碑です。殺害された人の性別や殺害方法などに分類され、一七段にわたって展示されています。殺害に使われた凶器も展示されているほか、どのように殺されたのかに関する説明もついています。たとえば鍬です。これで殺された人の頭蓋骨には、みんな大きな穴が開いています。それが、並べて展示されているのです。とても怖かったです。今思い出しても、身が縮こまって寒気がしてきます。ポル・ポトは次のように言ったようです。

「罪のない人を誤って殺すのは、罪のある人を殺し損ねるよりマシである」

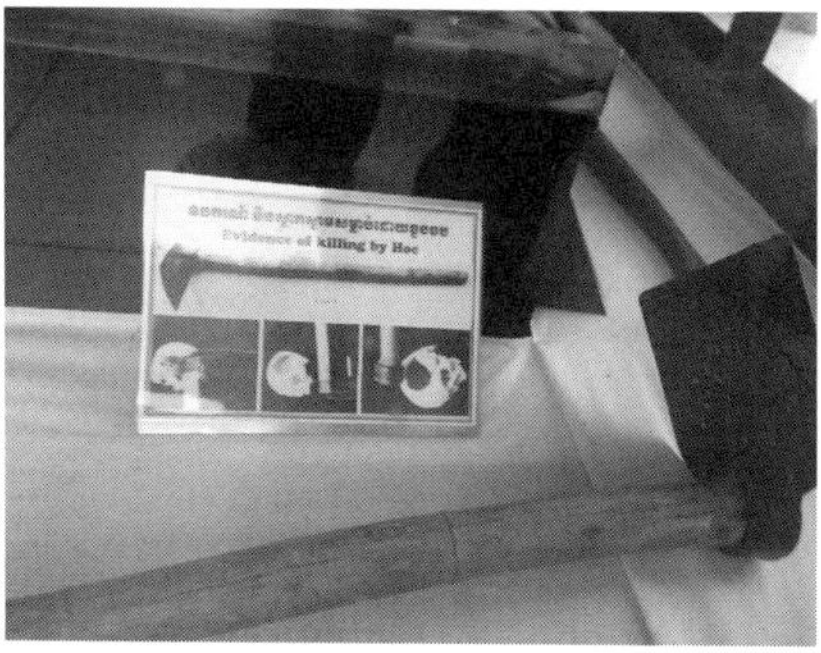

記念碑に展示されている鍬

トゥールスレン

トゥールスレンに向かう前にランチです。ジョンにお願いして、カンボジア料理が食べられるところに連れていってもらいました。「ごちそうするから一緒に食べよう！」ということで一緒に食べたのですが、ジョンは口に合わないらしく半分ぐらい残していました。どうやら、観光客向けのカンボジア料理レストランだったみたいです。こじゃれた料理のうえ、値段も外国人向けでした。（こんなのカンボジア料理じゃねぇ！）と叫ぶジョンの声が聞こえてきそうです。

ご飯を食べながら、ジョンのことをいろいろと尋ねてみました。奥さんと子どもが二人いるとのことですが、家族はベトナム国境の近くに住んでいるようです。弟さんとともにトゥクトゥクのドライバーをするという出稼ぎ状態だと言っていました。「たまにしか帰れない」と寂しそうに話すジョンから「夕方、飲みに行かないか？」と誘われたので、もちろん快諾。夜がとても楽しみになりました！

トゥールスレンに到着。正式名称は「トゥールスレン虐殺博物館」と言います。高校だった校舎を使って、ポル・ポト政権時代にここで尋問や拷問が行われていたのです。四棟の建物に、尋問室や独房などが残っています。収容された人たちの写真や当時の様子を描いた絵、そして拷問に使われた道具なども展示されています。建物の中は撮影禁止だったので外観だけ撮影しました。内部の写真を見たい人は、インターネットで「トゥールスレン」と検索すればたくさん出てきますので、参考にしてください。

拷問に使われた道具は、どれも目を覆いたくなるようなものばかりです。たとえば、人を吊り下げるための鉄骨と、その下には水瓶のようなものが置かれていました。説明しなくても想像できますよね。でも、残虐さはその想像をはるかに超えています。水瓶に貯められたものは、水ではなく人糞だったそうです。

　残虐行為から逃れるために唯一残された方法は、処刑されることでした。収容された人たちは拷問に耐え切れず、看守が望んでいる「私は反革命分子です」といった答えを口にして、多くの人たちが処刑されました。しかし、遺体を埋める場所がなくなったため、処刑や埋葬する場所がチュンエク村に移され、のちにその場所が「キリングフィールド」と呼ばれるようになったのです。

トゥールスレン虐殺博物館

4　ちょっとばかし観光気分

ジョンとの宴とナイトミュージアム

　キリングフィールドとトゥールスレンに行き、あまりにも悲惨な歴史を目の当たりにしたので気分が落ち込んでいたのですが、ジョンが陽気に「もう一か所連れていってやるよ！」と誘ってくれました。向かったのは、「ワットプノン」というお寺でした。

ワットプノンはプノンペン市内にあるお寺で、一三七二年にペン夫人という裕福な女性が、洪水で流されてきた四体の仏像をこの丘に祀り、建立したものです。丘（プノン）の上にある寺で「ワットプノン」と呼ばれています。ペン夫人とワットプノン、そう、「プノンペン」という名前の由来になった人とお寺です。

寺に上がる階段には「ナーガ」という蛇の神の彫刻が施されていました。ナーガは天気をつかさどる神様でもあるので、水害を防ぐために彫刻されているのでしょう。ちなみに、ナーガの天敵は鳥の神様である「ガルーダ」。ともにインドの神話に登場する兄弟なのですが、不老長寿の薬を奪い合うという間柄でした。この神話に登場するガルーダはインドから日本にも伝わっており、奈良・興福寺の迦楼羅《かるら》像（国宝）が有名です。

もう一つ補足しておきましょう。キリングフィールドの慰霊塔の屋根の部分には、両方の神様が彫られています。敵対するこの二人の神様を一つの慰霊塔にデザインすることで、平和に対する願いを込めたということです。

夕食の待ち合わせをして、ジョンにホテルまで送ってもらいました。散歩すると、すぐ近くにはメコン川が流れています。カンボジア最大の湖であるトンレサップ湖につながるトンレサップ川と合流する地点です。名前だけは知っているというメコン川、近くで見るとただの汚い川なんですが、その上流はラオス、タイ、ミャンマー、そして下流はベトナムへと続きます。日本では味わうことのできない壮大さに思いを馳せると、沈んでいた気持ちが少し回復してきました。

さらに散策していると、ローカルな市場がありました。一つのエリアのなかに格子状の通路が設けられ、両側にはたくさんの商店があります。地図で調べてみると、「カンダルマーケット」（QRコード参照）と呼ばれる市場のようです。市場の周りには食べ物を売る屋台もあります。通路が本当に狭く、人混みで中のほうがよく見えません。少し躊躇しましたが、思い切って通ってみることにしました。

散策しているうちに、ジョンとの待ち合わせ時間になりました。行く店はジョンにお任せ。「どんなお店かなぁ……カンボジアのローカルフード食べられるかなぁ」とワクワクしながら到着した店は焼肉屋。ただ、日本のように自分で焼くスタイルではなく、注文すると焼いて持ってきてくれます。付け合わせは生野菜。「水で洗われた生野菜は食べちゃダメ」とガイドブックに書かれていますが、好奇心のほうが勝って「まぁ、何とかなるか」と食べてしまいました。

ニンジンやトマト（ただし、青い）などおなじみの野菜もあれば、見たこともないものがたくさんありました。肉も野菜もタレにつけて食べます。ポピュラーなタレはライム・コショウ、そして「味の素」を混ぜたもの。カンボジアでは「味の素」がとても愛されています。「アジノモトー」で通じますし、日本の会社がつくっているということも知っています。ジョンが知っている日本企業は、「ホンダ」、「味の素」、「トヨタ」の順番でした。

食事中、カンボジアの運転に関する法律について教えてもらいました。もちろん、飲酒運転は罰則があります。罰金が五〇〇〇リエル（約一三〇円）で、切符も切らずにそのお金が警察官のポケットマネーになることや、こんな悪習を断ち切るために、政府が切符を切って集めた罰金の七〇パーセントを警察官にバックする仕組みができたことなど、いろいろな話を聞きました。でも、本当のところは分かりません。

食事後、寄りたいところがあったのでジョンにそこまで送ってもらいました。どこかというとナイトマーケット。この日は土曜日だったので、夜から明け方までマーケットが開催されているのです。遅い時間にもかかわらず、たくさんの人がいました。入り口で少しビビってしまったのですが、酔った勢いで入ることにしました。

「大丈夫か?」と、ジョンはとても心配そうな顔つきで、「バックパックは前で抱えること」と忠告してくれました。背中に背負った状態でこの人込みを歩くと、ファスナーを開けられても気付くことができません。「OK!」と明るく返事をし、いざ出陣。だからといって、とくに買いたいものがあるわけでなく、散策だけのつもりだったのですが、面白い店がたくさん出ていました。とくに目を引いたのがジーンズの古着屋です。ジーンズ一本二ドル、三本なら五ドルという破格の値段なのです。笑いの種に一本買っていこうということで物色したところ、渾身の一本を見つけました! リーバイスのタグ! サイズもいけそうなので迷わず購入です。

ちなみに、このジーンズ、翌日に改めて見ると二〇〇パーセント偽物と分かる代物でした。最近破れてしまったので泣く泣く捨てましたが、三年間は履いていました。再びナイトマーケットに行くことがあったら、「変なリーバイス」をまた購入したいと思っています。

さらに散策は続きます。次に見つけたのは、おいしそうな食べ物が並ぶ屋台コーナー。何かよく分からないものが、説明も値段も書かれずに並んでいます。英語もダメそうなので、適当に指をさして注文しました。そのなかで大当たり（味ではなくネタとして）だったのが、孵化しかけのアヒルの卵を茹でたものです。クメール語で「ポーンティアコーン」と言います。皮をむいて、写真を撮って、目をつぶってガブリ。味は卵のような、違うような……。

ナイトマーケットを堪能したあとは、歩いてホテルまで戻りました。一本道だとジョンに教えてもらっていたので難なく到着。盛りだくさんの一日でした。

ポーンティアコーンというアヒルの卵

プノンチソールとカエルの餃子⁉

プノンペン三日目の朝、今日は日曜日です。昨日は歴史の勉強、今日行きたいところは、できたばかりのイオンモール。これしか予定を立てていなかったので、とっても気分がゆったりしています。ジョンに相談したら、「プノンチソールに行こう！」ということになったのですが……。

「それ何？　遠いの？」

「有名なお寺。トゥクトゥクで二時間ぐらいかな？」

「二時間かぁ……遠いなぁ。でも、楽しそう！」

トゥクトゥクでの旅にはまってしまいそうです。車より時間がかかるし、エアコンもないのですが、カンボジアの空気・風・匂いなどダイレクトに感じることができるのです。二時間もトゥクトゥクに乗るということで、さまざまな景色も楽しめそうだなとワクワクしてきました。

早速、出発。市内は、トラック、車、トゥクトゥク、バイクなど通勤ラッシュなのか大渋滞しています。でも、ジョンは持ち前のテクニックでどんどん進んでいきます。譲り合いの精神というものはほぼ皆無。小さな隙間にいかにバイクの前輪をねじり込むか、少しでも入れば後ろは待つしかないのです。時には歩道を走ったり、反対車線にはみ出して追い越したりと、日本では考えられない運転テクニックです。

ようやく街中から抜けて国道2号線へ。家族全員が乗り込んだバイクをよく見かけます。ベトナムほどではないにしろ、カンボジアでもバイクが移動手段として普及しています。ホンダ製が圧倒的に多く、ジョンのトゥクトゥクもホンダ製のバイクに客車がついています。そういえば、「ホンダ最高！」と昨日の飲み会で叫んでいました。バイクのホンダにしろ、自動車のトヨタにしろ、日本の高い品質が世界中の人の生活を支えているのです。

さて、掲載した写真のバイク、何人乗っているか分かりますか？　答えは五人。運転するお父さん、後ろにお姉ちゃん、最後尾がお母さん。お母さんの右腕には小さい子ども、さらにお父さんの前に小さな子どもが立っています。ほかにも、ヒヨコを大量に乗せたバイクや、豚を一頭逆さ吊りにして運んでいるバイクにも遭遇しました。積載量なんて気にしません。乗せられるだけ乗せる、それが当たり前なのです。

トゥクトゥクでの快適な旅は、ジョンの言ったとおり二時間ほどで終了。プノンチソールに到着しました。お参りするつもりはないらしく、ジョンは「行ってらっしゃい！」と手を振って送り出してくれました。

少し歩くと、「ここで入場料払うのかな？」という箱があります。でも、張り紙を見ると、「ＨＩＶやＡＩＤＳの親をもつ子どもたちを助けてください」と書かれています。寄付を募る募金箱のようです。どこが集めているのか、どのように使われるのかまったくよく分からない募金箱ですが、気持ちを込めて一ドルを投入。プノンペンやシェムリアップを中心に売春が盛んに行われていることもあって、ＨＩＶやＡＩＤＳが広がって深刻な問題になっています。コンドームの着用を促進するためか、コンビニやスーパーなどでは目立つ場所で販売されていました。

いよいよプノンチソールと思ったら、すぐに後悔しました。ジョンが行きたがらなかった理由が分かりました。目の前を、ずっーと階段が続いているの

５人乗りのバイク

です。その階段は約三〇〇段、ひたすら上ります。途中、冷たい水やジュースを売る子どもたちがいますが、そうした誘惑には目もくれずに上りました。頂上に寺院があるのですが、そこでおばちゃんが話しかけてきました。「外国の人は入場料二ドル払ってね！」ということです。パッと見て、旅行者と分かるようです。

適当にブラブラして下りてきました。ジョンに「階段上がるなんて聞いてなかった！」とクレームを言おうとしたら、ぐっすりと昼寝中でした。気配を感じたのか、すぐに起きてきたのでプノンペンに戻ることにしました。お腹が空いてきたなぁーと思ったころ、道沿いに露店を見付けました。しかも、みんな同じ食べ物を出しているようです。串にささったオレンジ色の物体、「あれなんやろ?」と思ってジョンに聞いてみたら、「昼ごはんにしよう」と言ってトゥクトゥクを止めてくれました。近くで見ると、カエルのようです。そして、お腹がパンパン。手羽先ギョーザのように、中に野菜を中心とした具が詰められています。下ごしらえはすでにされており、注文に応じて炭火コンロで軽く焼いて温めてくれます。

日本でも、たまにカエルの唐揚げとかを出す店があります。これまでに何度か食べたことがあるので、抵抗もなく「是非、食べたい」とジョンに告げました。何本かのカエル串を頼んで、ジョンが串から取り分けてくれます。とにかくムシャムシャ食べました。とてもおいしかったです！　細かな骨も気にすることなく、丸ごと食べてしまいました。のんびりした景色と雰囲気。急ぎの旅でもないので、ビールを飲みながら一時間ぐらい滞在したでしょうか。日本では忙しい毎日を送っているので、こんなふうに、流れに身を任せて目の前で起こることを楽しむ時間はとても貴重だと感じました。

プノンペンに戻ってきました。次の目的地は、予定していた「イオンモール」です。「プノンペンまで行ってなんでイオンに行くんや？」という声が聞こえてきそうですが、「イオンぐらいの大手企業であれば、きっとマーケティングに大金を使って、これならプノンペンでもいけると判断したはずです！　だから、その結果を勉強させてもらおう！」というのが私の目的でした。

最初に驚いたのはハロウィンのポスター。日本でも定着してきましたが、「それをカンボジアでもやるかー!?」という感じです。訪れたのが一一月一日だから、ハロウィンは過ぎていますが、ここでは現在進行形でした。さて、ハロウィンは定着するのでしょうか。ちなみに、ハロウィンのポスターやカボチャのグッズは、イオン以外では見かけませんでした。

イオン内で販売されているものを見ると、日本と同等かちょっと安い価格となっていました。そのせいでしょう、来店されている人はプノンペンの街中で見かける人よりも裕福そうな人ばかりです。そんな人たちが、高そうなベビーカーなどを選んでいました。そういえば、ここの駐車場に停まっていた車は高級車ばかりでした。

日本でもお馴染みの店がたくさんありました。そのなかには「ダイソー」もありましたが、「一〇〇均」ではなく一・九ドル均一。置かれている商品は日本と同じようなものです。「二・五倍の値段

マーケティングの勉強として寄った
イオンモール

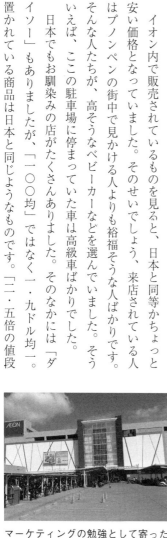

で売るんかいな！」と心配しつつも、賑わっていました。そのほか、ゲームセンターもありました。「太鼓の達人」など、お馴染みのゲームがたくさん置かれていました。日本語のままでしたが、みんな楽しんでプレイしていました。

イオンを訪問した感想としては、先のホンダやトヨタの話と同じく、ジャパンブランドがプノンペンの人たちを喜ばせていることが分かってうれしかったです。前述したように、いくぶん富裕層向けですが、多くの人たちが家族連れで訪れて、一緒に過ごす時間を楽しんでいました。日本の大手企業がカンボジアの人たちの生活にかかわり、たくさんの笑顔を生んでいるのです。

「それがどうした！」と思われるかもしれません。でも、こうした大企業が与えた「日本」のイメージ、また先人たちが培ってきた「日本人」のイメージの恩恵に私たちは授かっていると言えます。カンボジアには、日本が大好きだという人がたくさんいます。その理由の一つとして、こうした大企業の活躍によるものも挙げられます。日本人というだけで信頼され、パートナーとして認められる国がどれほどあるでしょうか。その恩恵を受けると同時に、それを引き継ぎ、また一人の日本人として恥ずかしくない立居振舞をすることがとても大切なように思います。

イオンモールの散策後、次にしたいことは散髪でした。プノンペンの街並みをトゥクトゥクで走っていると、青空床屋をよく見かけます。「いつも行ってる床屋さんに連れていって」とジョンにお願いし、到着した店で二ドルを払って散髪。希望する髪型を伝えようにも英語が通じませんし、通じたとしても、細かな要望を英語で話すだけの語学力がありません。だから、「ショート、ショート！」

と連発しました。

散髪のあと何軒かの書店などをめぐってホテルに戻ったのですが、ジョンがまた「一緒にご飯を食べよう！」と誘ってくれたので、一時間後に合流して出発しました。途中、見知らぬ女性をピックアップしたのですが、香水の匂いをプンプンさせた彼女はどこか妖しげです。まぁいいかと、細かいことは考えずに到着したのはまた焼肉屋。

それにしてもこの女性、めっちゃ不機嫌そうなのです。急に呼び出されたからでしょうか。クメール語しか話せない彼女ですが、「怒っているオーラ」は万国共通です。ジョンが「私の友達！」とは言うのですが、いったい何を怒っているのでしょうか。せめてこの寒い空気をどうにかしてほしいなぁと願いつつ、ビールを飲みながら料理をいただきました。

食べている最中、目の不自由な人が連れられて、「お金を恵んでほしい」と言いながらテーブルを回っていました。お金以外にも、「これを買ってほしい」という人たちが店内をめぐることがよくあるようです。ジョンが、「この人は、ポル・ポト時代の拷問で両目をつぶされた人です」と言いますが、その真偽は分かりません。同じことを組織ぐるみでやっているグループがあるとも聞きます。仕事がない人たちを集めて、目を潰したり、腕を切断したりして「かわいそうな人」をつくり上げて寄付を集めるのです。寄付をしたら、そんな組織の思うつぼ。だから寄付はしません。でも、目の前の人は、今日ご飯を食べられるんだろうかと思ってしまいますが、どうすることもできません。

お腹がいっぱいになってきたところで、ジョンが「そろそろ行こうか」と言ったので店を出ました。

トゥクトゥクで移動して、「着いたよ」と降ろされたところはなぜか違う焼肉屋。さっきの店で結構食べたのですが、まぁ、何事も体験。カンボジアに来てから、「ノー」という言葉を忘れたようです。どんどん具材が運ばれてきます。「全部食べられるのか?」と心配しながらふとさっきの彼女を見ると、いつのまにか機嫌がよくなっていました。

缶ビールを開けると、ジョンが「プルタブ見せて」と言います。何のことかと思ったら、カンボジアの缶ビールには当たり付きのものがあるようです。プルタブに「当たり!」と出たら、一番いい賞品は車かバイクだと言います。ちなみに、小当たりは「ビールもう一本」でした。

5 チャンディーさんと出会ったあと、ジョンの住まいでのどんちゃん騒ぎ

はじめましてチャンディーさん!

四日目を迎えました。今日、二〇一五年一一月二日は月曜日。ＥＤＦカンボジアの事務所も開いているので、いよいよチャンディーさんと対面です。朝、軽くランニングをして汗を流し、シャワーを浴びてすっきりしてからジョンといざ出陣！　しかし、走り出してすぐにトゥクトゥクが停車したのです。ジョンが露店のおばちゃんと話しています。そのおばちゃんの露店には不思議なものが並んでいました。

プノンペンに着いてからずっと気になっていたのが、黄色い透明のペプシです。カンボジア限定で

リンゴジュースでも出しているのかと思っていたのですが、ジョンの行動でようやく謎が解けました。ペプシの瓶に入っているのはガソリンなのです。バイクが非常に多いので、こうした簡易型（?）の給油所が至る所にあります。

無事に給油もすんで、いざ出発。「ＥＤＦカンボジア」は「ロシアン通り」という大きな道沿い、プノンペン大学の向かいにあります。この通り、政府機関のさまざまな建物もあってよく渋滞します。早めに出発してよかったです。なんとか時間どおりに到着。あとで気付いたのですが、「五分前到着を心がけよう！」という日本人と違って、数十分の遅刻は当たり前ということでした。

建物に到着して、部屋番号である「106」を探します。でも、部屋が見つかりません。入り口付近にいた人に聞いてみたら、「上の階だよ」と教えてくれました。このとき気付いたのですが、カンボジアではイギリスのように地上階を「グランドフロア」（エレベーターの表記は「Ｇ」）と呼び、「106」だと二階になるのです。階段を一つ上がって、今までメールでのやり取りしかなかったチャンディーさんと対面です。次ページに掲載した写真の一番左側がチャンディーさん。右側の二人はスタッフで、私の右隣にいる人が、このあと自転車プロジェクトをサポートしてくれることになるスナさんです。主に撮影などを担当してくれることになります。

チャンディーさんから、カンボジアの教育制度や環境などのプレゼンテーションをしてもらいました。終了後、明日からの訪問スケジュールに関する説明を受け、とてもワクワク、ドキドキしてきました。明日からの学校訪問などがとても楽しみです。

ジェトロのプノンペンオフィスを訪問と洗濯

　翌日の待ち合わせなどを確認し、「ＥＤＦカンボジア」を後にしました。もう一つ大事な予定があります。午後に、ジェトロ（日本貿易振興機構）のプノンペン事務所を訪問して、一時間ほど現地の海外投資アドバイザーから話をうかがうことになっています。もちろん、カンボジアに来る前に海外ブリーフィングサービスの予約はしてあります。

　でも、その時間には早かったので、いったんホテルに戻ることにしました。部屋に入ると洗濯物から異臭が……。すぐさま、洗剤とハンガーなどを買うために出掛けることにしました。実は、もう一つ欲しいものがあったのです。それは、プレゼントを小分けにするビニール袋です。先日行ったカンダルマーケットならあるだろう、とあたりをつけて市場に行ったら、やっぱりありました。でも、英語は通じなさそうです。「How much?」、返事がありません。店員が財布から紙幣を取り出して、「これと同じものを出せ」ということで七〇〇〇リエル支払ったのですが、一〇〇〇リエル多すぎると言って返してくれました。プノンペンの人たちの誠実さが感じられる一コマでした。その後、ハンガーも市場で見つけ、コンビニで洗濯洗剤を手に入れてホテルで洗濯です。このときの教訓から、最近は必ず物干しロープとハン

チャンディーさんたちと記念撮影

ガーを持参し、体を洗う石鹸で洗濯をするようになりました。

シャワーを浴びて、再びジョンとともにジェトロのプノンペン事務所を訪問しました。ジェトロは、「プノンペンタワー」という立派な高層ビルに入っています。そこで、相談員の伊藤隆友さんから一時間ばかりカンボジアの経済事情や日本企業の進出について話をうかがいました。今回はボランティア事業がきっかけでやって来たわけですが、やはり仕事にも活かしたいところです。

ジョンが家に招待してくれました！——アイアイの大合唱！

ジェトロからの帰り、ジョンからとってもうれしい提案がありました。「家へ来て、晩ご飯を食べないか？」という誘いです。もちろん、即答でＯＫ！　ちょうど帰宅ラッシュの時間、「これでもか」という量のバイクです。バイクやトゥクトゥクが隙間をぬって縦横無尽に走っています。しかも、ほとんどのバイクが何人かの乗り合わせとなっているのです。

ジョンが、運転をしながら携帯で話しています。クメール語なので分かりませんが、雰囲気で「もうすぐ近く通るよ。今日は日本人が一緒。帰ったら一杯やろう！」と言っているようです。そして、しばらくすると電話の相手をピックアップしたのです。乗り合いが多い理由が分かりました。一台のバイクで、家族や近所の人が助け合いながら暮らしているのです。

同乗者となった彼は、ジョンの弟ボナさんです。前述したように（三六ページ）、彼もトゥクトゥクドライバーです。お互いに軽く会釈したのですが、両方ともシャイなのでなんとなく沈黙。周りの喧噪とは逆に、トゥクトゥクの中だけは静かな空気が流れていました。しかし、お酒が入ると、彼は思いっきり陽気になることが判明します。

トゥクトゥクが急に停まりました。着いたのかな、と思いきや、ジョンが「ごちそうするよ！」と言って、焼き鳥（串にささっているわけではありません）を大量購入したのです。あとで聞いてみると「一五ドル分」だと言います。今日の稼ぎが一五ドル、それをすべてつぎ込んでもてなしてくれる男気がうれしかったです。もちろん、こちらもあとで男気返しをしています。

再出発。それにしてもジョンの運転技術は神業です。絶対ぶつかる、と思ってしまうような隙間にスルスルと入っていきます。スリル感を味わって、ジョンの家に到着。通りにトゥクトゥクを停めて狭い路地を入っていきます。観光客は決して足を踏み入れないであろうという狭さと暗さ、そこをどんどん進んでいきます。おまけにスコールも降ってきました。ものすごい雨の轟音のなかを突き進んでいくと、平屋のアパートのような建物の前で「ここが家だ！」と言って中に入れてくれました。

到着するなり乾杯！　部屋は暗くてよく見えません。エアコンがないので、ジョンはすでに上半身裸です。間取りは八畳一間だけです。奥にトイレがあるようですが、キッチンはありません。部屋の奥にカンテキコンロが一つあって、これで料理をするようです。決して「きれい」とは言えませんが、一か月の家賃は四〇ドル。ベトナムとの国境近くに住む実家の両親や奥さん、そして子どものために、弟とトゥクトゥクを運転して稼いでいるのです。

乾杯をしたあと、隣や近所からどんどん人が集まってきました。気が付いたら、なんと手料理が置かれています。近くに住む女性がつくってくれたようです。海藻や魚のスープ、菜っ葉の炊いたもの、これぞ本場のカンボジア家庭料理です！　とってもやさしい味です。ちなみに、カンボジア料理に辛いものはほとんどありません。

ジョンに「この女性は誰？」と尋ねると、「ファミリー！　ファミリー！」と答えます。家族か妹と思っていたのですが、顔を出す人ほとんどを指さして「ファミリー！　ファミリー！」と言い、時折「パブリックファミリー！」とも言います。ビールが進んで盛り上がってきました。熱気むんむん、さらに盛り上がっていきます。「ビデオを撮ってくれ！」って言うので撮りましたが、恥ずかしくてとてもお見せできるものではありません。

一番盛り上がったのは音楽で、スマホをスピーカーにつないでカンボジアの音楽をかけてくれました。「これが今流行ってるんだ！」と教えてくれたあと、「カツヤー！　日本の音楽も聴かせてくれー！」というリクエストです。「よっしゃ！　ナウでヤングな日本の音楽を」と思ったのですが、今回持ってきた端末はWiFiがなければ通信できません。音楽も入っていません。さらに、カバンに入れていたノートパソコンには、少しの洋楽と小さな娘のために入れた「日本童謡集」しかないのです。仕方なく、『アイアイ』と『どんぐりころころ』で勝負しました。

「これは日本の誰もが知ってる超ポピュラーな曲なんだ！」と説明を加えて流したところ、周りのみんながキョトンとしています。でも、リピートしていくうちにみんな覚えてしまいました。「あーいあい、あーいあい」や「どんぐりころころどんぐりこー」とみんなで大合唱。歌って、飲んで、そしてまたビデオ撮ろう〜！　写真撮ろう〜！といった感じで夜が更けていきました。

ビールがなくなったので、「買いに行こう！」ということになりました。近くにコンビニなんてありません。どこに行くのかなと思ったら、この集落の商店のようなところです。店にもジョンの家にも冷蔵庫がありませんから、一緒に氷も購入して、冷えてきたところで再び「カンパーイ！」です。ちなみに、クメール語で乾杯は「チュルモーイ！」と言います。

ジョンの家に誘ってもらったことで、いろいろなことが分かりました。外国人がやって来て街をブラブラするといっても、表通りと間を走る小道ぐらいです。プノンペンに住む人たちの本当の暮らしなんか分かりません。今回の体験は、その一部を垣間見たような気がしました。

ジョンのところは、彼が言うところの「パブリック」という単位で家族同士が協力しあって暮らしています。一緒に飲み明かしたのは、そのパブリックの人たちです。子どももたくさんいます。いわゆる「近所の仲間」の密接度が高いのです。熱いし、温かい

再びチュルモーイ！　そして、ジョンの熱いキス

し、そんな人たちの集まりが何故かとってもうらやましく感じました。

追加のビールがなくなったのでいよいよ「お開き」かと思いきや、ジョンが「もう少し飲まないか?」と言うので、「いいよ!」と即答。どこに行くのかな? また焼肉屋? あの彼女と合流かな? と酔いどれ頭で考えているうちに到着。着いたのはジョンの彼女が働く店でした。

さすがに仕事中、ジョンの彼女はとても愛想がよく、たくさん笑います。「笑うととってもチャーミング」と伝えたのですが、英語を分かってくれません。さらに、店のマネージャーらしき人も加わります。このマネージャー、私のことをしきりに「ナイスガイ!」と言ってくれるのですが、どうもおネエ系です。不思議な空気が漂う楽しいひとときでした。

ジョンの家でたらふく食べて飲んだあとなので、この店では軽めで失礼して、ようやくホテルに向かうことにしました。一日の売上を焼き鳥代で使い果たしたジョンに、「これジョンの家からホテルまでのトゥクトゥク代」と言って、ジョンの手に無理やり一五ドル握らせて一日が終わりました。それにしても、楽しかった! こんな旅の様子をブログに書いていると、民際センターの高橋さんから次のようなメールが届きました。

「トゥクトゥクドライバーの家に遊びに行くなんて、本当に危ないから気を付けて!」

同じように、チャンディーさんにも注意されました。単に、ラッキーだっただけかもしれません。三日間一緒だったというだけで「カンボジアの友達ができた!」と喜んでいるのは、いわゆる「お人よし」なのでしょう。

確かに、一人旅だから無茶もしてしまいます。「自己責任だから」と言っても、やはり何かあればたくさんの人に迷惑をかけることになります。しかし、止められないんです。引っ込み思案で人見知り、思い切ったことをしたことがない私が通訳も連れずにカンボジアにやって来て、起こることに身を任せていると楽しいことがどんどん起こるのです。自らを開放する楽しさに気付いたというか、それに無我夢中というか。このままではいつか痛い目に遭うかもしれませんが、そんなときは臆病な性格が出てきて止めてくれると信じて、もう少し自分なりの冒険を楽しみたいと思っています。

6 中学校と家庭を訪問、そして奨学生との出会い

いよいよ一番の目的！

翌日、いよいよカンボジア旅行最大の目的である農村エリアの学校と貧困家庭への訪問です。スケジュールはとても単純で、行く場所は違えども、学校訪問とその周辺の家庭訪問がセットになっていて、一か所あたりの滞在時間は二時間から三時間ぐらいです。学校訪問での内容は、校長先生とほかの先生の話や質疑応答、子どもたちへの文房具などのプレゼント、写真撮影、授業風景や寮などの見学です。そして、何人かの子どもたちの家庭を訪問して、家族から話を聞きます。

一一月三日は、プノンペンの北東にあるコンポンチュナン州（Kampong Chhnang）に行きます。州はさらに郡に分かれているのですが、午前中行くのがロレアビエー郡（Rolea B'ier）にある「テッ

クハート中学校」、午後がコンポントラッチ郡（Kampong Tralach）にある「チバチュロイ中学校」です。念のために言いますが、このカタカナ表記は私の耳に聞こえた音なので、あまり当てにしないでください。そして翌日は、午前中にプノンペンの南側にあるタケオ州（Takeo）のコーハンダエ郡（Kaou Andaet）に向かい、郡名と同じ名前のついた「コーハンダエ中学校」を訪問したあと、午後はコンポンスプー州（Kampong Speu）に移動し、ボーロセダ郡（Basedth）にある「アングサイ中学校」を訪問します。

コンポンチュナン州訪問（一一月三日）

いよいよ出発です。ホテルの前でチャンディーさん一行にピックアップされ、車で向かいます。プノンペンを抜けるまでは渋滞で、とてもゆっくり進みます。ほどなく市街地を抜け、景色が開けてきます。農村エリアの風景は、ジョンとプノンチソールに行ったときにたくさん見てきました。集落が時々あって、また開ける。この繰り返しが二時間ほど続きます。

コンポンチュナン州に入りました。まずはテックハート中学校を訪問です。カンボジアの中学校訪問はもちろん初めてです。この中学校はとても広くて、気持ちのよい風が通る素晴らしい学校です。到着するやいなや、校門の前で校長先生をはじめとしてほかの先生が出迎えてくれました。みなさん英語は片言なので、チャンディーさんが通訳してくれます。挨拶をしながら校門の中が気になって仕方がありません。先生の話はまったく耳に入ってきません。なぜかと言いますと、もう、びっくりしてしまいました。生徒たちが校門から校舎に至る道の両側にズラーッと並んでいて、盛大に出迎えてくれていたのです。しかも、歓迎の歌まで歌ってくれています。長々と続く子どもたちの列、そして手拍子と歌。なんだかとても照れてしまいました（QRコード参照）。

歌を聴いているとジーンときました。でも、シャイな私は、歩きながら子どもたちに声をかけることができませんでした。「スオスダイ！（こんにちは）」とか「オークン！（ありがとう）」とか言えばよかったのですが……。

多くの子どもたちが中学校生活を楽しみ、学び、将来の夢へと可能性を広げていくことで、カンボジアの未来、そして世界の未来が変わっていきます。その可能性を感じたことと、みなさんの温かいおもてなしに感動しました。そして、少しだけスピーチをさせてもらいました。つたない英語で自分の思いを伝えました。

「いっぱい勉強して、いっぱい遊んで、未来への可能性を広げて、幸せになってください」

そのあと学校見学です。学校に併設された女子寮もあります。農村エリアに中学校はそう多くはありません。だから、遠くから自転

広くて気持ちのよい風が通るテックハート中学校

車で一〇キロ以上の道のりを通ってくる子どもが多いのです。さらに遠い子どもたちは寮に入ることになります。この寮も、日本人の寄付によって建てられたようです。料理ができるようになっていて、寮生活を楽しむ子どもたちの姿が目に浮かびます。

次は、先生たちとの懇談です。机を囲んでさまざまな話をしました。英語、クメール語、たまに間違って日本語が入ってきます。みなさんとっても明るく、笑みを絶やしません。教育が子どもたちの未来、しいてはカンボジアの未来を変えていくことを強く信じている様子が伝わってきます。その信念のもと、子どもたちをしっかりと教育しているのです。

懇談の終了後、子どもたちにプレゼントを配りました。このときに配ったのは学習キットのセットです。このようなものを購入するだけの余裕のない家庭をあらかじめ校長先生に選んでもらっています。一二人の子どもたちに学習キットをわたしながら「いっぱい勉強してね」と言い、そして身につけた教育・知識でもって自らの人生を切り開いてほしいと願いました。感謝されつつも感謝しつつ、何だかやっぱり照れくさかったです。

次は、授業風景の見学です。後ろで少し眺めるだけかと思ったら、教室の前に立ってのコミュニケーションです。みんな、勉強が好きだそうです。「将来、何になりたいか」という質問をしたところ、一番多かったのは学校の先生、次は看護師、そのほか会計士と言う生徒もいました。

チャンディーさんが、「先生希望」の生徒が多い理由を説明してくれました。農村エリアなので、親は基本的に農業に従事しています。もちろん、収入はあまりよくありません。子どもたちも農業を手伝いながら学校に通っていますので、周りにいる大人といえば農民か先生のどちらかなのです。だから「先生希望」が多いのです。先生になりたいという子どもに、「いっぱい勉強して、いい先生になって、次の子どもたちにたくさん教えてあげてください！」と伝えました。

日本から来た変なオッサンに興味はあるものの、コミュニケーションはとっても控えめでした。そういえば、カンボジア流の挙手の仕方、日本と少し違っていました。手は、パーではなく人差し指を立てて挙手をします。最前列に座る子どものサンダルがキティちゃんみたいだったので、「この猫は日本のキャラクターなんです。日本の子どもたちも大好きです」って伝えたら、とっても素敵な笑顔を見せてくれました。

いくつかのクラスを見たのですが、クメール語、数学、科学などの授業が行われていました。そして、もう一つ、「モラル（道徳）」という授業があることを知りました。人間性を磨くと同時に、カンボジア人らしさや価値観を備えるためにこの授業はとても大切だと思います。もっとも、子どものころに受けた「道徳」の授業、眠くって仕方がありませんでしたが……。

学校訪問のあとに家庭訪問です。最初に向かったところは、子どもが生まれてすぐに父親が失踪し、お母さんが一人で息子を育てているという家庭です。この男の子は、英語を一生懸命勉強中というので、チャンディーさんの通訳ではなく英語で直接話そうと誘いました。でも、カンボジアの子どもたち、こういったときはとてもシャイです。それでも、何とかやり取りができました。直接話をするというのは、やはり楽しいものです！

話がすんだら、日本から持ってきた石鹸、軍手、ボールペンや鉛筆、そして私の事務所のタオルを小分けした袋を手わたしました。石鹸を提供してくれたのは、先に紹介した「丸善油化（株）」です。今回のカンボジア渡航の話が出たとき、同社の池宮謙司社長と山口和也さんから、「うちの石鹸も是非持っていって！」と言われてたくさんいただいてきました。そのほか、子ども用のアクセサリーや折り紙なども入っています。ちなみに、鉛筆はあまり使われておらず、ボールペンも黒ではなくて青が一般的となっています。これらのプレゼントに合わせて、チャンディーさんがあらかじめ用意してくれたお礼の品もわたしています。こちらは、お米と醤油のようなソースのセットでした。

家庭訪問は続きます。二軒目は、なんとお子さんが一二人もいて、一番下はまだ小学校一年生だと言います。さらに、ニワトリとヒヨコ、犬と子犬、とてもにぎやかな家族でした。次は三軒目。これまでは車で移動していたのですが、近いということで歩いて向かいました。先生が案内してくれます。舗装されていない細い道に家がポツンポツンと建っています。もちろん、街灯なんてありません。帰りが遅くなると真っ暗です。

三軒目の家庭も父親が失踪ということでした。どうしてなのでしょうか。一軒目と同じく、お母さんの意地と底力が見えてきます。「お母さんの愛情をたっぷり受けて、学校に行って、自ら幸せになることでお母さんを喜ばせてあげてください！」と伝えました。

ここで、みなさんにお詫びがあります。一軒目と三軒目で、「お父さんが失踪」と書いていますが、今にして思えば少し自信がなくなってきました。というのも、二〇一五年当時の私の英語力はかなり乏しいものだったからです。「逃げる。失踪する」は「escape、dsiappear、miss」などですが、チャンディーさんは時折「ぱすあうぇー」と言っていました。そう「pass away」、失踪ではなく「亡くなった」ということです。この原稿を書いている二〇一九年、実際はどっちだったのか分かりません。申し訳ありませんが、それをふまえて読み進めてください。

これで午前中の予定は終了。途中、カンボジア料理の食堂で昼食を取り、次の学校へ向かいました。お昼代を払おうとしたら、スタッフのスナさんが「これも料金に含まれているから、こちらで支払います」と言うので支払いはお任せしました。

費用に関する説明をしておきましょう。二日間、ドライバー付きのレンタカーで学校を周り、文具などのプレゼントをわたし、家庭訪問でのお米などのお土産、そして道中のミネラルウォーターや今回の昼食、これらの費用はすべて私が払っています。

「EDFカンボジア」としては、このツアーは日本人向けの「スタディツアー」という扱いになります。「現地の様子を見てみたい」というこちら側の要求に対して、交通手段、学校との調整、訪問する家庭へのお礼、道中の食事やそのほかの経費すべてと、同行するチャンディーさんやスナさんに対する人件費が発生します。彼らはボランティアでこうした活動をしているわけではありません。「子どもたちに教育機会を提供することで、この国の未来を明るくしたい」という信念に基づいた、社会性に富む仕事をしているのです。さまざまな寄付や協力によって成り立つ活動だということです。

さて、次の学校、チバチュロイ中学校への訪問です。チャンディーさんから「日本にチバっていう場所があるでしょ。そこの支援団体によってサポートされている学校です」と教えてもらいました。そう、チバチュロイの「チバ」は「千葉」だったんです。

到着したら、校門のところで校長先生らとご挨拶。そして、一校目と同じく、子どもたちが整列して待っていてくれました。校門をくぐると、みなさん拍手で出迎えてくれました。再び照れて、固い笑顔を振りまくのが精いっぱいでした。

先生たちとの懇談のなかで、英語の先生が「あまり英語を話す機会がないので英語で話したい！」と言うのですが、私のほうは冷や汗がタラリ……。「すみません……もっと、ゆっくりしゃべってください！」と、英会話の力が一瞬で見透かされてしまいました。

先生との話のなかでチャンディーさんが、「日本の人たちのおかげ。奨学金で子どもたちが学校に通えています。約一二〇ドルで一年間通えるのです」と、ダルニー奨学金のことを説明していました。ダルニー奨学金の支援は一人当たり年間一万四四〇〇円です。「日本人ではどれぐらいの収入なのですか？」と聞かれたので、（日当にしたら二日分ぐらいかな）と頭で考え、「だいたい二日分ぐらいの給料に相当するでしょうか……」と答えたら、周りの先生が驚いていました。もちろん、物価が違いますから、日本で生活するには高いコストもかかると付け加えましたが、それでも先生方にとっては「驚き」であったようです。

懇談のあとは、一一人の子どもたちに学習キットを手わたして記念撮影。午前中と同じ流れだったので少しずつ慣れてきました。そして、家庭訪問。私にとっては忘れることができない家庭となりました。訪問した子どもの置かれた状況を聞いたとき、本当に目頭が熱くなりました。

学校から帰ったらすぐに籐の編みカゴを二つつくるそうです。それが一つ一ドルで売れますので、一日二ドルの収入となりますが、これがこの家庭における収入なのです。（お父さんやお母さんは？農業やってるんじゃないの？）と、最初は思いました。

これまで訪問した家庭は、少なくとも両親のどちらかが健在で、苦しいながらも農業で収穫があり、それをお金に換えることができていました。しかし、こちらの家庭は状況が違っていました。お父さんは重い病気をかかえて身動きがとれませんし、お母さんもいません。だから、この子どもの二ドルが収入のすべてなのです。

この子どもは看護師になることを夢見ており、中学を卒業したら高校に進学したいと思っています。そして、「お父さんは私が守る」と決意しています。「だったら、頑張って勉強しないとね！」と伝えたのですが、チャンディーさんが苦い顔をしていました。話はそう単純なものではないようです。

頑張って勉強を

「看護師になるためには高校、さらに大学に進まなければなりません。そのためのお金も必要ですが、高校、大学がこの近くにはないので、この子は家を離れなければなりません。しかし、お父さんの面倒を見てくれる人がいませんから、将来、この子は自分の夢をあきらめて、お父さんの面倒を見ながらできる仕事に就くことになるでしょう」

私は胸が詰まってしまいました。一つの理由からです。一つは、「自分はなんてバカなんだ」という自己反省。このような状況にある子どもたちがほかにもたくさんいるのでしょう。これまで訪れた学校にもいたことでしょう。「将来、何になりたい？」とバカみたいに質問を繰り返し、手を挙げてくれた子どもだけに目を向け、手を挙げられない子どもの気持ちを考えることをしなかったのです。何かとても残酷なことをしてきたように思いました。そして、それを「偽善」と呼ぶのではないか、と。

もう一つの理由は、「自分はなんて無力なんだ」ということです。私の職業は経営コンサルタントです。コンサルタントと言えば、困っている人に解決策を提供する仕事です。目の前の小さな中学生を見て、私は子どもが喜ぶような提案をすることができませんでした。何も思い浮かばず、気の利いたことも言えず、「勉強頑張りなよ！」としか言えなかったのです。

今回は、小さな小さな支援しかできませんでした。それでも、近くにはよい先生がいて、「ＥＤＦカンボジア」のサポートもあります。反省しつつも、やはり「いつか看護師になれたらいいね！　この子の夢が叶いますように！」と心の中で願ってしまいました。

二軒目の訪問です。父親は失踪（もしくは死亡）という家庭です。ここの子どもも、籐で工芸品（鍋敷き）をつくっています。一つ一ドルで売れるかどうか……しかし、これが生活を支える貴重な収入になっています。おしゃれな子どもで、友達にしてもらったのか、爪にマニキュアのようなものが塗ってありました。「そのマニキュアいいね！」と声をかけたときの笑顔がとっても印象的でした。

そして三軒目、ここに暮らす子どもが、奨学金で私が直接サポートすることになった一一歳の女の子です。名前はリンナちゃん。私にも娘がいるので、支援する子どもも女の子がいいのではと、ダルニー奨学金の事務局のほうで配慮していただきました。

こちらの家庭では、籐工芸ではなく、捕ってきたカニを売ったり、離れた森にある葉・枝を取って細かく裁断して、ハーブとして売っているとのことです。妊婦によいという話でした。「三年間、何がなんでも奨学金サポートを続けるので、勉強して、可能性を広げて、幸せになってください！」と伝えて別れました。

これで、この日の予定は終了です。夜はまたジョンと繰り出して……という気分にはなれません。学校訪問と家庭訪問、楽しいこともたくさんありましたが、やはり看護師になりたいと願う女の子の話が頭から離れません。近くのコンビニでカップ麺とビールを買ってきて簡単に夕食をすませ、おとなしく寝ました。

タケオ州とコンポンスプー州への訪問（一一月四日）

いよいよ、カンボジアでの最終日です。今日は、午前中にプノンペン南側に位置するタケオ州のコーハンダエ中学校に行き、そのあと家庭訪問です。午後はコンポンスプー州に移動して、アングセイ中学校と家庭訪問です。

タケオ州は、美しい湖と田園風景が広がっています。「こんなところに中学校があるとどうなるか?」と、少し考えてみました。日本の地方農村部と同じなのです。そして、子どもたちは自転車通学です。自転車は、新品だと一万円以上し、中古でも六〇〇〇円程度するそうなので、日本とそう変わりません。

毎日一ドルを稼いでは生活費で消えていくという暮らしをしている家庭が、自転車を購入するというのはとても無理です。自転車通学と自転車の価格についてチャンディーさんに教えてもらいました。ダルニー奨学金の事務局である民際センターにも、自転車を提供する支援プログラムがあります。自転車に関して考えてみたい、とちょっと感じました。そう、「自転車プロジェクト」が頭の中にイメージされた瞬間でした。

コーハンダエ中学校は、生徒数が一〇〇〇人を超えるというマンモス校です。敷地も広大、お出迎えも壮観です！　校門で、校長先生や教育委員会の担当者と挨拶したあと中をのぞくと、校門からずっと向こうのほうまで子どもたちの列が続いていました。昨日の教訓を活かし、「チェムリアップスオ（こんにちは）」と「オクーン（ありがとう）」を連発しながら、笑顔で中へと入っていきました。

先生たちを交えての意見交換、マンモス校ならではの課題もありました。この学校の校区はとても広く、自転車で通えないような遠方の子どもたちは寮暮らしをしていると言います。昨日訪問した学校にも寮がありました。同じく日本人が支援して建てられた寮がここにもあるのかな、とこのときは思っていました。

先生との懇談を終えたあと、学習キットのプレゼントです。こちらの学校では一八人の子どもたちにプレゼントすることができました。そして、寮を見せてもらうことにしました。

「えっ、これが？　しかも女子寮!?」

バナナの葉のようなもので壁と屋根だけを造った掘っ立て小屋です。一棟当たり三人が自炊しながら生活していると言います。この寮で暮らす子どもに生活について聞いてみたら、環境が悪いせいかあまり楽しくないと言います。水はけが悪いので、スコールが降ってきたらあたりは水浸しとなり、寮の中まで入ってきます。寮の環境整備も必要、という話でした。

また、夜は真っ暗で街灯などもありません。寮の造りは簡単なもので、ドアに鍵もありません。学校の中といっても、外からの侵入を防ぐ塀も何もないのです。このような寮に女子中学生が暮らしているのです。「とても危険な状態なのでは？」と、容易に想像がつきます。実際、「そうした事件も起こります」という話でした。

簡素すぎる造りの女子寮の外観

次は家庭訪問。一軒目の男の子は「生物の勉強が大好き。将来は医者になりたい」と言ってました。「男の子」と書きましたが、一四歳で中学二年生になります。背がとても小さいので、小学生にしか見えなかったのです。実は、カンボジアの子どもたちは全体的に背が低いです。日本の中学生とはまったく違って、発育があまりよくありません。食費に捻出できるのがわずかで、毎日ご飯だけという食事が多いために栄養も不足しがちです。

二軒目は、「将来、先生になりたい」と話す女の子です。家の横でお父さんがしゃがんでいました。昔は軍人だったとのことですが、体を壊して定職に就けずにいます。お姉さんがいて、この子どもはお姉さんの子どもの世話をしています。お母さんはタイに出稼ぎに行っていて、まとまったお金が貯まったら帰ってくるということでした。

三軒目はムスリムの女の子です。着ている服は、かぎりなくキティちゃんを模した不思議な顔をした猫です。無理やり、「このキティちゃんっていう猫は、日本の子どもも大好きなんです！」と伝えたら、とてもうれしそうでした。この子どもの家庭環境も複雑で、父親は幼いころに失踪（または死亡）、母親は三年前にタイに出稼ぎに行くと言ったまま戻ってきていないようです。だから、唯一の親族である祖父と暮らしているとのことでした。ちなみに、カンボジアのほとんどの人は仏教徒ですが、ムスリムの人も結構見かけます。プノンペンの北側には、ムスリムの人が多く住む集落もあります。

午前中の行程が無事に終わりました。学校を訪問して先生と会談、その後学習キットをわたし、何軒かの家庭訪問を行うということを繰り返していくうちに、だんだん慣れてきました。慣れると頭の中にも余裕が生まれるのか、学校や子どもたちに「何かできないかな？」とずっと考えていました。

昼食を食べたのち、次の目的地であるコンポンスプー州に移動です。午後はアングサイ中学校への訪問です。学校に到着したら、早速、先生と懇談です。みなさん笑顔で、とても和やかな雰囲気でしたが、先生方の悩みは深刻なものでした。生徒が三〇〇人弱いるのですが、教室が五部屋しかありません。午前、午後の交代制で授業をしていると言い、校舎や寮の整備が必要だと話していました。そう言えば、午前と午後の交代制というのはこの学校だけではありません。これまで訪問してきた学校でいえば、むしろ多数派でした。

懇談のあと、学習キットを一〇人の子どもたちにプレゼント。そのあと教室に行って、何人かの子どもに「将来何をしたいのか」と聞いてみました。やはり、教師や看護師と答える生徒が多いなか、「歌手になるのが夢です！」と言う女の子がいました。子どもらしい夢が聞けて、なんだかとてもうれしかったです！

カンボジアの新学期は一一月です。訪問したクラスは中学一年生でしたので、新一年生ということになります。みなさん、ワクワク感と緊張感があるのでしょう。胸には、中学生だと示す真新しいリボンが輝いていました。

一軒目の家庭訪問に向かったのは一三歳の女の子が住む家です。父親は七年前に失踪（または死亡）。母親は数か月前に交通事故に遭って、頭を打つなどの怪我をしたのですが、病院に行くお金がないために自宅で療養していたのですが、私が訪れる二か月前に亡くなったと言っていました。今は、祖母と二人暮らしです。ダルニー奨学金の奨学生で、二年前から支援を受けています。自転車がなく、遠い学校まで歩いて通っているとのことでした。

家の中を見せてもらいました。隙間だらけです。カンボジアは暑いから風通しがよくていいのかもしれませんが、雨季は雨漏りで大変そうです。家具と呼べそうなものはまったくありません。電気も通っていませんので、当然、家電製品がない状態です。どのような暮らしをしているのか、私にはまったく想像できませんでした。

二軒目は、将来教師になりたいという女の子の家です。弟が二人いて、お母さんとの四人暮らしです。姉として、「お母さんを助けたい」と話していました。次男は、お母さんから離れようとしません。変な来訪者に警戒しているのでしょう。一方、長男は奥のほうで気持ちよさそうに寝ていました。起こさないように退散することにしました。そして、最後の家庭訪問です。母親が失踪（または死亡）し、父親は農夫です。「父親がまったく教育を受けていないので、農夫以外にできることがなく収入が少ない」と子どもが言っていました。そして、「いっぱい勉強して、この生活を変えたい」と強い眼差しで語っていました。

訪問した子どもたちはみんな、「どうにかしたい！」と頑張っていました。決して、「どうにかしてくれ！」とは言いませんでした。そんな子どもたちが、未来を切り開くためには教育が必要です。手に入れた知識は誰からも取り上げられません。「いっぱい勉強して、チャンスをつかんで、自分の人生を切り開いてください！」と伝えてきました。

家庭訪問の帰り際、チャンディーさんが木になっている実をくれました。「食べられる」と言うので口に含んだら、すっぱくて苦いものでした。この二日間、たくさんの子どもたちと触れて、やっぱり苦かったです。それを象徴するような味でした。

7 旅の終わり

ホテルに帰ってジョンと最後の食事を、と思ったのですが、大渋滞で到着が二時間も遅れてしまいました。ホテルにジョンの姿がありませんでした。幸い、ジョンはホテル専属のトゥクトゥクドライバーなので、ホテルの人に聞いてもらいました。お客さんを乗せているとのことで、しばらくしたら帰ってくると言います。あまり時間の余裕がなかったのですが、ギリギリまで待つことにしました。そして、待つこと三〇分。無事にジョンと再会。でも、食事の時間は四五分しかありません。ジョンのパブリックファミリーと合流して、早速「チュルモーイ（かんぱーい）！」となりました。

みんなで、高々と「チュルモーイ」を何回も繰り返します。別れが惜しくて寂しくて、旅の終わりを惜しむように私もビールを流し込みました。ずっと飲んでいたかったのですが、タイムアップ。ジョンに空港まで送ってもらいました。最後に記念撮影をして、再会を誓って別れました。携帯番号も聞いてますし、ジョンの弟とフェイスブックで友達になれましたので、いつでも連絡を取ることができます。頭の中に生まれた「自転車プロジェクト」の種、きっと芽が出て、再びこの地を訪れることになるだろうという予感がする別れでした。

この二日間、「将来、何になりたいか?」という質問をたくさんの子どもたちにしてきました。毎日の生活もままならないのに夢の話なんかしてもいいのか、と頭の中では悩んでいたのですが、でも私は、「夢を語れば、それに一歩近づく」と信じています。だから、みんなに自分の夢を語ってほしいのです。さまざまな夢を聞きました。すべて、「誰かを元気にしたり、幸せにできる仕事」ばかりです。この国の子どもたちが自らの夢を実現することでカンボジアが豊かになり、さらに世界中に広がっていくのだと思っています。

とはいえ、学ぶだけでは夢は実現しません。そこにはチャンスが必要です。でも、学ばなければチャンスをつかむことができないし、チャンスがあることすら気付かないかもしれません。学ぶことは、チャンスをつかむための準備をすることです。将来、どんな機会に恵まれるか分かりません。そうしたチャンスを増やすために誰もができること、それは「笑顔を絶やさないこと」だと思っています。

子どもたちの笑顔が最高でした。この笑顔を絶やさないためには、「こんな生活から抜け出したい!」という本人の強い気持ちと、支援する側からのサポートが必要となります。私も頑張って応援をします。そして、「いっぱい勉強して、笑顔でチャンスをつかんで、夢を実現して幸せになってください」と願います。

第3章

二〇一六年の活動記録

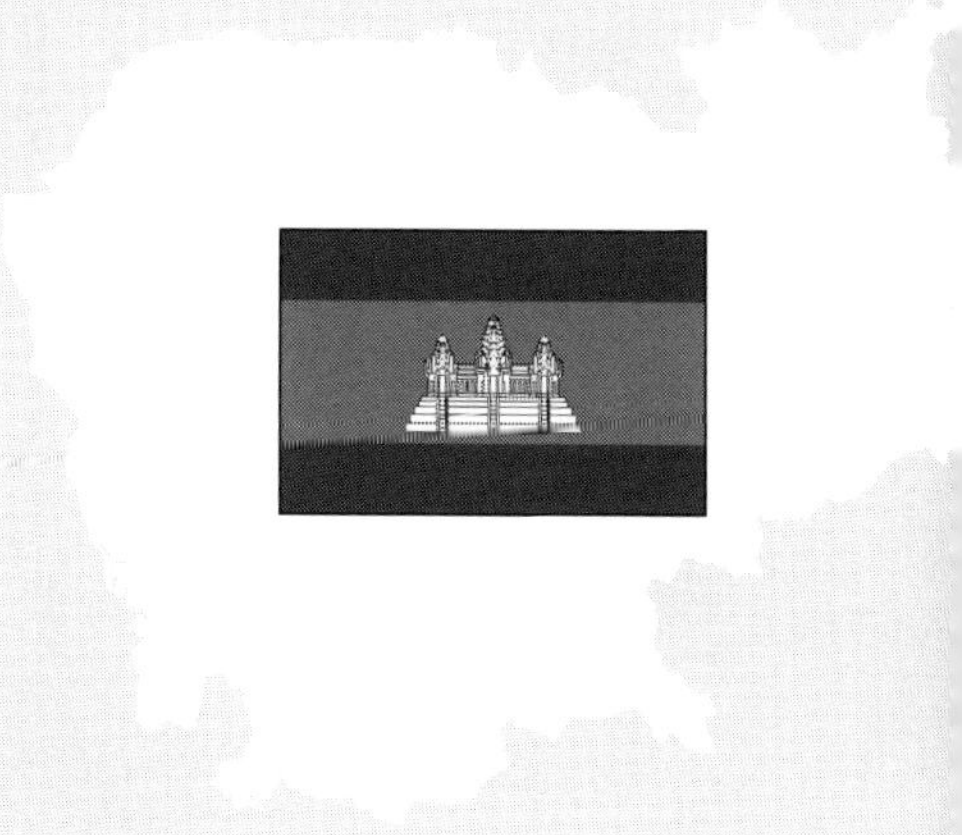

1 自転車プロジェクト始動!!

まずは企画を練りましょう!

二〇一五年のカンボジア訪問は強烈な体験となりました。何もできない自分に悩み、そして「これだったらできるかも?」というアイデアが生まれた旅でもありました。一一月四日にジョンに別れを告げ、日本に帰国したのは翌日です。六日は事務所で仕事に追われ、一段落した七日の朝、高橋さんにお礼とともに相談事のメールをしました。熱が冷めやらぬうちに、動き出そうと思ったからです。その相談事というのは以下のとおりです。

訪問した地方の中学校や家庭を見ていると自転車の問題が深刻でした。民際センターさんでも自転車プレゼントのプロジェクトがあることは存じております。

今回、考えていますのは、日本の中古自転車を一〇〇台単位で輸出し、子どもたちにプレゼントできないかという企画を構想しております。クラウドファンディングを活用したプロジェクトにしようとしています。寄付金を募り、自転車を集め、特徴ある仕掛けを加えたものです。これから詳細を練る必要がありますが、その際に、再度高橋さんやチャンディーさんのお力をお借りすることは可能なのでしょうか。

今回のようなアテンドに加えて、カンボジア内の一時的な自転車置き場の確保やトラックおよび運転手の確保、プレゼントする生徒候補の抽出、およびプレゼントして回る活動の同行などです。もちろん、無償ではなく、必要な費用はプロジェクトのなかで捻出するつもりです。民際さんの自転車プロジェクトとは異なる形なのですが、ご協力いただけたら心強いです。

現在行っている自転車プロジェクトの形とは異なりますが、初期段階のアイデアはこんな感じだったのです。

高橋さんと民際センターで私のアイデアを検討してもらいましたが、やはり民際センターで行っている独自の自転車プレゼントの支援と重なる部分があってよい返事はもらえませんでした。でも、ここで諦めてはいけないと思い、喰らいつきました。

まず、中古自転車であることの意義です。日本にはたくさんの中古自転車があります。みなさんも自転車屋で売られているのを見たことがあるでしょう。放置自転車を自治体から払い下げてもらい整備して売っているのです。さらに、私の尊敬する経営者の一人でもある「ＮＰＯ法人街かど福祉」(https://iwork-himawari.com/) の北保男さんは、自転車を整備して販売するという障がい者の就労支援を行っていました。

中古自転車をカンボジアに輸出する際、北さんの就労支援作業所で自転車の整備をしてもらおうと考えていました。作業所の収入になりますし、たくさんの自転車整備の機会を提供することで障がい者の技能向上にもつながります。また、これらの活動を何らかの形で発信できれば、地域の自転車屋が注目するようになり、作業をしている彼らの就職にもつながると考えたのです。そのことを高橋さんに伝え、もう少し詳しい提案書をつくります、と伝えました。

すぐに提案書作成に取り掛かりました。調べていくなかで、カンボジアにはたくさんの中古自転車が日本から輸出されていること、また自転車を輸出するにはコンテナを一杯（六〇〇台分）にしないと輸送費が高くついてしまうことなどが分かりました。それだったら、自転車は現地調達することにして、将来、支援台数が増えたら輸出すればよい、と考えました。

そして、スライド一〇枚分の提案書をつくりました。中古自転車の現地調達、運搬や寄贈先の子どもの選定などをチャンディーさんにお願いしたいということ、資金はクラウドファンディングの手法で集めるということなどを書いて、メールで高橋さんに検討をお願いしました。

数日後、プロジェクトの内容について民際センターから質問がありました。クラウドファンディングで支援金がどれぐらい集まる見込みなのか、協力を募る相手はいるのか、そして質問以外に指摘が一つありました。民際センターだと協力を集めたら寄付金控除になるが、私が独自で集めたらそうはならない、ということなどです。

協力を募る先は、何といっても私が所属する中小企業家同友会です。私がカンボジアに行くとき、背中を押してくれた仲間がたくさんいるからです。寄付金控除のことについては、同友会で知ったある企業の取り組み事例が参考になりました。障がい者を支援するカフェですが、そのオーナーはＮＰ

Ｏ団体などではなく個人事業主なのです。そのため、寄付金控除というメリットは使えません。しかし、よく見ると、カフェの机や椅子などの什器には支援してくれる人たちの企業名が記されていました。「この方式だと、寄付じゃなくて、企業にとっては宣伝だから広告宣伝費で経費に算入できます」ということなので、自転車に企業名を記したプレートを付けて、「いつか進出するかもしれないカンボジアで宣伝をしておこう！」という大義（？）名分をつけたうえ、その企業で働くスタッフにも、「頑張って得た利益でカンボジアの子どもが自転車通学できる！」というモチベーションにつなげてもらおうと考えたわけです。もちろん、広告宣伝費として経費に算入してもらうわけです。協力を募る先が、経営者の集まりである中小企業家同友会であるからこそ成せる技となります。

そして一一月一八日、帰国して約二週間が経ったころ、民際センターからプロジェクトのＯＫが出ました。もちろん、チャンディーさんも喜んで協力してくれるとのことでした。

次に行ったのは、チャンディーさんに中古自転車と修理メンテナンスセットを含めた価格の調査依頼と、民際センターや「ＥＤＦカンボジア」に支払う手数料を含めた見積作成の依頼です。その後、一二月に見積書が届いたのですが、値段が一四五ドル（約一万五〇〇〇円）だったのでちょっとがっかりしました。「民際センター」がやっている自転車支援は一台当たり一万八〇〇〇円です。「三〇〇〇円の差で新品と中古かぁ……」と悩みました。そして、値段を下げるための検討と取り組みをはじめました。何とか一台当たり一万円に収めたかったのです。

作戦は二つです。一台ではなく一〇〇台だったら単価が下がるのではないか、ということです。また、見積書にあった「お礼状の準備発送」など、私でもできる作業をこちら側でやることでコストを抑えることにしたのです。質疑応答や意見交換を繰り返し、いつのまにか二〇一六年を迎えていました。そして一月一五日、チャンディーさんから一〇〇台分の見積書が到着しました。一〇〇台で八四〇〇ドル（当時のレートで九九万六〇〇〇円）となりました。一台当たり八四ドル（九九六〇円）です。ギリギリ収まったのです！

また、民際センターやチャンディーさんとのやり取りのなかで、新たなアイデアがたくさん生まれました。その一つが「自転車クラブ」です。自転車に修理キットをセットにしてプレゼントしようと考えていましたが、それでは簡単なパンク修理しかできません。パンク以外の修理もできる、自転車修理の拠点を各中学校につくったらどうかというアイデアでした。

自転車クラブの部員は、当然、修理が得意になるわけで、学校を卒業したら自転車屋に就職したり、あるいはお金を貯めて自分で自転車屋をオープンすることができるという夢のある話です。さらに、別の機能も考えられます。卒業していらなくなった自転車を預かり、次の新入生に引き継いでいくための管理拠点にもなります。

自転車の見積もりに並行して、自転車クラブについても工具や交換部品の中身などさまざまな検討をしました。そして、一か所当たりの見積もりが何とか五万円に収まるように依頼したところ、届いた金額は四二一・五八ドル、当時のレートで四万九二九六円でした。

二月に入り、詳細の確認のために高橋さんと京都で会いました。前回は一〇分ぐらいの対面でしたが、今回はたっぷりと時間があります。高橋さんがこうした活動をはじめたきっかけなどを聞いたのですが、話し出すと熱い思いが燃えたぎるのか、終始押されっぱなしでした。でも、とても力をいただけたミーティングとなりました。

何とか「自転車プロジェクト」の概要が固まり、いよいよ本格的な準備に取り掛かろうと思いましたが、二月～三月は本業がとても忙しかったので始動は四月からとなりました。最初は、募集用のチラシと情報発信のためのホームページ作成です。早速、高橋さんとチャンディーさんに掲載用の写真の協力をお願いしました。ホームページのアドレスとなるドメインネームは、カンボジアでの自転車プロジェクトだから「Cambodia」と「Bicycle」を組み合わせて「cam-bi.net」にしました。レンタルサーバーと一緒に申し込みをして作成開始です。もちろん、自作です。

最初は、「説明ページ」と「申込ページ」、そしてブログ機能がついた簡単なものでした。高橋さんから送ってもらった写真などを使いながら一週間ほどで完成し、最初のブログ投稿は二〇一六年四月二一日でした。同時進行となったのがチラシの作成です。こちらのほうは、デザインセンスのない私では無理なので、プロにお願いすることにしました。同じ中小企業家同友会に所属し、先輩でもある「株式会社リノ」（https://www.office-rino.com/）に相談したところ、快く引き受けてくれました。

四月一四日に訪問して打ち合わせをしたのですが、社長の新家徳子さんとデザイナーがアイデアをどんどん出してくれて、あっという間にデザイン案ができあがりました。その後、必要なデータや情報のやり取りをして、五日後の一九日にはチラシデザインが完成しています。印刷する前に、念のためと思って高橋さんに確認をしてもらったところＯＫが出たので、一〇〇〇部の印刷を依頼しました。納品されたのが四月二四日、最初の打ち合わせから一〇日しか経っていません。チラシの裏面が申し込み欄になっているという優れものです。

協力者を集めるための奔走

チラシを配ったり、ホームページのことをフェイスブックに投稿したりと、まずは情報発信に取り組みはじめた矢先、記念すべき最初の申し込みをいただきました！　なんと、チラシが完成した二日後です。その申し込みは、チラシを作成してくれた新家さんでした！　そして、翌日には、ホームページを通して、以前私の講演を聞きに来てくれた人から申し込みがありました。その後も、友人・知人を中心に協力をいただき、開始から一週間足らずで自転車六台、自転車クラブ一か所の申し込みをいただきました。「めっちゃ順調やん！　これはいけるかも!!」と手ごたえを感じた瞬間です。

協力者を募る活動は、ブログやフェイスブックへの投稿、さ

完成したチラシ

らに仕事先のセミナーや研修の受講者、中小企業家同友会の例会や行事でのチラシ配布など、できることは何でもやろうと取り組みました。周りの人たちからは、「最近、こいつは自転車のことばっかりやな！」と煙たがられたかもしれません。でも、怒られたり嫌われたりしたら、そのときはそのときと開き直り、とにかく協力者を募る活動に集中しました。その結果、**表**に示したように自転車七九台、自転車クラブ五か所分の協力が集まりました。

多くの人々が協力してくれました。そして、一一月一八日、集まったお金を「ＥＤＦカンボジア」に送金しました。一〇〇台には届きませんでしたが、たくさんの自転車、そして五か所で自転車クラブが設立できることは私にとってはとっても嬉しいことであり、予定している一二月の訪問に向けてとってもワクワクしてきました。そして後日、チャンディーさんから、「自転車が少し安く購入できたので、二台増えて八一台になった」という知らせが届きました。

表　自転車とクラブの申し込みの推移

	自転車	自転車クラブ
4月	6	1
5月	10	2
6月	4	1
7月	12	
8月	8	
9月	10	
10月	12	
11月	17	1
合計	79	5

（※上記の中には、私自身が支援した自転車と自転車クラブが含まれています。）

自転車クラブ設立のために自転車整備を習いに行く！

チャンディーさんや民際センターと「カン

ボジア自転車プロジェクト」の詳細を検討するにあたって私が担当することになったのは、協力者に呼びかけて支援金を集めることです。その支援金は「ＥＤＦカンボジア」に国際送金され、スタッフが中古自転車や修理用キット、さらには自転車クラブ用の修理工具や交換用の消耗品などを手配します。

これ以外にも、私が担当したことがあります。それは「自転車修理マニュアル」をつくることです。自転車にセットして送られる修理用キットはパンク修理のためのものですが、そのやり方のマニュアルがないのです。修理のやり方が分からなければ、修理キットを渡す意味がないのです。また、自転車クラブのほうでは、パンク修理だけでなくタイヤ交換やブレーキ修理なども行ってもらいたいので、「自転車修理マニュアル」をみんなに配ろうということになったのです。

当初はＤＶＤにしようかと思ったのですが、動画編集が大変そうですし、カンボジアの中学校には電気が来ていないところもあるほか、再生できるハードも整っていません。それゆえ、冊子でマニュアルをつくることにしました。

さて、どうやってマニュアルをつくればいいのか。もちろん、私にはノウハウがありません。パンク修理すら自分でやったことがないのです。そこで、私自身が自転車修理を習うことにしました。もちろん、近くの自転車屋に「自転車修理教えてください！」とお願いしても門前払いとなるでしょう。こんなときに頼りになるのが、やはり中小企業家同友会です。先ほど紹介した「ＮＰＯ法人街かど福祉」では、自転車整備の就労支援を行っています。そう、ここには自転車整備を教えてくれる先生がいるのです。だから、北さんに今回の自転車プロジェクトのことを話して、自転車整備を教えてくれないかとお願いしました。

「やっさん！　えーよえーよ！　いつでもおいで！」と言う男気あふれる北さんは、次のようにも言いました。

「やっさんな、その活動をもっと大きくして、日本から中古自転車持っていけるように頑張ろうや！　うちにその整備をさせてくれ。そのとき、大々的に発信すれば地域の自転車屋さんも注目してくれるやろ。ほんだら、うちに整備の仕事が来るだけでなく、その整備を頑張った子らが就職できる機会につながるはずや！」

前述しましたが、このプロジェクトを立ち上げたとき、日本から中古自転車を持っていくにはコンテナ一杯となる六〇〇台分の支援を集めないといけないということを知りました。さすがに難しいだろうと尻込みしてしまう私の性格をよく理解してくれる北さんは、「すぐには無理でもな、いつか実現しようや！」と新たな夢を与えてくれたのです。

というわけで、自転車整備に関する講習の話はとんとん拍子で進み、第一回が四月二五日となりました。ちょうど協力者募

進藤先生（左）と北さん

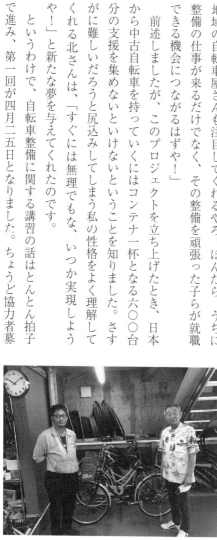

集のチラシができあがったころです。ゴールデンウィークを挟んで計五回、毎回二時間ほど進藤巧先生からいろいろと教えてもらいました。

最初は、自転車の構造説明やタイヤ交換です。二回目は、タイヤ交換の復習と鍵や籠の取り付け、そしてハンドルの調整の仕方などについて学びました。そのとき先生は、「もっともこだわるべきは安全性」と言っていました。ネジ一本でも気を抜かずしっかりと締める。その心がけが自転車に乗る人の命を守ることになる、と言うのです。

三回目は、タイヤチューブの交換を二〇分以内に行うという課題でした。でも、結局一時間かかりました。先生はというと、一五分足らずです。チューブ交換の早技・裏技でもある「バック広げ」も教えてもらったのですが、そのときに使った工具は少し特殊なものです。「寄贈する工具の内容によっても修理の仕方が変わる。あまり特殊な工具を必要とするやり方はカンボジアでは向いていない」と考え着きました。作業環境が変われば方法も変わるという当たり前のことに気付いたのです。そして、四回目はパンク修理と解体。最後となる五回目は、解体した自転車の組み立てです。残念ながら、組み立ては最後までできませんでした。

修理講習が完了したら次はマニュアル作成です。「すぐに取り掛かった」と言いたいところですが、講習が終わってひと休みしてしまいました。「早く用意をしなくっちゃ……」と思いつつも一一月になってしまい、半年も寝かせてしまったのです。修理の内容をほとんど忘れてしまっていたので、撮影したビデオで復習しつつ、自分の自転車を使って修理マニュアルの作成に取り掛かりました。マニユアルに掲載した修理内容は以下の四つです。

❶ハンドルの高さ調整
❷チェーンが外れたときの直し方
❸前輪・後輪のブレーキの調整方法
❹パンクの修理方法

マニュアルをつくりながら考えたのは「三か国語併記」です。子どもたちは日本語や英語などの言語が分からなくても、その言葉を書いたり話したりする人がいることを知っています。それがきっかけとなって、日本に興味をもってもらえるとステキだと考えました。ただ、クメール語への翻訳は私にはできません。チャンディーさんに依頼しようと思ったのですが、一一月は繁忙期です。だから、クラウドソーシングを使うことにしました。利用したのは「ランサーズ（https://www.lancers.jp/）」というサービスです。過去に翻訳やテープ起こしを依頼した

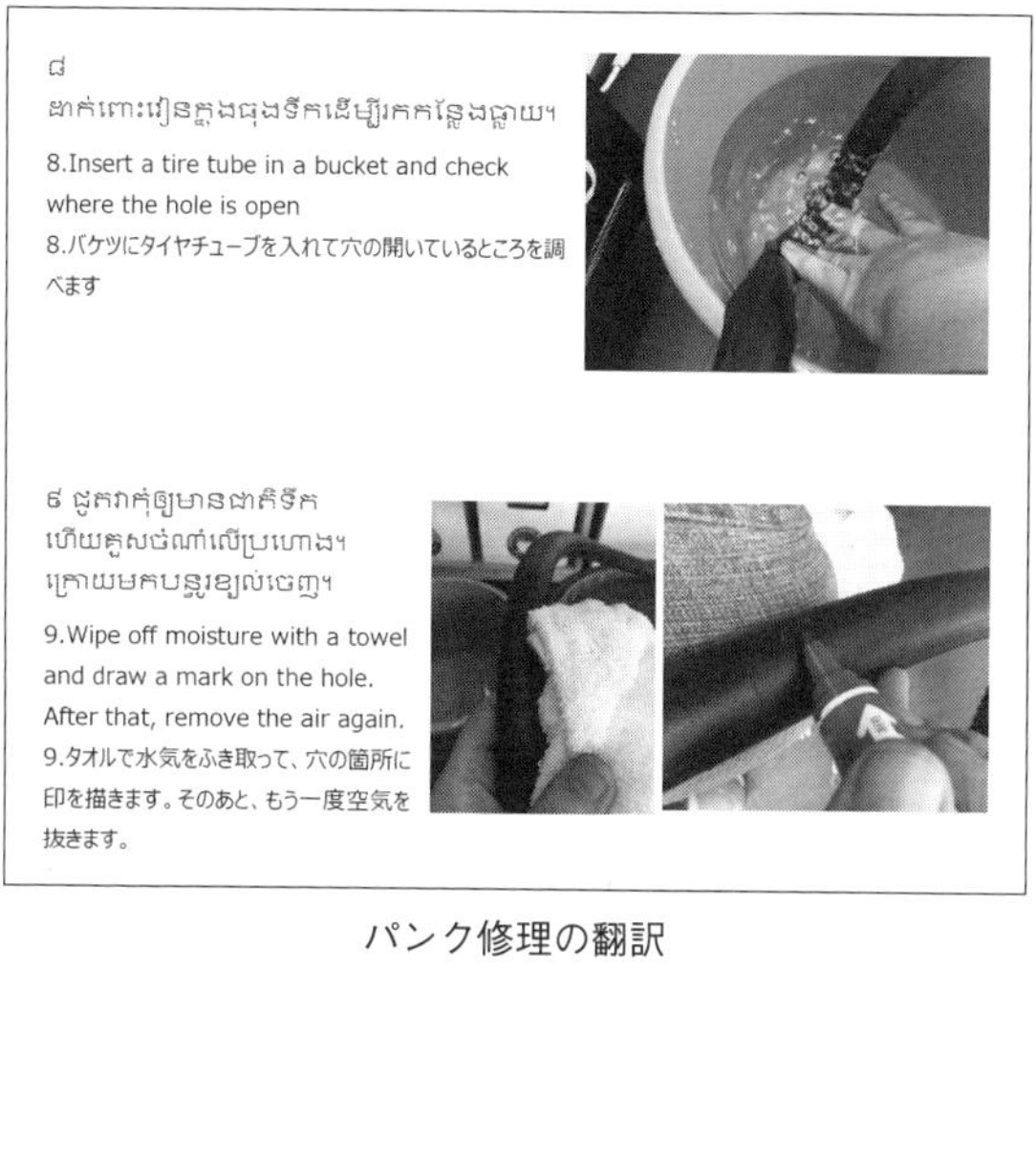
៨
ដាក់កោះវៀនក្នុងធុងទឹកដើម្បីរកកន្លែងធ្លាយ។
8.Insert a tire tube in a bucket and check where the hole is open
8.バケツにタイヤチューブを入れて穴の開いているところを調べます
៩ ជូតរកកុំឲ្យមានជាតិទឹក ហើយគូសចំណាំលើប្រហោង។ ក្រោយមកបន្ធូរខ្យល់ចេញ។
9.Wipe off moisture with a towel and draw a mark on the hole. After that, remove the air again.
9.タオルで水気をふき取って、穴の箇所に印を描きます。そのあと、もう一度空気を抜きます。

パンク修理の翻訳

こともあるので、ここで募集することにしました。しかし、「クメール語への翻訳」は応募が少ないことと、その翻訳結果の良し悪しを私が判断できないため、翻訳結果はチャンディーさんにチェックしてもらうことにしました。

募集したところ、やはり応募は少なく一件だけでした。その人に一一月四日に依頼し、三日ほどで完了しました。チャンディーさんにチェックを依頼し、「問題ない」という回答をいただいたので、入金（二万七〇〇〇円・税込）して終了です。終了したのは九日、なんと一週間足らずで完了しました。

自転車プレートや軍手の準備！

自転車マニュアルと並行して準備を進めたのが自転車プレートです。自転車の籠に取り付けたり、自転車クラブの部室前に掲げるためのものです。自転車プレートのデザインは、協力者を募るためのチラシをつくってもらった「株式会社リノ」にお願いしました。写真のように、協力者の名前、英語表記、ホームページアドレス、ひと言メッセージの四つを印字することができます。一つ一つが差し込み印刷となるため、私の事務所にあるプリンターで行いました。

印字したあと、ラミネートをして四隅に穴を開けます。そして、穴を補強するためにハトメ加工をして完成となりますが、この作業を八一台分行いました。もちろん、一人では大変なので、事務所のスタッフに手伝ってもらいながら、みんなで少しずつ進めていきました。あとは籠に取り付けるための針金です。四隅で固定するために総本数は三二四本。一〇センチほどの長さで、「パチン！」とニッパーで切る作業をひたすら繰り返しました。

そして、自転車クラブ用のプレートは少し丈夫なものをつくることにしました。紙にパウチしただけだったら風雨に耐えられないかもしれないからです。そこで、中小企業家同友会の仲間である「メイク広告株式会社（http://meiku-koukoku.com/）」の上野健司さんに相談しました。

上野さんの会社は看板屋です。安田が提示しました条件は、①風雨にさらされても印字などが消えにくい、②強い日光のもとでも変色しない、③カンボジアまで持参するのでなるべく軽いほうがいい、そして④もちろん安いほうがいい、というものです。こんなにたくさん条件を出したにもかかわらず、さすが専門家、「それだったら塩ビシートとアルミの複合板がいいと思います」と即答でした。

値段も条件にあっていたので、早速お願いしました。できあがりは上々！　毎年、部品補給のために各自転車クラブを訪問していますが、色あせもなく、風雨と強い日差しに耐えています。

準備品の最後は軍手です。昨年訪問したときにも持参しましたが、今回は必要数がかなりの数に上ります。言うまでもなく、自転車修理の際に必要にな

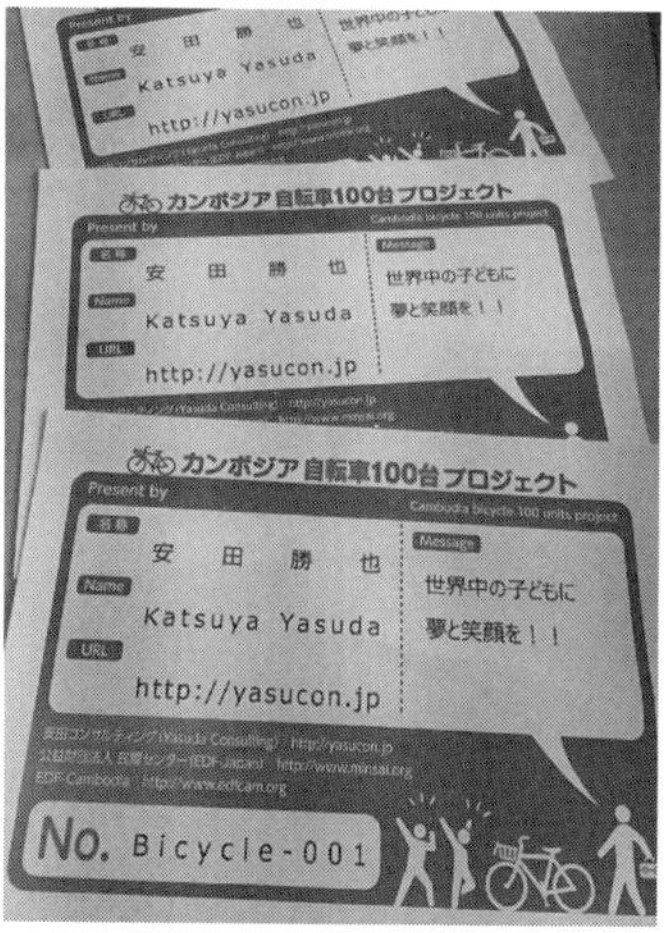

自転車プレート

りますから、各自転車に一双ずつと自転車クラブのものとしてざっと一〇〇双分となります。私のなかで軍手と言えば「泉州作手紡績」(https://www.senshusakute.com/)となります。同社の出口さん(二九ページ参照)に相談したら、「B級品の在庫でよろしければ」と無償で提供してくれました。

企画を練るところから、協力者の募集、支援内容の検討、自転車マニュアルやプレートの準備など、すべてが整うまで一年かかりました(二〇一五年一一月〜二〇一六年一二月まで)。以下では二〇一六年の自転車プロジェクトについて紹介していくことになりますが、実はその準備を進めていた九月ごろ、民際センターの高橋さんから悲しい知らせが届きました。高橋さんは正規の事務局員という立場ではなく、業務委託契約だったのです。その契約が九月末で切れるという連絡がメールで届いたのです。これまでのお礼も含めて、すぐに返信しました。

自転車クラブの看板。カンボジアの中学校で取り付けている様子

2 訪問記

どんな旅になるのでしょうか

昨年同様の一人旅。一人旅の楽しさを知ってしまった私は、「何か面白いことはできないかなぁ……」と思いを募らせ、チャンディーさんやトゥクトゥクドライバーのジョン、奨学金支援をしているリンナちゃんたちとの再会に胸を躍らせていました。そして、高橋さんが退職されるという直前の九月、チャンディーさんや高橋さんと相談しながら、自転車プロジェクトの実施予定について相談しました。その結果、一二月一九日に簡単な打ち合わせを行い、二〇日から二二日までの間に、自転車の寄贈と五か所で自転車クラブを設立するという計画にしました。

直前まで日程を決めることが難しかったので、かなり前から本業のスケジュールを調整し、一二月一六日～二六日という一一日間を確保しました。プロジェクト以外の日はやはり楽しみたいなぁということで、最初に相談したのは初年度からこのプロジェクトに協力してくれているQちゃんです。

Qちゃんとの出会いは、やはり中小企業家同友会。今はタイのバンコクで働いていますが、とんでもなく「恥ずかしがり屋」なのでイニシャル表記にします。（バンコクでQちゃんと会ってからカンボジアに入ったら……できたら空路じゃなく陸路で！）と思いついたのですが、それには理由があります。自転車プロジェクトの協力者で、同じく同友会の仲間でもある「パン・ド・パニエ」（https://

pain-de-panier.com/）の東直樹さんからある日電話がかかってきました。

「うちの娘が自転車プロジェクトに協力したいそうだから、一度会って話をしてみてくれないか？」という内容でした。早速、日程を調整して娘さんにお会いしました。彼女との話は二時間にも及び、かなり強烈な影響を受けました。そのなかの一つが、「安田さん、沢木耕太郎さんの『深夜特急』って読みました？　まだなら、絶対読んだほうがいいですよ！」と教えてくれたことです。

その後、すぐに文庫本のシリーズ六冊を全部購入し、時間を忘れて読み続けました。（こんな旅をしたらおもろいやろうなぁ！）と想像するだけでワクワクしてきました。紀行文にすっかりはまってしまった私は、そこから椎名誠をはじめとして手当たり次第に読んでいます。

『深夜特急』に影響を受けた私は、バンコクからプノンペンまでバスで行けないか、と考えはじめました。インターネットで調べてみると体験ブログがいくつもあるので、それほど難しいことではないと分かり、ネット予約ができるサイト（http://www.thaiticketmajor.com/bus/ttmbus/）を見つけて早速申し込んだのです。バンコクからプノンペンまで九〇〇バーツ、手数料も入れて三五〇〇円ぐらいでした。移動距離は七一九キロ、予定される所要時間は一一時間です。

ここで忘れてはいけないのがビザの手配です。昨年と同じく「e-VISA」でカンボジアは取得可能ですが、今回はタイのビザも必要です。通常、タイに旅行するのにビザは必要ありません。でも、調べてみると、「往復の航空チケットを持っている人はビザが不要」とあります。私の場合、タイに入国後、そのままカンボジアに移動します。この場合はどうなのかと、大阪にあるタイの総領事館に電話をして尋ねてみました。そうしたら、「特殊なケースなので、現地での判断となる」という玉虫色の回答です。タイに到着してからアライバルビザを取得することもできますが、もしも何かあったら自転車プロジェクトに大きな影響を与えるので、タイのビザも取得することにしました。

いざ出発！　バスでプノンペンへ

いよいよ出発です。関西空港を出発して、台北の桃園国際空港を経由してバンコクに入ります。チェックインカウンターで預ける荷物を測ってもらったら三〇・六キロ。手荷物の上限は三〇キロ、それを超えると追加料金がかかりますが、中に何が入っているかとちょっと話して、無事に追加料金なしでパスできました。そのあとドルに両替して、免税店で買い物です。どうしても買いたかったのが日本のウィスキーです。以前、民際センターの高橋さんに「チャンディーさんは休みの日は何しているの？」と尋ねたら、「だいたい仕事の段取り・準備をしていて、夜はラジオを聴いたり、テレビを見ながらウィスキーを飲んでいる」と聞いていたからです。

利用するエアラインは中華航空。乗るのは初めてです。機内では、自転車プレゼントのセレモニーで話すことになるスピーチを考えていました。時間が経つのも忘れ、ふと外を見るときれいな雲海です。この雲海を見ていると、世界に国境などなく、太陽のもと、みんなが幸せになれたらいいなぁと、ロマンチックなことを考えてしまいました。

無事に桃園国際空港に到着し、一時間の待ち時間を経てバンコクのスワンナプーム国際空港へ向かいます。バンコクに着いてからQちゃんとの旅が一八日まで続くのですが、そのときのことは別の機会とします。本書のテーマはカンボジアでの活動ですので、バンコクからプノンペンへ向かう長距離バスに乗るところから紹介していきます。

旅の三日目、一八日の早朝です。バンコクを離れて、いよいよカンボジアのプノンペンを目指します。モーチットバスターミナルに向かいます。バンコクには三つのバスターミナルがありますが、国際路線が出ているのはここだけです。事前にインターネットでチケットを購入しておいたので、確認画面のコピーとチケットを交換してもらうのですが、早く到着しすぎて窓口が閉まっていました。バスの出発は午前五時、とても朝早いのです。ターミナルのベンチは、バスの出発を寝て待つという人たちでいっぱいでした。

時間を潰している間に窓口がオープンして、チケットに交換してバスに乗り込みました。座席は一番前、前景を楽しもうと座席を予約していたのですが、フロントガラス上部にはフィルムが貼られており、景色はほとんど見えませんでした。

快調に疾走していた途中、警察官が乗り込んできてパスポートの確認です。この検問は土曜日と日曜日にかぎられており、乗客から五バーツの手数料を取ります。何の手数料か分かりませんが……。そして、国境に近づいてくると、首からぶら下げる札を配ってくれます。出入国の手続きのためにバスを降りるわけですが、その印のために付けるわけです。ある意味、「私はツアー客です」と言いふらしているようなものです。それが原因で問題発生！

バスを降りると、首から札を吊り下げた人をめがけてたくさんの人が寄ってきました。ビザや出入国の手続きをするからついてこい、と言うのです。その人たちも、なんだか公務員っぽい写真付きのＩＤカードを下げています。まぁ、いいかとついて行くと、出入国カードを書いてくれます。出入国カードにハンコ押すから手数料が必要とのこと。やっぱりかぁ……と思いながら、うるさい彼らを無視して、出入国カードを自分で書き直し、出国手続きの列に並びました。

念のために言いますが、タイからの出国も、カンボジアへの入国も手続きをする人は窓口に座っていて、あちらから話しかけてくることはありません。ＩＤカードも自作できるので、国境付近で気軽に話しかけてくる地元民は無視するようにしましょう。

無事に出国手続きをすませると、次はカンボジアへの入国手続きです。先ほど書いた出入国カードとビザを一緒にわたすだけでした。この時点で一〇時半、残りは半分なので到着はかなり遅くなりそうです。農村エリアを快調に進んでいきます。それでも、プノンペンに近づくと渋滞にしっかりとはまって、到着したのは結局午後六時、一三時間の旅となりました。

バスターミナルからトゥクトゥクでホテルまで移動したのですが、ホテルの前にはジョンがいませんでした。ホテルのスタッフに言付けをお願いして、近くのマーケットまでSIMカードを買いに行きました。メジャーなキャリアが三社あるそうですが、よく分からないので、気のよいお兄ちゃんが店番しているところにしました。しかし、英語が通じません。筆談やらジェスチャーで悪戦苦闘し、何とか無事にゲットしました。三ドルで出張期間中すべていけそうです。

ホテルに戻ると、ジョンが帰ってきていました。再会を喜び、近況を報告し合いました。このまま飲みに行こうかと考えたのですが、ジョンにも仕事があります。それに、私もバス移動で疲れたので、昨年行った近くの市場で焼き鳥（ウズラの丸焼き）を買って、コンビニビールでささやかな一人宴会をして寝ました。翌日は「ＥＤＦカンボジア」の事務局を訪ねて打ち合わせです。いよいよ自転車プロジェクトの本格スタートとなるので、ワクワク感と不安が入り混じる夜となりました。

翌日は朝のランニングからスタート。明日以降は農村エリアを訪問するために朝が早いので、「走るチャンスは今日しかないかも！」ということで念願の「メコン川ラン」をしてきました。

メコン川の日の出、とっても感動的です。メコン川は中国、タイ、ミャンマー、ラオス、カンボジア、ベトナムの六か国を流れています。中国を除いた五か国でダルニー奨学金の支援をしているので、私は「メコン大好きコンサルタント」と名乗って活躍することを将来の夢にしています。

ジョンと再会。愛車にご満悦

ランニングを終え、シャワーを浴び、ジョンに「ＥＤＦカンボジア」の事務所まで連れていってもらうことにしました。昨日、ジョンと再会を果たしたわけですが、実はとてもびっくりすることがあったのです。なんと、ジョンは車を買ってタクシーとトゥクトゥクの二台使いになっていたのです。

「二年ローンだ」と言います。カンボジアにもローンの仕組みがあるんだぁと感心しつつ彼の腕時計を見ると、こちらも高そうなものに変わっていました。「かなり儲かってまんなぁ……」と感心しつつ、友の成功を喜びました。

トゥクトゥクで風を感じて走りたいと思った私は、「やっぱり、最初はトゥクトゥクで」とジョンにお願いして「EDFカンボジア」に向かうことにしました。ジョンに地図を見せようとしたら、「去年行ったところだから覚えてるよ！」と言います。前章でも述べたように、ジョンは地図が読めません。もちろん、カーナビもありませんから、一度行ったところはしっかりと覚えているのでしょう。テクノロジーの恩恵にどっぷり浸かっている私には……とても不可能なことです。

そんなことを考えていたらあっという間に到着。こんな建物だったかなぁ……。部屋の番号まで忘れてしまった私は、受付の女性に尋ねるという始末でした。

事務所に到着するや大きな声で「ハロー！」と挨拶。チャンディーさんとスナさんがいました。一年ぶりの再会をともに喜び合いました。免税店で買ったウィスキーをチャンディーさんにプレゼントしてから打ち合わせのスタートです。スケジュールや用意したプレート、工具、消耗備品などを一つ一つ確認して、一時間ほどで終了。翌日のピックアップ時間を確認して、事務所を出ました。

チャンディーさんと最終確認

チャンディーさんと別れたあと、セントラルマーケットなどを散策。昨年と違ってスマホとSIMカードがあるので、地図アプリなどを使って自由に行動することができます。今回はたくさん歩いて、見たり、聞いたり、嗅いだりと、いろいろ感じてみようとウロウロしました。マーケット内にトイレの表示があったので用を足すと、クメール語でおばさんが何か言ってきます。

「もしかしてトイレ代?」と思ったのですが、言葉が分かりません。おばさんは説明をあきらめて五〇〇リエル札を見せ、ジェスチャーで「五〇〇リエルちょうだい!」と言ってきたのでようやく理解。一五円ほどです。そのあと、コーヒーショップや文具店、書店なども散策しました。

お腹が空いてきたので、地元ローカル色の濃い食堂を探したところ、地元の人でほぼ満席状態という店を見つけました。何屋か分からなかったのですが、みんなが食べてるものを見て「おいしそう……」とお腹が鳴ったので即決です。幸い英語のメニューがあったので、野菜チャーハンを頼みました。「餃子の王将」の三杯分ぐらいはあるのでは……。

カンボジアの人たちは「味の素」が大好きで、このチャーハンも「味の素」の味がしました。ある意味、懐かしかったです。もちろん、残さずに完食して満腹。腹ごなしに、地図アプリを頼りに歩いてホテルに帰ることにしました。ホテルで、ジョンが客待ちをしていました。「買った車に乗らないか?」と誘ってくれたので、「夜、それに乗ってご飯を食べに行こう!」と約束し、二時間ほどホテルで仕事をしたあとに合流することにしました。

食べる店をジョンに任せたら、定番の焼肉屋。途中からジョンの友達が三人合流してきました。みんなトゥクトゥクのドライバーです。とっても陽気で、一緒にワイワイと楽しい時間を過ごしながら、週末の予定についてジョンと話し合いました。観光もいいのですが、あまり乗り気がしません。なんだかんだと相談していると、素敵なプランができあがりました。それは、のちの章で紹介します。

こうした活動内容は随時ブログに載せているのですが、その感想と言いますか、指摘といいますか、あるメールが届きました。その内容を簡単に表現すると、「みんなから集めたお金で何遊んでんの?」です。もしかしたら、本書を読んでくださっているみなさんも思っていることかもしれません。以下の文章は、私のブログに載せた説明文です。

※補足

ちょっと誤解を招く懸念がありましたのでここで説明させて頂きます。今回のカンボジア訪問の主目的は皆さんから協力頂いた自転車及び自転車クラブをプレゼントするためなのですが、集めさせていただいたお金はプノンペンでの自転車、その工具や消耗備品、自転車クラブ用のより専門的な工具、多めの消耗備品の購入資金、及びその輸送に関する費用、及びＥＤＦカンボジアと日本の民際センターに尽力頂いた事務経費だけに使用しています。

それ以外の費用はすべて安田の個人的な出費になっています。今回の旅費はもちろん、同行のために用意していただいたドライバーさん、その食事代、車のレンタル費用、ＥＤＦカンボジアの事務経費、加えて、このプロジェクトが開始されたときからのチラシ作成、自転車プレート作成、自転車クラブ向けプレート作成、自転車マニュアルのクメール語翻訳費用、マニュアルの印刷・ファイリング、国際送金の手数料などなどです。
直接自転車と関係ない話もブログで紹介させて頂くのは、私自身の価値観、考え方も含めて今回の旅程すべてを紹介したいという思いと、カンボジア、タイなど東南アジアに興味を持つ人が増えてほしいという願いと、何より奨学金や自転車を必要とする子供たちの将来のために「自分も奨学金やってみようかな……」等思ってもらえる人が一人でも増えてほしいということなど色々込めています。
決して皆さんから預かったお金を使ってバンコクに寄り道したりジョンと飲んだりしているのではありませんのでどうかご留意ください。

さて、いよいよ翌日からは農村エリアを訪問して、自転車プロジェクトの本格的スタートです。ホテルに戻って、早めに寝ることにしました。

自転車プロジェクト一日目――いよいよスタート！

翌日の一二月二〇日。いよいよ自転車プロジェクトの開始です。自転車を必要としている子どもがたくさんいます。もちろん、住んでいる地域もさまざまです。「ＥＤＦカンボジア」が支援しているエリアも広域なのですが、今回は最初の自転車プロジェクトということもあり、移動距離の短いところで支援を必要としている子どもたちが住んでいるコンポントララッチ郡（コンポンチュナン州）を集中的に訪れることにしました。

プロジェクトは三日間。初日の午前中に自転車をプレゼントするセレモニーがあり、午後は自転車クラブの設立です。残りの二日間は、それぞれ二校ずつ自転車クラブを設立していきます。その間に家庭訪問も行います。二日目には、私が支援する奨学生リンナちゃんにも再会できる予定です。うまく事が運ぶのか……とっても不安でした。

朝六時三〇分にコンポントララッチ郡へ出発。プノンペンから北に約六〇キロですが、道路事情を考えると二時間ぐらいかかります。何気なくGoogle マップで場所を確認したら、なんとストリートビューまでが使えることに驚きました。

到着したところは、「アンスレイ中学校」という大きな学校です。ここに自転車プレゼントの対象者となる八一名の子どもたちが集まって、みんなでセレモニーや自転車プレートの取り付けなどを行います。これらの子どもたちは、周辺（といっても、かなりの距離があります）の五つの中学校に通っています。そのうちの一校がアンスレイ中学校なのですが、各校を回ってセレモニーをするわけにもいかないので、ここにみんなが集まってにぎやかにセレモニーをしようというわけです。

到着すると、いきなりびっくりしたというかビビったというか……まずは校門に大きな歓迎の垂れ幕が掲げられていました。クメール語と英語で歓迎のメッセージが書かれています。そして、カンボジアと日本の国旗がデザインされています。英語の部分を抜き出すと次のようになります。

Warmly welcome the mission of Mr. YASUDA KATSUYA in Bicycle Scholarship Awarding and Establishment of Bicycle Club for academic year from December 20th-22nd, 2016 at Kampong Tralach and Rolea Bier District, Kampong Chhnang Province.

（二〇一六年一二月二〇日〜二二日。コンポンチュナン州コンポントララッチ郡・ロレアビエー郡における安田勝也氏の自転車寄贈と自転車クラブの設立支援を歓迎します。）

この垂れ幕を見て、「ちょっとやりすぎでは？」と思いつつ、内心はドキドキして照れ臭くもありましたが、日本で応援してくれているみんなを代表して、胸を張っていこうと決めました。しかし、この垂れ幕、序の口だったのです。

入り口のところで、先生がクロマー（カンボジアの伝統的なスカーフ）を首に掛けようとしました。先生が掛けやすいように頭を下げます。美人の先生が両腕を首に回して、クロマーをかけてくれるのです。シャイな私は、こういうのに慣れてないので照れてしまいます。次は校長先生らと挨拶を交わし

びっくりした歓迎の垂れ幕

クロマーを掛けてもらう

たあと、なんと全校生徒によるお出迎えでした（ＱＲコード参照）。

その後、すぐにセレモニーとなりました。日本だったら講堂とか体育館などで行われることが多いのですが、そんな施設があるわけもなく、それに屋内は暑くてたまりませんから屋外に椅子を並べて、透き通った青空のもとでの開催です。歓迎の垂れ幕で囲まれたエリアに長机を横に並べて、先生などの関係者、チャンディーさん、そして私が着席します。その向かいには、子どもたちや父兄、各学校の先生などが何百もの椅子に座っています。大規模なセレモニーに、また恐縮してしまいました。

セレモニーは、やはり偉い人の挨拶からはじまります。なんと、コンポンチュナン州知事の登場です！　チャンディーさんに通訳してもらったんですが、この州の子どもたちの置かれた現状のことや学校の問題、通学問題などに触れられており、プレゼントされる自転車を使って学校にしっかり通って勉強してほしい、という内容だったようです。

私もスピーチをしました。みんなに会えてうれしいこと、たくさんの友達が協力してくれたおかげで自転車のプレゼントができたこと、自転車クラブの設立もできること、そして自転車クラブ設立の目的などをたどたどしい英語で伝えました。以下がそのときの原稿です。

――こんにちは。私の名前は安田勝也です。日本の大阪から来ました。

大規模なセレモニーでのスピーチ

私は昨年からダルニー奨学金をはじめ、そしてカンボジアを訪れました。いくつかの中学校とその周辺の家庭を訪問したのですが、奨学金だけでは学校に通い続けることができないことに気が付きました。彼らには自転車が必要だったのです。この旅行のあと、私はすぐにこの自転車プロジェクトの準備に取り掛かり、協力者を集めました。

協力してくれた人たちのおかげで今回八一台の自転車をプレゼントすることができます。自転車に彼らのネームプレートが付けられています。彼らは、みなさん全員が学校で勉強したり友達と遊んだりして、学校生活を楽しむことを望んでいます。いつも笑顔を忘れずに自分の夢を実現するために頑張ってください。そして、自転車を大切に使ってください。

今回、自転車クラブも各学校に設立することになりました。その目的は三つです。一つ目は、自転車の修理を協力して行うこと。自転車の修理ができない人を手伝ってあげてください。二つ目は、自転車修理を学ぶこと。プノンペンでたくさんの自転車屋を見ました。そうしたお店に就職できるかもしれませんし、自分で自転車屋を開業できるかもしれません。三つ目は、自転車の引き継ぎです。学校を卒業し、もし自転車が不要になったら、あなたの自転車を必要とする新入生にあげてください。自転車クラブで自転車を購入できない新入生を見つけて、引き継いでください。

笑顔を忘れないで、幸運を。以上でスピーチを終わります。

私の次は、コンポンチュナン州の教育委員長。話が長い……大人の話をじっと聞くことが子どもにとっては辛い時間だということは日本と同じです。だんだん子どもたちの集中力が途切れていく様子を見るのは面白かったです。もっとも、私の集中力も完全に途切れていましたが……。

次は、生徒たちからのお礼のメッセージです。恥ずかしそうに、三人でメッセージを呼んでくれました。あまりにもたどたどしいので、先生が「もっとしっかり読め！（推測）」とどなっていました。それでも、とてもうれしかったです。この先生が、先ほどクロマーをかけてくれた人です。最初、この人が生徒代表だと思っていました……失礼いたしました。

セレモニーが終わったら、みんなで記念写真を撮りました！　この瞬間、ちょっと感極まって、協力してくれたみんなのことを思い出していました。みんなが支援してくれたおかげで、こんなにたくさんの子どもたちに「笑顔」と「将来への希望」を届けることができたんです。本当に、ご協力いただいたみなさんありがとうございました！（**QRコード**参照）

セレモニー最後の記念写真

記念撮影のあとは、子どもたちと先生方が協力して、自転車にプレートを付けたり、マニュアルを配ったりと大忙しでした。配るものが多いし、自転車の台数も多いことが理由で、みんながワーッと進めていくから大混乱です。翌年以降もこの大混乱は改善せず、何とかしないといけないなあーと思っているのですが……。

プレート取り付けなどの準備が終わったら、順番に撮影。このときに撮影した写真を協力者のもとに届けます。スタッフのスナさんがこの撮影を八一名分するのですが、私はその横で自転車プレートの番号をチェックしていきます。漏れがあったら大変です。かなり長い撮影会となりましたが、みんな嬉しそうでした。笑顔の写真がよかったのですが、「こういったときはきちんとすました顔で撮る」のがカンボジア流のようです。

撮影は、遠い学校の生徒たちから順番に行われました。前述したように、セレモニーには周辺の学校に通う子どもたちが集まって開催されています。「周辺」といっても、何十キ

プレートの取り付け

一人ひとりを写真撮影

口も離れている学校があるのです。とても自転車で帰れる距離ではないところから来ている子どもたちは、トラックの荷台に超満員状態で帰っていきました。帰ったといっても、明日、明後日の自転車クラブの設立で再会できるので楽しみは続きます。それにしても、牽引しているバイク、黒煙を吐きながら歩くよりも遅いスピードで進んでいったのですが、大丈夫なのでしょうか……。頑張れホンダのバイク！

撮影終了後にお昼休み。子どもたちは、それぞれお昼を食べに家に帰ります。人数が少なくなった学校で、午後の開始時間まで静かに過ごしました。天気も快晴。雨季は終わっていますのでめったに雨は降らないのですが、この日の帰りには少し夕立みたいな雨が降りました。

まったりした時間が終わって、いよいよ午後の部。この中学校に自転車クラブを設立します。具体的には、自転車クラブ用のプレートを校舎に取り付けること、大修理大会の開催、そしてお礼のメッセージ動画を撮影することの三つです。

まずは、プレートの取り付け、外れないようにボルトでしっかりと固定します。このプレート、すでに説明したとおり軽量アルミの合板で、軽くて耐久性も抜群です。モルタル性の校舎の壁に、ドリルを使ってネジ止めをしました。これで、風が吹こうが雨が降ろうがビクともしませんん。取り付けた感じもバッチリでした！

トラックで帰宅。頑張れホンダ！

取り付け後、大修理大会の開始です。「きちんと修理できるかなぁ……」と不安だったのですが、いらぬ心配でした。安田が説明をはじめる前からタイヤの交換をはじめだした男の子がいました。お父さんが自転車修理工とのことで、家の仕事を手伝っているようです。それだけに、腕前はかなりのものでした。日本で修理講習を数日受けただけの私とは比べものになりません。

というわけで、私が勝手に、彼を自転車クラブの部長に任命してしまいました。照れ臭そうにしてましたが、とてもうれしそうでした。リーダーシップを発揮して、よき部長として自転車クラブを盛り上げてくれることを祈ってます。

最後は、自転車クラブの協力者に向けたビデオ撮影です。自転車クラブのオーナー名はプレートに記載されています。日本語と英語の表記なので読み方が分からない子どもたちも多いです。だから、何度も練習しました。そのメッセージは三か国語になっています。

「〇〇さん、アリガトー！　〇〇さん、サンキューソーマッチ！　〇〇さん、オークンチュラン！」

元気な声と素敵な笑顔、しっかりとビデオに残して終了。無事にスケ

大修理大会

修理大会終了の挨拶

ジュールをこなすことができました。

自転車クラブは、今回プレゼントした自転車だけでなく、誰の自転車でも修理できる場所となるのですが、今後の課題は交換部品の調達です。かなりの数を用意したのですが、学校に放置してあった自転車も修理すれば乗れそうだとのことで修理をはじめたら、すぐに交換部品が底をつきそうになりました。継続的に部品供給できる仕組みを、学校のほうで考えてもらえることを願っています。

この日の最後は、自転車をプレゼントした生徒の家庭訪問です。時間にかぎりがあるので、一軒だけの訪問となりました。

訪問したとき、男の子とおばあさんが家にいました。小さい子だなぁ。身長は私の胸ぐらいまでですから、一四〇センチぐらいでしょうか。（新入生かな？）と思ったのですが、チャンディーさんの説明を聞いてびっくり、なんと一七歳でした。極度の栄養不足のために成長が遅いうえに、勉強の理解度も遅いため中学校に通っています。一緒にいたおばあさんが面倒を見ていると言います。工場で働く二〇歳の姉、その旦那さんと子どもという五人暮らしでした。

この子どものお母さんは、貧困を苦に出て行ったきり行方不明ということです。一方お父さんは、その後、別の人と結婚して出ていったそうです。今は姉夫婦が頼りです。この状態では、彼が就ける仕事もかぎられたものかもしれません。それでも、自転車のおかげで通学時間が短くなり、長く学校にいられるようになります。

勉強できる時間が長くなるということは、将来の可能性を広げることになります。しっかりと手を握って、「笑顔を忘れないで。笑顔はきっとあなたに幸運をもたらしてくれます」と伝えました。

読者のみなさんのなかには、「アホかお前は！　そんな状況で、どうやって笑顔になれるんや！」と怒る人がいることでしょう。アホでもなんでも構わないので、私は「笑顔を忘れないで！」とやはり伝えたいんです。誰でも置かれた状況に同情することはできます。でも、彼の未来を切り開くのは彼自身なのです。そのためには教育が必要であり、幸運を引き寄せるために笑顔が大事なのです。「へんてこな日本人が来て、自転車と『笑顔が大事』というメッセージを置いていったなぁ」と、彼の記憶に残ってくれればそれでいいのです。

自転車プロジェクト二日目――リンナちゃんとの再会

二日目は、二校の中学校を訪問しての自転車クラブの設立です。そして、各中学校に通う貧困家庭の子どもたちを訪問することになっています。そのうちの一人が、昨年も訪問し、私が奨学金で支援しているリンナちゃんです。

朝六時半に集合し、学校まで約三時間。昨日も立ち寄った食堂でフォーのような麺を食べました。昨日はビーフでしたが、今日はポーク。米の麺は「クイティアウ」と言います。豚肉は「サイッチュルーク」ですから、注文したのは「クイティアウサイッチュルーク」となります。あっさりとしていて、とてもおいしいんです。東南アジアらしい料理と言えますが、ベトナムと違ってパクチーは出てきません。

到着したのは「テックハート中学校」。昨日と同じコンポンチュナン州のロレアビエー郡にあります。「自転車クラブの講習がはじまるのか……」と、昨日配った自転車修理マニュアル片手に生徒たちが集まってきました。みんな倉庫からプラスチックの椅子を持ち出してきます。実はこの椅子、ほとんどの学校で見かけるものです。屋外用の定番なのでしょうか、軽いし、丈夫だし、拭いたらすぐきれいになるのでとても便利そうです。

先生とチャンディーさんのアナウンスで、青空のもと自転車修理大会がはじまりました。椅子に座っている子どもはいません。生徒たちが寄ってたかって修理をはじめるもんだから、「勉強」というよりは「修理実習」です。私が何も教えなくても、一人か二人は父親が修理工という子どもがいるのでどんどん修理していきます。しかし、やはり修理用の消耗品があっという間になくなりそうです。何かをすると新しい課題が出てくるものです。学校の予算で買えるといいのですが……。

一応、私も修理を手伝いました。でも、子どもたちはすぐに、「この人、素人っぽいよねぇ」と見抜いてしまいました。目線が痛い……はい、ほとんど邪魔ばかりしていました。たとえば、ブレーキの修理です。ブレーキワイヤーを交換するだけなのですが、何年も放置されていた自転車なので、ワイヤーがなかなか外れませんでした。やはり、付け焼刃の修理工は手が遅いです。

修理の合間、先生に頼んで自転車クラブのプレートも取り付けてもらいました。修理器具を保管する部屋の入り口に取り付けたのですが、修理講習会は青空講習です。よく考えてみると、このあたりの学校には電気が通っていません。窓からの明かりだけの部屋では修理するのには暗すぎるのです。

みんなが修理に勤しむなか、私は周りにいる子どもたちとコミュニケーションを図ることにしました。背中をポンポンと叩いて話しかけます。『旅の指さし会話帳』を使ったのですが、これが大盛況でした。たとえば、自己紹介のページには、「私の名前は～です」が「クニョムチュモッホ～」と書かれています。クメール語の表記も一緒なので、声で伝わらなければ指をさせばいいのです。指をさしながら、「くにょむちゅもっほ　やすだかつや」なんて言うと大喜びしてくれます。

こちらから「あゆぽんまーんちゅなむ？（何歳ですか？）」と聞いて、答えを数字のページで指さしながら会話を楽しみます。言うまでもなく、私の発音は変なのですが、それが理由で笑いが起こるのですから一石二鳥です。

あまりにも楽しくて時間が経つのを忘れてしまい、出発の時間になりました。最後のメッセージのときには、本当にたくさんの子どもたちが集まってくれました。みんな自転車クラブの部員です。部員数で言えば、高校野球の有名校並みじゃないでしょうか。

「みんな自分の自転車を大事にして、学校に通い続けて、とにかく友達と学校生活を楽しんでください。そして、友達を大事にして下さい。もちろん、勉強も頑張ってください！」と伝えました。

テックハート中学校を後にして、次の学校であるチバチュロイ中学校へ向かいました。前章でも紹介しましたが、この「チバ（Chiba）」は日本の千葉県のことです。千葉県内の団体が設立の支援をした中学校です。

自転車クラブの設立まで三〇分ほどの時間があったので、のんびりと子どもたちの様子を眺めていました。小学校が併設されているので、小さな子どもたちも元気に遊んでいます。ドッジボールをしたりゴム飛びをしたりと、日本の遊びと似ています。そして、約束の時間。拡声器で一声アナウンスをしたら、多くの子どもたちが集まってきました。簡単な説明のあと、早速、修理開始です。

「ん？　これって、昨日プレゼントした自転車じゃないの？」

籠に自転車プレートが付いているので間違いありません。どうやらパンクしたようです。舗装されていない道を五キロ〜一五キロかけて通学してくるので、しょっちゅうパンクします。それぞれ簡単な修理キットを自転車に付けているのでパンク修理はできるのですが、せっかくなので自転車クラブの備品を使って修理することになりました（**QRコード**参照）。

その後、修理道具や交換用のパーツを置く部屋に自転車クラブのプレートを付けていただき、最後にお礼のメッセージを撮影するというセレモニーは同じです。たくさんの子どもたちを前にして私の想いを伝えると同時に、たくさんのひたむきな瞳と笑顔から何十倍もの元気をもらいました。この子どもたちが、カンボジアの次世代を担うのです。もちろん、カンボジアだけではありません。一つ一つの国がよくなっていくことは、そのまま世界がよくなっていくことにつながります。無限の可能性を秘めた種をたくさん蒔いたような気持ちです！

自転車クラブの設立を終えたら次は家庭訪問です。この学校に通う子どもたちで、自転車プレゼントの対象となった家庭を訪問します。移動の途中、下校途中の自転車集団に出会いました。このうち、何人かの自転車にプレートが付けられていました。通学に使っている場面を目の当たりにして、とてもうれしかったです。

一軒目の家庭訪問。彼のお父さんは死亡（または失踪）してしまい、工場で働くお母さんと再婚相手のお父さんとの三人暮らしです。片道五〇分かかっていた通学が自転車のおかげで一〇分になった、と言います。家の手伝いなどで勉強の時間が取れず、クラスの順位は二七人中二五位と奮いません。「自転車のおかげで学校にいる時間が延ばせるので、もっと勉強したい」と言っていました。

二軒目は両親と六人姉妹という家庭。両親は、このあたりの家庭と同じく農業に従事しています。この家の子どもは現在一五歳で、学校の成績は四五人中九位ということでした。将来は学校の先生になりたい、ということでした。

二軒の訪問を終え、「あれっ?」と一つの疑問が生じました。それをチャンディーさんに尋ねてみました。「このあたりは、確かに貧困家庭にはちがいないけれど、今まで見てきたところより少しマシでしょ?」という回答でした。同感です。でも、地域が違うだけでそう変わることはないだろうと思って、とても単純なことに気付きました。

今日訪問した二軒の家族には、ともに両親がいるのです。昨日の家庭は両親とも出ていってしまい、姉の収入だけでやっていました。その違いは、言うまでもなく大きくなります。チャンディーさんが次のように付け加えてくれました。

「両親がいるだけじゃダメ。子どもの将来の可能性を広げるのは食べ物やお金じゃなくて教育なのだということを両親が理解していないと、結局はこの生活から抜け出すことができないでしょう」

しかし、切迫した状態であり、目の前には無償の労働力（子ども）がいるのです。この状態に耐えて、果たして子どもを学校に通わせることができるのか……。この問題も、相当根深いものだと考えさせられました。

本日最後の行程、もう一軒の家庭訪問です。私が奨学金で支援しているリンナちゃんです。去年初めて訪問したときは、彼女の置かれた状況の厳しさか、笑顔を一度も見せませんでした。そのとき、絶対に奨学金を止めないことを誓いました。止めたら学校に通えない、一生笑わないかも……と感じたからです。

一年が経ってどうなのかなぁと、ドキドキと不安が入り混じっていましたが、実は昨日一回会っているのです。そう、自転車をプレゼントしたときです。写真撮影が忙しかったので話はできませんでしたが、そのときも表情は硬いままでした。

いよいよ家に到着。出てきたリンナちゃんを見て、なんというか泣けてきました。照れ臭そうにはにかみながら、でも笑顔で登場してくれたからです。しかも、背が伸びているし、表情もやわらかい！本当にうれしかったです。いろいろな思いがこみ上げてきました。この一年間頑張ってきましたが、それも全部、この笑顔で「お釣り」が来るという感じでした。

もう、話をするのが楽しくって楽しくって。（なんでクメール語話せないんやろう……）って考えて、（クメール語を勉強してみようかな……）と思ったりしました。リンナちゃんは、このとき中学二年生です。「将来は先生になりたい！」という夢もできたとのこと、本当によかった！

とはいえ、リンナちゃんが置かれた状況は決して生やさしいものではありません。両親が働きに出ているので、普段の生活はおばあちゃんが助けています。彼女自身も学校に通いながら小さな仕事をこなし、わずかな収入を得ています。その一つがマングローブに入ってハーブを収穫することでしたが、そのマングローブが伐採されるとのことで「仕事が一つなくなってしまう」と言っていました。

救いはお兄さんがいることです。「これまで二人乗りで一台の自転車を使っていたのですが、今回の自転車プレゼントでマイカーならぬマイチャリで通えるようになりました！」と彼女が話してくれたとき、お兄さんが学校から帰ってきました。彼も、ダルニー奨学金で学校に通っています。日本のどこかに、私と同じくこの兄妹を支えている奨学金ブラザーがいることになります。お兄ちゃんも、去年会ったときに比べて身長が伸びていました。

今日の予定はこれですべて終わり、車でプノンペンに帰りました。翌日も早いので、ジョンには「今日も飲みには行けないんだ。ごめんね」と伝え、近くの屋台に晩ご飯を食べに行きました。同じテーブルには、この屋台のオーナー（？）の子どもたちがいました。夜も遅い時間ですが、両親が一生懸命働く傍らでとても楽しそうに遊んでいました。でも、私が気になるらしく、時折チラッと視線を送ってきます。そのたびにニッコリしながら、おいしい夕食をすませました。

自転車プロジェクト最終日——中学生女子に囲まれてデレデレ

翌日の二二日、いよいよ自転車プロジェクトの最終日です。この三日間、本当に天気に恵まれました（雨季が終わっているので、そうそう雨は降りませんが）。今日の予定も昨日とほぼ同じ、二校の中学校訪問と二軒の家庭訪問です。

チャンディーさんたちと同じ時間に集合して出発。途中で朝食を食べましたが、食べていると野良犬が寄ってきました。食堂に居座っているワンちゃんです。カンボジアの食堂でよく見かける光景で、客が食べた魚や肉の骨などにあやかろうと待っているのです。テーブルに新しいお客が来るとさりげなく寄ってきます。こんな状況ですから、犬、猫、あとハエに囲まれての食事となります。衛生面……あまり気にしないでいきましょう。

一校目の学校に到着。ネタハング中学校です。到着するやいなや、子どもたちが集まってきました。今日も大盛況の予感です。この学校でも屋外で修理大会をすることになっていたのですが、陽射しが強くて暑いので、屋根がある場所で開催することにしました。「この下でやろう！」とチャンディーさんが提案したのですが、「スペース足りるかなぁ……」と少々不安になりました。

その不安が的中しました。屋根の下と外、至る所で修理大会がはじまったのです。それにしても、ここにある自転車は、日本では絶対に捨てられるだろうというレベルをさらに三段階ほど上回っているものばかりでした。それでも、タイヤやブレーキなどを整備すれば乗れるのです。修理を諦めて学校の片隅に放置されていた自転車が、自転車クラブの設立によってどんどん蘇っていきます。自分のものを修理しながら大切に使う――そんな当たり前のことの大切さを再認識しました。そういえば、仕事で使っているマイカーの「安田号」（ダイハツタント）、久しく洗車していませんでした。年末年始に洗車しよう、と固く誓った次第です。

　自転車を復活させるために必要な部品は、タイヤ、タイヤチューブ、ブレーキ、ブレーキレバーが中心となります。それ以外は長持ちするみたいです。タイヤは、溝が完全になくなっているうえに、所々穴が空いていました。いったい、どれぐらい乗ったらこうなるのでしょうか。もちろん、ブレーキも重要です。前後輪ともブレーキワイヤーが切れていたり、ブレーキレバーがなくなっている自転車も多かったです。車やバイク、時には牛も行き交う道を進むわけですから、ブレーキがなくては危なくてしょうがありません。

「みんなうまいこと修理するなぁ……」と眺めてばかりもいられないので、手伝おうとしたのですが、やはり邪魔になりました。みんなが修理している様子を見ているほうが楽しいので、カメラとビデオで撮影しながら眺めることにしました（**QRコード**参照）。笑い声のあふれる、楽しそうな修理風景を撮ることができました。三脚の先に取り付けたビデオカメラ、三脚の足を最大限に延ばしてみんなの頭上から撮影したのですが、モニターに映ってる様子に子どもたちは興味津々でした。

　修理の途中、またまた『指さし会話帳』を手に話しかけることにしました。自己紹介で名前を言い合ったり、年齢を聞いたり、好きな教科を尋ねたり、いろいろな絵を指さしながら日本語ではどのように言うのかと教えたりしました。会話のパターンは少ないのですが、十分に楽しむことができました（**QRコード**参照）。

さらにチャンディーさんに通訳してもらって、「クメール語でもいいし、もし学校で習ってるんなら英語でもいいから、気軽に肩をポンポンして話してほしい。安田はもっとみんなと話したい」と伝えてもらいました。そしたら、早速、背中をポンポンとされたのです。振り向くと、女の子が「Hello!」とひと言。英語きたっー！　英会話練習しといてよかったー！　というわけで、日本のおっさんとカンボジアの女の子が英語で会話を楽しむという素敵なシチュエーションができあがったのです。

安　田　英語勉強して何年？

女の子　三年です。英語の塾にも通っています。

安　田　（なるほど）僕は中学校から一〇年以上も英語に触れているけど、まだこんなレベルです。

と言ったら、笑ってくれました。ちなみに、英語力は私の完敗でした。女の子の英語はアジア訛りもなく、ネイティブに近いものでした。最後に、私の英語版の名刺を配りました。「将来、携帯電話を手に入れて、インターネットができるようになったら是非メールちょーだい！　ただし、クメール語はあかんよ～！」と伝えました。本当にメールが来たらうれしいです。また、楽しみの種を蒔くことができました。

楽しい時間はあっという間に過ぎていきます。そろそろお別れの時間です。先ほど取り付けた自転車プレートの前に集まってもらって、「ありがとうメッセージ」を撮影しました。お別れするのは寂しいけれど、子どもたちの笑顔の前、私が笑顔を崩すわけにはいきません。「自転車を大切に！　常に笑顔で！　笑顔が幸運を運んできます！」と伝えてお別れしました。

　中学校を後にし、次は家庭訪問です。途中、トンレサップ川沿いの道を進んでいくと、牛車の列が目に入りました。プノンペンとシェムリアップをつなぐトンレサップ川には、両都市を行き来する旅行客向けのクルーズがあります。その乗客が途中下車して、このあたりを牛車で回るというものだそうです。

　牛車に乗って観光を楽しむ親子、一方、牛車を操る人の娘と思われる女の子が牛車の後ろから押しています。二人の子ども、ともに笑顔です。観光親子は「家族で観光楽しい！」、牛車親子は「親子で一緒に仕事して楽しい！」なんでしょう。住んでいる場所、生活スタイル、裕福さもまったく異なります。子どもたちは、それぞれの世界で、家族のそばで笑ってくれていればいいなぁとしみじみ思ってしまいます。私はこの写真が大好きで、時々眺めてはニンマリしています。

牛車に乗る子ども、後をついていく子ども、どちらも楽しそう

　一軒目の家庭訪問です。見慣れた高床式の簡素なもの。その横には、プレゼントされた自転車が置かれていました。奥のほうには、壊れてしまった古い自転車がありました。自転車が壊れてしまった

ので、片道一〇キロを歩いて学校に通っていたそうです。でも、今回自転車が手に入ったので、また自転車で通うことができます。

訪問先の男の子は一四歳。四人兄弟の一番上です。国語が好きだという彼の両親は、シェリムアップ川で漁師をするかたわら、野菜や米をつくっています。訪問したときも、川の向こう側で農作業をしていたので会うことはできませんでした。

二軒目はその隣。一五歳になる男の子で、下に妹が二人います。両親は同じく漁師兼農家。とってもいいお兄さんなんでしょう。訪問したとき五歳の妹と遊んでいましたし、私の訪問中、怖がる妹の手をずっと握っていました。思わず、ほっこりしてしまいました。

家庭訪問を終え、いつもの食堂で昼食をすませたあと、いよいよ最後の自転車クラブの設立です。訪れた学校は「フン・セン・コンポントララッチ高等学校」です。「高等学校」となっていますが中高一貫校で、生徒数は一五〇〇名ほどいるとのことです。国道5号線に面したこの学校は、これまでの中学校とは違った感じがする学校です。

学校名の「フン・セン」はカンボジア首相の名前でもあり

フン・セン・コンポントララッチ高等学校

ます。フン・セン氏は、コンポンチャム州という地域の農家出身で、農家から首相まで上りつめました。みんなの憧れの的かと思いきや、そうでもないとのことです。ポル・ポト時代に、クメールルージュ軍のプノンペン攻略に大隊長として参加しているのです。あの悲劇の歴史のなかでの重要人物となるわけです。その後、ポル・ポト派を離脱し、ベトナムに亡命しました。ベトナム軍がカンボジアに侵攻し、ポル・ポトがタイに亡命したあと、国内の人民革命党再建の際に二八歳の若さで外務大臣に就任しました。カンプチア人民共和国時代には、さまざまな国との和平交渉に重要な役割を担いました。

私は、政治のことはあまり得意ではありません。でも、カンボジアの悲しい歴史を少し勉強しました。こんな悲しい歴史を繰り返さないためにはどうしたらいいのでしょうか。やはり、次世代を担う子どもたちへ、「教育」という武器を提供することしかないと思います。

話がそれてしまいました。五つ目の自転車クラブ設立の話に戻します。ここには、合計一七台の自転車がプレゼントされました。そのうちの一五台が女の子へのプレゼントです。通学途中のさまざまな危険から逃れるために、自ずとこうした配分になってしまいます。

到着するやいなや、プレゼントされた自転車に乗ってたくさんの子どもたちが集まってくれました。活動がはじまるまでの間、『指差し会話帳』を使ってまったりとした時間を過ごしました。メモにクメール語で名前を書いてもらったのですが、さっぱり分かりません。

クメール文字は、子音文字と母音文字が組み合わさって一つの文字になります。これまで訪れた東南アジアのミャンマー、タイ、そしてカンボジア、それぞれの国が独特の文字を使っています。見ただけではどの国の文字か私には分かりませんが、上座部仏教の経典が書かれたパーリ語がもとになっているとかいないとか……適当ですみません。先日から読みはじめた東南アジアに関する歴史の本に、それらしいことが書いてあったように記憶しています。

いよいよ自転車クラブの活動がはじまりました。やはりほかの学校と全然違いました。自転車クラブの講習のために部屋が用意されていたのです。みんな、きちんと並んで座っています。このとき感じたのは、着ている服がカラフルで、オシャレな子どもが多い（もちろん、そうでない子もたくさんいます）ということと、控えめでおとなしそうな子どもが多いということです。そして、ほかの学校にはあった「必死さ」がないと感じました。でも、冷静に考えてみれば、子どもに「必死さ」は必要ありません。とはいえ、もうちょっと夢中になってほしいなぁ……と思ったのですが、私の浅はかな推測はすぐに間違いだと分かりました。

三〇分もすればみんな興味が湧いてきたみたいで、椅子にじっと座っていません。積極的に修理していた男の子を、早速部長に任命しました。修理がとてもうまかったです。私はというと、部長の仕事のサポートをしているだけ。「あれ取って！」の指示にこたえている雑用係でした。でも、修理がしやすいように、次に使う道具などを用意してあげることはできました。「私、失敗しないので」で有名な、「ドクターＸ」の助手を務めているような気分でした。

この学校の自転車は、コンディションがなかなかよかったです。それでも、消耗品はすぐに枯渇してしまいそうですが、国道沿いということもあり、材料の調達もうまくいくと思いました。

最後に記念写真とメッセージビデオの撮影。最後なので、私も記念写真に入れてもらいました。何を隠そう、ここは私が協力者の一人として、自転車クラブの設立協力したところなのです。そう、自転車クラブのプレートには「安田コンサルティング」と書いてあるのです。みんなに交じって、同じポーズで写真を撮るという瞬間、楽しいものです!

後ろ髪を引かれながら、そろそろお別れの時間というとき、車に向かう途中で「こんにちは!」という声が聞こえてきました。振り返ると、四人の女の子がこちらを見ています。併設されている高校に通うお嬢さんのようです。そのうちの一人が「こんにちは」と声をかけてくれたのです。なんでも、三年ほど前に少しだけ日本語を習ったそうです。「こんにちは」、「ありがとうございます」、「さようなら」だけ覚えているというので、「それだけ知ってたら、日本人はみんな親切なので旅行できるよ」と伝えておきました。

最後の最後、車に乗り込もうとしたとき、自転車をプレゼントした子どもたちが来てくれました。そして、工具と一緒にわたしたはずの軍手を返してくれるのです。間違って入っていたと勘違いして、返しに来てくれたそうです。「自転車を修理するときは危ないから、この軍手をつけて修理をしてください。日本の友達がつくってくれたメードインジャパンの軍手です。大切に使ってね」と伝えました。せっかくなので、記念撮影をすることにしました。みんないい笑顔です。たくさんの中学生女子に囲まれて写真を撮るというのは初めてです。日本では、「おっさん、臭いから近づくな～！」と言われそうな距離です。

日本のみんなが協力してくれたおかげで、たくさんの笑顔と出会うことができました。そして、この国の将来のこと、ひいては世界のこと、「世界中の子どもたちに笑顔と夢を」の追求が大きく進んだ三日間でした。自転車八一台と五か所の自転車クラブというプレゼントを終え、キャラバン隊も今日で解散です。プノンペンに戻って、みんなで軽く打ち上げをしました。カンボジアの「キングダムビール」で乾杯しましたが、このメンバーと初めて飲むビール、本当においしかったです。

最高の三日間となりました。チャンディーさんをはじめクルーのみなさんに、本当に感謝です。みなさんや笑顔あふれる子どもたちがいるカンボジア、私は大好きです。

さて、旅程に設けていた明日からの予備日である二日間、この間に何をしてきたのかについて次節で紹介します。

女子中学生に囲まれてデレデレ

3 ジョンの車で実家にゴー！ そしてホームステイ

トゥクトゥクドライバーのジョンが、「仕事が終わったら実家に遊びにこないか？」と誘ってくれていたので、小旅行に出掛けることにしました。ジョンの実家は、ベトナム国境近くのスベイリン州にあります。去年はプノンペンにあるジョンの仮住まいに行きましたが、今回は車で三時間かけて、ジョンのお母さんや奥さんと子ども、そして「ご近所さんファミリー」に会いに行きます。

その前に、三日間車で悪路を走り続けた影響で体がカチコチになっていたので、朝ランに出掛けることにしました。月曜日にはメコン川を下ったので、今日はその支流であるトンレサップ川を上ることにしました。なぜなら、そこには日本とカンボジアの友好の橋があるからです。

この橋が最初にできたのは一九六六年です。日本の援助でできたので、「日本友好橋」（通称「日本橋」）と呼ばれています。しかし、輸送経路の重要度が高いということで内戦時に爆破されてしまいました。内戦終了後はしばらくそのままの状態だったのですが、新しい時代の象徴として橋を修復しようと、当時SNC議長だったシハヌーク殿下からの依頼で日本は協力を快諾し、一九九四年に再建されました。そして、その一一年後の二〇〇五年、老朽化による傷みが激しくなってきた橋を再度修復することにも協力しています。

渡りきったところから国道6号線がスタートします。この国道6号線の整備も日本のODAによって行われています。友好橋と国道６号線の整備、これによって、トンレサップ川を渡った側の地域は大きな産業発展を遂げることになりました。ここに目をつけたのが中国。日本橋に並行して「中国友好橋」を建てるやいなや同地域の開発に力を入れ、現在ではたくさんの中国企業が乱立しています。並行して二本の橋が架かっているわけですが、そのど真ん中に大きな記念碑を中国が造っています。これだと、両方の橋が中国の支援でできたように思えてしまいます。

ジョンの自宅に向かう車には、自宅周辺からプノンペンに出稼ぎにきているファミリー（いわゆるご近所さん）二人も同乗することになりました。名前は「チャイヤ」と「リー」。この人たち、ジョンの自宅での生活において、さまざまな楽しさを提供してくれました。

車種はトヨタのカムリ。カンボジアではバイクの「ホンダ」の知名度がかなりのものですが、車に関しては、カムリがメーカーの名前だとジョンが思っていたぐらいで、「トヨタ」の名前はあまり知れわたっていません。それでも、街中を走ってる車はトヨタばかりでした。

ジョンはトゥクトゥクの運転技術はプロ級です。もし、オリンピック種目にあったら、ぶっちぎりの金メダルと勝手に思っているのですが、車の運転は初心者も同然です。シートを一番前にして、ハンドルを握る手にも力が入っていました。

プノンペンからベトナムのホーチミンへ続く国道１号線をひたすら進みます。すると、黄色が鮮やかな斜張橋《しゃちょうきょう》が見えてきました。その名は「つばさ橋」。日本が一一〇億円供与して建設された橋です。この橋のおかげで、ホーチミンまでのアクセスは抜群によくなったそうです。ちなみに、国道１号線は「AH1号線」（AHはアジアンハイウェイ）にあたります。日本ではあまり耳にしない言葉ですが、起点は東京なのです。東名、名神の高速道路でも「AH1」という表記が見られます。朝鮮半島、中国を経て、ベトナム、カンボジア、タイへとつなぐアジアの主要幹線道路なのです。

ドライブは、途中でスナック菓子としてコオロギが登場したり、宴の材料となる野菜、豚肉、メコン川で捕れた魚などを買いながら進んできます。コオロギ、私がいつもおもしろがって虫を食べているので、ジョンはきっと「こいつは虫が好物なんだな」と勘違いしているようです。ジョンの自宅が近づいてきました。国道1号線を右に折れると舗装された道はなくなり、いきなり凸凹道の連続です。ずーっと何キロも何キロも。ジョンは「道が悪くてごめんなさい！」と言っていましたが、「昨日までのコンポンチュナン州も同じ感じだったから大丈夫！」と返事したら笑っていました。

やっとのことでジョンの自宅に到着。コンポンチュナン州と同じく、このあたりも湿地帯です。雨季になると洪水みたいになり、一階は水に浸かるため、どの家も高床式になっています。二階が住まいで、一階は料理をしたり、ご飯を食べたり、寛いだり、家畜がウロウロしていたりと、とにかくいろいろです。寝る以外の時間は、ほとんど一階で過ごすことが多いようです。

自宅では、豚と鶏が飼われていました。豚には赤ちゃんが六匹ほどいて、とてもかわいかったです。お母ちゃん豚はブーブーと鳴きながら、結構イケズで、赤ちゃんに乳を吸わせません。お腹が空いた赤ちゃんは、見よう見まねで鼻先を使って土を掘り、ミミズなどがいないかと探していました。イケズなのか愛情なのか、微妙なところです。

裏には池もあります。水面を見ているとたくさんの魚がいそうです。「小さな池なのに……」と思っていたのですが、さっきの湿地帯と雨季の話と組み合わせると納得してしまいます。メコン川が増水するとこのあたりも水浸しとなり、乾季を迎えて水が引いたあと、魚がこの池に取り残されてしまったんです。虫の鳴き声と魚が跳ねる音、とってもリラックスした気分になります。ルアーを使って魚釣りをしたいなぁーと思ってみたりもしたのですが、翌日、ここの池でさまざまなことが起こります。それはのちほど。

生活用水は井戸からで、ガソリンで稼働するポンプでくみ出しています。料理をするのも、トイレを流すときも、全部ここからの水を使います。飲み水はどうなんでしょうか。ジョンがミネラルウォーターをくれたのですが、僕以外はミネラルウォーターを飲んでいるところを見かけませんでした。あえてチャレンジはしませんでしたが、井戸の水をそのまま飲んでいるようです。

カンボジアには、家庭にも学校にも井戸が必ずといっていいほどあります。以前は、学校に井戸をプレゼントするというボランティア支援が日本でも盛んだったようです。ただ、途中で枯れてしまったり、飲料には適さないヨウ素成分があとから出てきたりしたそうです。、井戸の難しさを感じてしまいました。

子どもたちも何人かいました。お菓子を食べていたので一個もらったら、ショウガ味の「岩おこし」（大阪名物のお菓子）の味でした。続けて「ひと口ちょーだい！」とジェスチャーでお願いしてたら、大人たちに「なんて子どもっぽいんだ！」と笑われてしまいました。

このあと、少し小さな女の子にも同じ手で話しかけてみました。こちらはベビースターラーメンのような味。子どもが好きな駄菓子の味は万国共通のようです。この子どもたちとは、『指さし会話帳』を使って話をしました。やはり、この本は最強です！

宴の準備が進みます。一つ目はメコン川で捕れた大きな魚。頭を落として、三枚におろして……あれ、頭落すだけなの？　鱗も取らず？　結局、このままフライパンで焼かれて出てきました。皮は厚いのでどっちにしろ食べられません。だから、鱗も取る必要がないのです。ちなみに、川魚特有の泥臭さがなく、おいしい白身でした。カンボジアの人が大好きな、塩コショウ＋味の素＋ライム果汁のソースでおいしくいただきました。

鱗のついた皮は、しっかり焼かれてパリパリ状態にされました。少しかじってみましたが断念。食べる際に出る骨や皮などはゴミ箱へ……ではなく、その辺にポイッと捨てます。すると、ウロウロしている犬が食べに来てくれます。さて、頭のほうは……と思っていたら、さすがに無駄がありません。スープになって出てきました。頭と尾鰭などが入っていて、ダシがすごくとれていておいしかったです。尾鰭にはコラーゲンもたっぷり、こちらもおいしくいただきました。

次は豚肉です。赤身とレバーを調理していました。調理中、ものすごくハエがたかってきます。衛生的ではありませんが、あまり気にしていません。火を通して食べるんだから大丈夫！　フレッシュな野菜と一緒に盛られて出てきました。

さらに、ジョンのお母さんが一品追加してくれました。こちらは、豚肉と高菜のような野菜を煮たものです。とても体によいようで、とくに胃腸に効く薬膳料理だと言っていました。この薬膳料理以外は、すべて男衆が料理をしていました。女性は子どもの世話などをしています。もちろん、食べたあとの片づけ、皿洗いも男性陣が積極的に行っていました。

そして、宴のはじまり。全員が上半身裸になって飲んで食べて騒いで、とにかく楽しみました。家の一階でテーブルを囲んでカンパーイ！（チュルモーイ！）雨もしのげるし、風も通るし、とても快適でした。宴のメンバーは、ジョン、リー、チャイヤ、サー、そして私です。サーというのは、現地で合流したジョンのファミリーです。二年後の二〇一八年、サーとはカラオケでめっちゃ盛り上がりましたが、その話はのちほど。

宴のテーブルに女性陣は加わりません。後ろのほうで、女性だけでご飯を食べていました。一緒に飲んで騒ぐという文化がないのかもしれません。

楽しい時間がどんどん過ぎていき、徐々に暗くなってきました。街灯がありませんから、日が暮れれば当然暗くなります。明かりは、バッテリーにつながれた電燈一つです。趣があってとってもいい感じです。「キャンプしてるみたい」と言えば伝わるでしょうか。でも、今の日本人にとっては贅沢な時間の過ごし方かもしれません。

宴のはじまり

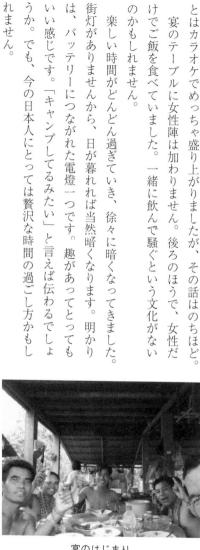

さらに暗くなっていきます。チャイヤが何か料理をつくっています。真っ暗なところにコンロの火だけが浮かび上がっています。とってもきれいな情景です。チャイヤは、私のために鶏を一羽しめてくれていたのです。「いつのまに……」と思いつつ、みなさんのおもてなしがとても嬉しかったです。

この鶏肉料理は、一羽まるごとと薬草などを鍋に放り込み、水分はあえて足さずに火にかけてつくります。だから、当然、鍋底は焦げて真っ黒。でも、次第に鶏肉から水分や油が出てきて、よい感じになってきました。匂いも最高です。この薬草が何か分かりませんが、とにかくおいしそうです。そして、完成。みんなでほぐしながらおいしくいただきました！

さて、みなさんも気になっていると思いますが、トイレはどうなっているのでしょうか。ジョンにトイレの場所を教えてもらい、真っ暗なところに懐中電灯を片手に行ってみました。もちろん、水洗ではありません。使ったあとは、隣にある水桶で水を汲んで流します。ちなみに、トイレットペーパーを流すことはできません。水でお尻を洗うスタイルです。このトイレ、いろいろなところで出合いましたが、私は大きいほうはできませんでした。朝にホテルですませてから一日を過ごすというサイクルで滞在中はいけたのですが、いつかはチャレンジするときが来るでしょう。

宴もたけなわになってきました。あたりは真っ暗です。実は、ずっと楽しみにしていたのが星空です。都会から離れていて、街灯もない暗闇であればかなりきれいな星空が見られるはず。宴がはじまったときは曇り空だったのですが、すっかり晴れていました。言葉を失うほど絶景の星空でした。星座に詳しくない私でも、カシオペア座とオリオン座を見つけることができました。日本とまったく同じ形をしています（当たり前ですが）。

この星空を見て思ったのは、地球のどこからでも星空は眺められるということです。カンボジアでも日本でも、同じ星座を眺めることができるのです。そんな一つの星に、みんなが住んでいるということです。昨日までに会ったたくさんの子どもたちに、とくに奨学金支援をしているリンナちゃんに、このことを教えたかったです。今度来ることがあったら、星座を説明するための写真を持ってこよう。あと、星空を写せるカメラも持ってこようと思いました。

そして、宴も終了。ジョンが寝床を用意してくれたので、二階に上がりました。真っ暗ななか、ジョンが小さな明かりをつけてくれました。二階の様子はよく分かりませんでしたが、板張りの床に敷物が敷かれており、蚊帳《かや》が吊してありました。その蚊帳に入って横になります。

「さぁ寝よう！」と思っても寝れません。なぜなら、大音量でラジオから音楽が流れてくるのです。「そない大音量じゃなくても……」と思いつつ、途中で何となくその意味を理解しました。仕切られていない大部屋だから、大人のプライバシーを守るためにそうしているのだろうと納得した次第です。酔いも深かったので、そんなことを考えているうちに眠ってしまいました。

途中、目が覚めました。ビールをたらふく飲んだからトイレに行きたくなったのです。時計を見ると午前三時。我慢しようか悩んだのですが、無理そうだし、それと「そう！　星空！」と思って、意を決して起きました。真っ暗、携帯電話のＬＥＤライトだけを頼りに戸を開け、階段を下り、トイレへ……。途中、犬に出くわし、心臓が飛び出るほど驚いてしまいました。

トイレをすませてから星空ポイントに移動し、携帯電話のＬＥＤライトを消しました。すると、さっきよりも美しい星空がありました。北斗七星も見つかりました。（一二月なのに夏の星座が……赤道に近いここだと見えるのか）と思ったりしながら、しばらく眺めていました。

みなさん、カシオペア座や北斗七星といえば何を思い出しますか？　そう、北極星を見つけるときに使う星座です。実際に北極星を探してみると、地平近くに広がる森の方向でした。最後の天体観測を楽しんで、再び床に就きました。もちろん、先ほどの大音量ラジオは消えていました。

翌日、朝は四時ごろから鶏が鳴きはじめ、豚や牛も起き出してきます。そして、五時半にどこから か大音量のお経が流れだし、集落の朝がはじまります。今日もいい天気です。昨日のお酒が少し残っていましたが、気持ちのよい朝をぼーっと過ごしていました。そしたら、急に「バシーン！」と何かを叩く激しい音が聞こえてきたのです。ビックリして振り向いたら、サーが暴れる鶏を両手に抱えています。何かの道具を使って、「バーンッ！」と強烈な一打で捕まえたのでしょう。そのあと調理場のほうに行ってみたら、鶏が横たわっていました。首の骨を折ったようです。これから鶏を捌いていくんだ……と思って、せっかくなので見せてもらいました。

私は、鶏を捌いたことがありません。スーパーや肉屋に並んでいる鶏肉しか知らないわけです。でも、誰かがどこかで捌いているのです。「朝捌き」とラベルが付いていたりするものもあります。その「朝捌き」が、まさにはじまろうとしているのです。かつて、ＤＶＤでドキュメンタリー映画『いのちの食べ方』（ニコラウス・ゲイハルター監督、ドイツ・オーストリア、二〇〇五年）を見たことがあります。それと同じです。命を絶って捌いていく様子を見ることで、その尊さ、食べ物を大切にいただくということが本当に重要だと認識させられます。そういえば、子どものころに、「食べ物は残さず食べること」と躾けられました。喫茶店を営む両親からの躾です。そのことに、本当に感謝しています。

さて、鶏は、首の部分に切り込みを入れて血を抜きます。お皿に取っていましたが、それが料理に使われたのか、どこかに捨てられたのかは知りません。そのあと、熱湯につけて羽をむしり取っていきます。細かな羽毛まできれいに取っていく作業は、結構手間がかかるようです。そのあときれいに水洗いをして、背中から包丁を入れ内臓を取り除きます。内臓のなかで捨てられずに残ったのは心臓、砂肝、肝の三つだけです。先日行った市場でもそうでしたが、いわゆる「玉ひも」の部分は見かけませんでした。今回も捨てられたのか、いや、雄だったのかもしれません。あとは足の先にある爪の部分を包丁で落として完了です。その後、ぶつ切りになって料理されていきました。

サーが鶏を料理している一方で、裏の池ではチャイヤと子どもたちによる釣りがはじまろうとしていました。昨晩、ジョンが「この池にいる魚を見せてやろう！」と言ってくれたので、「是非！」とお願いしていたのです。「釣れるかな〜！」と胸を躍らせていたのですが、この釣り、思わぬ展開を見せました！

釣竿はそのへんに落ちている木の枝。そこに糸を括り付けて針に餌をつけます。でも、まったく釣れません。といっても、一〇分ぐらいしか経っていませんが。

釣りを早々に諦めて、網を使った漁がはじまりました。リーとチャイヤの二人がかりですが、オシャレなチャイヤは少し嫌がっていました。網を片手に、池の奥のほうからなるべく隙間をつくらないように二人で協力して反対側に泳いでいきます。見ていて楽しかったです。一緒に入って手伝いたかったのですが、私は泳げないんです。子どもたちと捕れた魚を見て、喜んでいました。

二〇センチぐらいの魚が一〇匹ほど捕れました。すぐにチャイヤが何匹かを捌き、こちらも朝食の一品に加わりました。「魚なら捌けるから手伝おうか」と言おうとしたのですが、チャイヤが持っている包丁はナタのようです。間違って指を落しそうだったのでやめておきました。

魚を料理している様子に子どもたちも興味津々だったのですが、すぐに飽きてしまうというのも万国共通。スマホのゲームで遊んでいます。驚いたのが、電気も通っていないこのエリアに電波が飛んできていることです。カンボジアのキャリア通信網、恐るべしです。こうしたエリアにたくさんの人が住んでいるので、カンボジアにある三つのキャリアもこぞって対応エリアを広げているのでしょう。そのおかげ

木の枝で釣り

すぐに漁となった

で、私も訪問した先々でフェイスブックに投稿することができました。きっと、カンボジアでは固定電話は普及しないでしょう。日本が一歩ずつ歩んできた道を、一個飛ばしで歩んでいくことになるのでしょう。

料理ができあがってきました。鶏肉の炒め物に魚のスープ、とってもおいしかったです。ぶつ切りが基本なので骨がたくさんありますが、残った骨は、テーブルの下で「骨ちょーだい！」と待っていてくれる動物たちにあげればＯＫです。みんなで分け合いながら食べる朝食、なんだかとっても楽しかったです。

漁、調理、朝食を経て、三時間ほどが経過しました。この間、ジョンは奥さんを州の中心地にある病院に連れていっていました。帰ってきたジョンが、朝食を食べながら一枚の紙を見せてくれました。それはカラーで、英語と画像が掲載された診断書のようなものです。画像は、日本でもおなじみのエコー検査のものです。英語の診断書は読めないなぁーと思って目を通していたら、「liver（肝臓）」に「12mm～15mm」と書かれた箇所を発見しました。何かができているのでしょうか。もしかして……と思ったのですが、怖くてその単語を探すのはやめにしました。奥さんは病院でもらった大量の薬を一回分ごとに分けていましたが、その薬で治ってくれることを祈るばかりです。

ジョンの朝食がすんだあと、みなさんとお別れして、車で再びプノンペンに戻ってきました。ホテルで一時間ほど仮眠をとったあと、夜までブログを書いたり仕事をしたりしていました。プノンペン最後の夜かぁ――そう、タイからカンボジアに入国し、自転車プロジェクトをこなしてジョンの実家への訪問、慌ただしく動いてきました。最後の夜に……ということで、ずっと気になっていた屋台にチャレンジすることにしました。

いつも行く市場の食堂で焼きそばを食べたあと、屋台に向かいました。焼き鳥屋のようですが、一緒にパンも焼いてくれるのです。どういったスタイルなのか分かりませんが、焼き鳥を一つ一つ指さして、「一本ずつちょうだい！」とお願いしました。日本でいうところの手羽先の先っちょ、さんかく（しっぽ）、レバー、ハツ、あと何だか分からないソーセージのようなものの五本です。それに野菜や付けダレがついて二ドルです。全部、とてもおいしかったです。

そして翌日、空港に向かってカンボジアを後にします。ジョンともお別れです。荷物の整理は昨日のうちにすませておいたので、朝食を終えてすぐにチェックアウト。チェックアウトといっても鍵を返すだけなので一分で完了です。

あらかじめジョンに空港まで送ってとお願いしていたのですが、一つ条件を出していました。それは、「車ではなくトゥクトゥクで行きたい！」ということです。最後の日にジョンのドライビングテクニックを堪能したかったことと、喧噪のなかでのカンボジアの空気、風、匂いを感じて帰りたかったのです。

トゥクトゥクに乗り込むと、ジョンはライダーらしいかっこいいヘルメットをしていました。そう、ヘルメットの規制が厳しくなっていたのです。安全上もいいし、なかなか似合っていました！

四〇分ほどで空港に到着。最後に記念写真を撮ったとき、ジョンが「このあとまた自宅に帰る」と言います。なんでも奥さんから電話があったとのことです。なんだか元気がありません。昨日のこともあるのですごく気になりましたが、私には何もできません。友達が困っているのに何もできない、もどかしさを感じつつ固い握手を交わし、ハグをして「ジョン、また会おうな！」とだけ伝えて別れました。

この年のカンボジア訪問は終わりました。帰りはトランジットの台北で一泊。台北での夜、ベッドに入ってこの間のことを振り返りました。ジョンのことを思い出したり、奥さんの無事を祈ったり、カンボジアで出会ったたくさんの子どもたちのことを思い出したりしていたのですが、バンコクで出会ったQちゃんとの二日間はものすごく遠い記憶のように思えました。

今回の旅、まずは大成功でした。なによりも、みなさんから預かった大切な気持ちをきちんと届けることができたからです。そして、何百もの子どもたちの笑顔に出会うことができました。本当によかったです。これまでにたくさんのことを書きましたが、書き漏れたことに少しだけ触れさせてもらいます。

ムスリム街とベトナム

先にも少し触れましたが、プノンペンからコンポンチュナンに向かう国道5号線沿いにはイスラム教徒の集落がたくさんあります。インドネシアやマレーシアでは、イスラム教徒のほうが多数を占めますが、カンボジアは上座部仏教の国ですのでイスラム教徒は少数派です。学校や会社、地域社会では、やはり衝突が多いようです。「イスラム教徒とベトナムには悲しい歴史があるので、カンボジアに移動してきた」と、チャンディーさんが説明してくれました。私は全然知らなかったので「そうなの？」という感じでした。

信仰心がない私は、宗教上の違いで衝突・戦争が起こるということに今ひとつピンときませんが、主義や主張が否定されると嫌な気分になることは分かります。自分が心底信じていることに対して「そんなアホな！」と否定されてしまうと、誰しもその人のことが嫌いになるでしょう。だから、お互いの違いを知り合って、違いを認め合うことが大事です。お互いさま、おかげさま、発すると一秒ほどの日本的なよさを、海外に広める方法はないものでしょうか。

オートバイ事故を目撃

コンポンチュナンからプノンペンに戻る途中、オートバイ同士の事故現場を見かけました。カンボジアのライダーはヘルメットを被らない人が多いし、二人乗りは当たり前、三人乗り、子どもを間に二人挟んで四人乗りというのも見かけます。（危ないなぁ……）と思いつつ、チャンディーさんから「事故も多い」という説明を聞きながらもどこか空言《そらごと》のような感じがしていましたが、事故現場を見て現実に直面しました。

一人が倒れています。やはり、ヘルメットをしていません。頭から夥しい血を流しています。まったく動かない様子からして、すでに亡くなっているのかもしれません。この人の帰りを待っている家族がどこかにいるでしょう。そのときに思い出した言葉は、私の座右の銘である「みな誰も誰かの大事な人ばかり」です。だから、目の前の人を大事にしないとだめだし、自分自身も大事にしなければなりません。みんながヘルメットを被るようになってほしいです。だから、空港に向かう途中、ジョンがヘルメットをしていた姿を見て少し嬉しかったです。

チャンディーさんの高笑い

ずーっと協力してくれたチャンディーさんは、おしゃべりが大好きです。移動中の車の中でも、ずーっと誰かと話していました。途中、思い出したかのように、私にも英語で話しかけてきました。黙って人の会話を聞いていることが苦にならない私は、まったく理解できない会話でも、みんなが楽しそうにしているのを眺めている時間が好きでした。

時々、チャンディーさんはびっくりするぐらい大きな声で高笑いをします。私は、チャンディーさんが面白い話をして笑っている今のカンボジアが大好きです。この人が笑っているカンボジアが、ずっと続けばいいと思っています。

昨年、初めてプノンペンを訪問することが決まったとき、民際センターの高橋さんが、チャンディーさんはクメールルージュの悲劇の生き残りだと教えてくれました。ポル・ポト派、クメールルージュ、その時代、きっとこの人は笑わなかったのでしょう。私なんかが想像できる以上に、ものすごく凄まじい状況だったと思います。

そして、すべてが終わったとき、カンボジアの多くの人たちはゼロからスタートをして、苦難の道を歩んで今を生きています。チャンディーさんと同世代の人が極端に少ないといういびつな人口構造をもつカンボジア、この世代の人々も含めて、すべてのカンボジアの人たちがずっと笑っていられるように願っています。

体験するということ

ジョンの自宅に泊めてもらってカンボジアの農村エリアに住む人たちの生活を垣間見、さまざまなことを体験することができました。「体験する」というのは、ある意味ずるい行動です。なぜなら、それは日常ではないからです。戻る世界が別にあるから「体験する」という言葉が生まれるのです。「戻るのではなく、この世界が日常」という人たちには、私はどのように映ったでしょうか。「日本人が私たちの生活を覗きに来た」あるいは「蔑《さげす》むために来た」と思われたかもしれません。それが分かっていても、私は多くのことを体験して、それを写真に撮りました。そして、招いてくれたジョンのことを大事に考え、私に与えられた役割、「楽しむこと」をしっかりと純粋に楽しみました。

いろいろ書いてきましたが、二〇一六年の訪問記を終わりにします。この旅には、私なりのテーマソングがありました。それは、きゃりーぱみゅぱみゅの『キミに100%』です。自転車を通して、みなさんに「ボクの気持ち」を一〇〇パーセント届けることができたでしょうか。

日本に帰国し、溜まりにたまった仕事を片づけているうちに二〇一六年が終わり、新年を迎えました。自転車プロジェクトが終わったような書きぶりですが、まだ大切な行程が一つ残っています。それは、協力者のみなさんにお礼の手紙と返礼品を送ることです。年が明けて、少しずつ準備を進めていました。送付しようとしたのは以下のものです。

・サンクスレター
・支援対象者の写真（自転車の協力者が対象）
・自転車クラブの様子の写真（自転車クラブの協力者が対象）
・自転車クラブの様子の動画（自転車クラブの協力者が対象）
・全体の様子が分かる写真
・これらの写真のデータを収めたＵＳＢメモリー

年が明けて、何人かから「今年はやるの？」という問い合わせをいただきました。数時間考えてみたのですが、確かに単発で終わるのか、これからも続けるのかというのは重要な問題です。この旅で、まだまだ自転車を必要としている子どもたちがいることが分かりましたし、交換用パーツの補給についても考えていかなければなりません。

「できるかな?」、「やれるかな?」と考えていましたが、「でも、たくさんの人が協力してくれるし!」ということで、二〇一七年も実施することに決めました。そのため、サンクスレターのなかには、その旨のお知らせと、再度の協力願いを同封させていただきました。もちろん、申し込みの案内チラシも。そして、二〇一七年一月三一日、これらの品々をポストに投函して、私の「二〇一六年自転車プロジェクト」は完了しました。

第4章

二〇一七年の国内活動記録

1 進化する自転車プロジェクト！

ダブルミントとハーブティーを楽しみながら

プノンペンにいたとき、「DOUBLE MINT（ダブルミント）」とパッケージに記されたチューインガムを買いました。ジョンと何度も行った焼肉屋で購入しました。ただし、お店からではなく、お店の中まで売りに来ている七歳ぐらいの女の子からです。

プノンペンでは、こうした光景をよく目にします。お店まで売り子が入り込んでさまざまなものを販売します。小さな女の子が、夜遅く、お酒の場である焼肉屋にミントガムを売りに来るのです。もちろん、女の子が考え出した商売ではなく元締めがいます。子どもたちにミントガムをわたして、「お店で売ってこい！」と指示を出し、その売上金を元締めが回収し、お小遣い程度のマージンを子どもたちに払うのです。元締めによっては厳しいノルマが課されており、「クリアするまでは帰ってくるな！」という場合もあるそうです。

明け方まで開いている店で、眠い目をこすってガムを売り歩く女の子の姿にちょっと胸が苦しくなり、当時小学二年生であった自分の娘のことを思い出し、環境の違いに愕然としたことを覚えています。しかし、女の子はそれで家族の暮らしを助けているのです。もしかしたら孤児で、自分が必死に生きていくための糧としているのかもしれません。

もちろん、こちらの価値観を押し付けて、「かわいそう」と憐れむことも間違っているでしょう。それだけに、「生きる力」に感動すら覚えてしまいます。きっと、この女の子は学校にも行っていないのでしょう。この先、彼女がどのような人生を歩んでいくのか分かりませんが、楽しいこと、幸せなことが少しでもあってほしいと願っています。「そんな女の子がいた」ということを思い出させてくれる「ダブルミント」なんです。このガムを噛みながら、自転車プロジェクトのことを考えていました。

もう一つ、昨年のカンボジア旅行で持ち帰ったものがあります。一見すると、「何これ？　ゴミ？」と思われそうな、土まみれの木の皮が入ったビニール袋です。木の皮は乾燥させてあります。これは、奨学生のリンナちゃんからもらったもので、「これでハーブティーがつくれる」と彼女は言っていました。

私が彼女の家を初めて訪れた二〇一五年、「この木の皮を集めて乾燥させて売るの」と彼女が説明してくれました。そのとき、「次に来たとき、少し分けてちょうだい」とお願いしていたんです。そのことを覚えてくれていて、二〇一六年の訪問時に少し分けてもらったのです。木の皮の破片と、体によいとされる葉や草がブレンドされています。

このおみやげを受け取ったとき、何やら文章が書かれたレポート用紙を一枚もらいました。私は何だろうなぁ……と想像、いや空想していました。ハーブティーの説明書？　それとも、サンクスレターのようなもの？　それともラブレター？　だから、チャンディーさんが「英語に翻訳してあげよう」

と提案してくれたときには断りました。

自分で、なんとか解読したかったんです。これが、クメール語を勉強してみたい、と強く思ったきっかけでもあります。でも、やっぱり早く読みたいということで、後日、手紙をスキャンした画像をメールで送り、チャンディーさんに翻訳を依頼しました。そして、その内容は……。

もらったハーブティーの、さまざまな効果効能が記されていました。この手紙、今も大事にとっています。自分では解読できていませんが……。

効果効能は分かったのですが、どういうふうに淹れたらいいのかについては書かれていなかったので、とりあえず付着している土や砂を洗い落として、麦茶のように煮出してみました。味のほうは……なんだかよく分かりません。効果がありそうな……土の味しかしないような……。

ダブルミントにハーブティー、この二つの組み合わせで考え着いたことが二つあります。一つは、昨年の訪問で写真をたくさん撮ってきたので、それを利用して自転車プロ

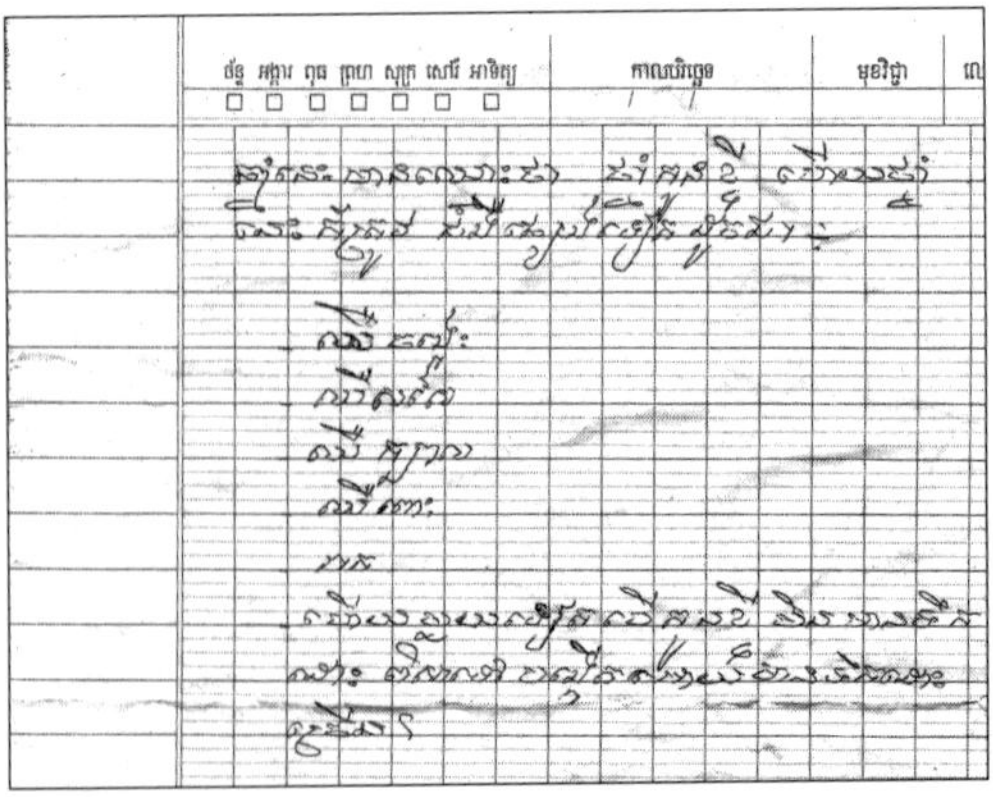

ラブレターかと思った効能書

ジェクトの募集チラシを新装しようということです。もう一つは、クメール語の勉強をはじめることでした。

新チラシの作成も、前回同様「株式会社リノ」に依頼しました。二月末に「リノ」を訪問し、変更点や要望を伝えたところ、一週間ほどで二つのデザイン案が提示されたので、気に入ったほうを選んで微調整して完成です。使用する写真の選定にすごく悩みましたが、写真が入ったハードディスクをわたして「お任せ」することにしました。

クメール語の勉強のこと

安田が知っているクメール語は、「チェムリアップスオ（おはようございます。こんにちは。こんばんは）」、「オークン（ありがとう）」、「チュルモーイ（乾杯）」の三つだけです。前章でも述べたように、ある程度のコミュニケーションは『指さし会話帳』で大丈夫ですが、やはり物足りません。英語以外の勉強はというと、大学生のときのロシア語以来です。

語学の勉強はネイティブから、と言いますが、教室に通うのは無理です。だから、インターネットで無料の教材を調べてみました。その結果、音声データとともにテキストが無料で提供されていることが分かりました。早速、ダウンロードしてテキストを印刷し、音声ファイルはiPhoneに入れて移動中に聞くようにし、歩きながら「ソックサバーイチアテー（お元気ですか）」と連呼していました。

前述したように、クメール文字は母音と子音が組み合わさって一つの文字になるため、覚えるのが大変です。でも、文字を覚えたら発音ができるという意味ではひらがなやカタカナと同じです。何とかテキストをもとに勉強を進めましたが、まったく進歩しません。なんせ難しいんです。

一か月、二か月と過ぎていきました。そして、五月になって新たな突破口を見つけたのです！　やはり教室に通おうとネットで探したところ、発見したのが大阪市東淀川区にある「アジアセンター21」(http://www.asian-library-osaka.org/) でした。クメール語の「入門編」がすでにスタートしているとのことで、急いで途中参加の可否を問い合せ、二回目から参加しました。この日の参加者は、先生が一人と私を含む受講生が三人です。雑談のなかで分かったのですが、先生もほかの受講生もボランティアとしてカンボジアにかかわっている人たちでした。

自己紹介で自転車プロジェクトのことを話したあと、レッスンのスタートです。レッスン時間は九〇分です。簡単な挨拶や文章の講義と練習ですが、とても丁寧に教えてくれます。先生のアドバイスでは、やはり文字は覚えたほうがいいとのことでした。その理由は、読み書きのことではなく発音のためということでした。全一二回で実施されたこの講座、事務所から片道一時間余りかけて通い続けました。

ちなみに、レッスンの効果はというと、私の怠慢もあってボチボチというところです。語学の勉強は予習復習がとっても大事だ、ということが痛切に分かりました。受講生は二〇代の人ばかりで、四〇代のオッサンとは脳みそのフレッシュ度が違います。どんどん吸収していく彼らから、だんだん落ちこぼれていきました。

ラジオに出演！

さて、新しいチラシも完成したので、協力者を集めるために奔走しはじめました。そんなある日、とても嬉しいことが起こりました。普段はコンサルティングや行政書士の仕事をしているわけですが、あるお客様のところへ訪問した際、自転車プロジェクトの話になったのです。その人は「LOHAS（持続可能な社会）」に関係する活動をしているせいか、私の話を興味深く聞いてくれたのです。そしてひと言、「安田さん、ラジオに出てみない？」。

なんでも、四月から地域ラジオ局の番組をもたれているということで、そのゲストスピーカーとしての出演依頼を受けたのです。ラジオを通して、カンボジアの子どもたちのことや自転車プロジェクトのことが話せるのです！　二つ返事で「是非！」とお願いしました。

後日、電話で打ち合わせを行い、収録内容や収録日時などを決めました。そして、番組内でかけるリクエスト曲も。自転車プロジェクトのテーマソングは、前章でも書きましたがすでに決まっています！

収録日である六月一四日、ラジオ局への訪問です。行く先は、私の地元である貝塚市の隣に位置する岸和田市、「ラヂオきしわだ」（https://www.radiokishiwada.jp/）です。初めてのラジオ出演、収録前からドキドキでした。

出演した番組名は「Toshi & Kumi の LOHAS でえん結び」で、岸和田市内で「LOHAS カフェ」を運営している Toshi さんと Kumi さんがＤＪを務めています。先日伺ったお客様が Toshi さんです。

その出会いは一〇年前、私がコンサルティング事務所を開業して間もないころに仕事を通して会い、現在まで付き合いが続いています。番組名にもある「えん結び」、ご縁があってこのような機会をいただけたこと本当に感謝しています。

この日に番組二回分を収録しました。オンエアーは六月一八日と六月二五日でした。一週目は、自己紹介からはじまって、カンボジアに興味をもったきっかけまで話しました。後半は自転車プロジェクトの話が中心でした。この放送を、出張中にストリーミング機能を使って聞きました。自分の声がラジオから聞こえてくる……とっても不思議な感じでした。

放送直後から、いろいろな人から「聴いてるよ！」という声をたくさんいただきました。そして、帰宅して家に到着すると、娘から「ラジオ聴いたよ！　すごいね！」と声をかけてもらいました。「私の話もしてくれた？」と聞く娘に、「ちょっとだけね！」（ほんまにワンフレーズだけでした）と笑顔で答えました。

ラジオDJのお二人と

後日、二回分の音声をCDでいただきました。私が登場する部分だけを編集してホームページからも聞けるようにしていますので、是非視聴してください。「ラジオの収録音声　カンボジア」とグーグル検索すると最初に出てきます。

2 クラウドファンディング「Readyfor」に挑戦

昨年と同様、チラシを配ったり、中小企業家同友会の仲間にお願いしたり、ブログなどを通して募集を続けた結果、八月末時点で自転車は合計二五台、自転車クラブは三か所でした。目標としていたのは、昨年と同じく自転車一〇〇台と自転車クラブ五か所です。

「あかん！　このままやったら全然足りひん!!」

というわけで、何か策はないかと模索して見つけたのがクラウドファンディングです。インターネットを介して広く協力者を募り、資金を集めるという手法です。すでに私がやっていることもクラウドファンディングと言えるのですが、私が注目したのは、それを支援する企業のサービスを受けるというものです。

実は、このような企業が存在することは知っていましたが、これまでに利用しなかった理由は手数料です。集まった金額に対して、一五～二〇パーセント程度の手数料がかかるために躊躇していました。でも、手数料さえ支払えば、プロの支援を受けることができます。悩んだ挙げ句、名前を知っていた「Readyfor」(https://readyfor.jp/) に問い合わせてみました。

—カンボジアの農村地帯に住む貧困家庭の中学生に通学用自転車をプレゼントするプロジェクト

を実施しています。(詳細：http://cam-bi.net/) Readyforさんを経由したかたちでも協力者を募りたいと考えています。どのように進めるのがいいでしょうか。

このような問い合わせをメールで送ったところ、翌日に返信が届きました。いくつかのアンケートに答え、後日、電話で相談することになりました。電話相談と言っても使うのはスカイプです。そして、その当日、ドキドキしながらスカイプの着信を待っていました。時間ピッタリに着信があり、電話相談がはじまりました。そのときが、これからお世話になることになるキュレーターの遠藤さんとの出会いです。「Readyfor」では、プロジェクトを支援・応援してくれる担当者のことを「キュレーター」と呼んでいます。

自らの思いを存分に語り、さまざまな角度からの質疑応答があり、三〇分ほどで相談が終わりました。その内容から「Readyfor」でチャレンジしてみようと決めました。すぐに申し込みの手続きを行い、遠藤さんのサポートを受けながら次のように進めていきました。

❶ ヒアリングシートと契約書の入力、さらにプロジェクトページのつくり込み
❷ 打ち合わせ
❸ プロジェクトページの加筆修正と確認
❹ ページと契約内容についての最終確認と同意
❺ 支援募集の開始

　これらにかけた時間はおよそ二週間です。募集期間は九月一九日～一〇月三一日、目標金額は三〇万円としました。クラウドファンディングの特徴は「All or Nothing」であることです。目標金額に到達しなければ、たとえギリギリの支援金が集まっていたとしてもすべてキャンセルとなります。初めての挑戦ゆえ低めに設定したのですが、自転車三〇台分でしかありません。八月時点で二五台でしたから、達成したとしても五五台にしかなりませんが、これまでの募集活動も継続していくので何とかなると考えました（https://readyfor.jp/projects/cam-bi 参照）。しかし、最終的には五二人から五三万五〇〇〇円という協力が得られました。

　プロジェクトを立ち上げると専用の管理ページができるので、さまざまな分析データを見ることができます。たとえば訪問者数です。プロジェクト前半にはたくさんの訪問者があり、注目が得られているものの後半は少ないという状況でした。支援金額や達成度も表示され、九月三〇日に達成度が「100」となりました。終了日が一〇月三一日だったので、一か月前に達成したことになります。

　実は、九月二九日だけで一気に七万円もの支援金が集まりました。その理由が、遠藤さんから届いたメールで判明しました。そのメールには、「本日、弊社メルマガでも安田さんのプロジェクトが紹介されることになりました！」とあったのです。メルマガの威力のすさまじさにびっくりすると同時に、「Readyfor にしてよかった！」と思いました。

　そして、クラウドファンディングをはじめたことでホームページのほうでも協力者が増えはじめ、九月は六台、一〇月には二〇台の申し込みがあり、自転車は五一台となりました。それに、

「Readyfor」分の五四台が加わったうえに私自身の分として二台、そのほかにも三台あり、合計一一〇台となりました。一方、自転車クラブのほうはその後も申し込みが伸びず三か所のままです。それに私自身の申し込みを一か所加えて四か所となりました。自転車は目標達成、自転車クラブは一か所足りずという結果となりました。

3 自転車プロジェクトがカレンダーに！

二〇一七年一〇月、うれしい出来事がありました。プロジェクトを支援してもらっている民際センターは、毎年一〇月ごろにチャリティカレンダーを販売しています。子どもたちの楽しい写真が満載のカレンダーで、私も毎年購入しています。二〇一八年のカレンダーが販売されたので、すぐに申し込んだところ、数日後に自宅用と事務所用の二本が届きました。開けてみて、びっくりしました。なんと、六月のページに、自転車プロジェクトの写真が掲載されていたのです！

嬉しくてしょうがない私は、家内や娘に「これ

「民際センター」のカレンダーに紹介された

表　カンボジア渡航で持参する品々

・自転車プレート ・自転車クラブのプレート ・軍手 ・固定用針金 ・自転車マニュアル ・古着 ・ノートパソコン	・ビデオカメラ ・三脚 ・スマホ ・電源タップ ・自分用の自転車修理ツール ・洗濯干し用ロープ ・携帯ハンガー	・荷物盗難防止用の鍵 ・着替え数点 ・パスポート ・ドルの現金 ・指差し会話帳 ・英語の名刺

見て見て！」と伝えたあと、その喜びをフェイスブックに投稿したら、「すごいですね〜」や「六月にも行かないといけませんね〜」といった喜びの声をみなさんからいただきました。

プロジェクトの一場面をカレンダーに採用していただいたことで、「カンボジアの子どもたちの力になれているんだ！」という自負にもつながりました。たくさんの人たちに協力・応援していただいて、二〇一六年は自転車八一台と自転車クラブ五か所の設置ができました。少なくとも、何人かの子どもたちが学校に通い続けることができ、教育を受けることで未来を切り開いていくことができるのです。このプロジェクトの意義を改めて認識した次第です。

話を少し戻します。二〇一七年は、自転車一一〇台と自転車クラブ四か所という支援内容に決めた一一月、渡航準備のほうも本格的なスタートを迎えました。まずは、集まったお金を「EDFカンボジア」に国際送金して、自転車に張り付けるプレートの印刷（予備を含めラミネートを一一五台分）、四隅の穴開け、穴を補強するハトメ作業、プレート固定用の針金切り（一一五台×四隅＝四六〇個分）などを行ったのですが、事務所のスタッフが協力してくれました。

そのほか、昨年つくった「自転車修理マニュアル」を一三〇冊印刷して製本し、「泉州作手紡績」の出口さんからB級品の軍手を調達したほか、自転車クラブに設置する軽量アルミ合板の看板を、昨年同様、「メイク広告」の上野さんに依頼しました。

これで忘れ物はない、大丈夫と不安になりながら旅行バッグに詰め込んでいきました（前ページの表参照）。そして、再びカンボジアに向けて出発です。次章で展開される二〇一七年の訪問記、トラブルだらけの珍道中、是非楽しんでください！

第5章

二〇一七年のカンボジア訪問記

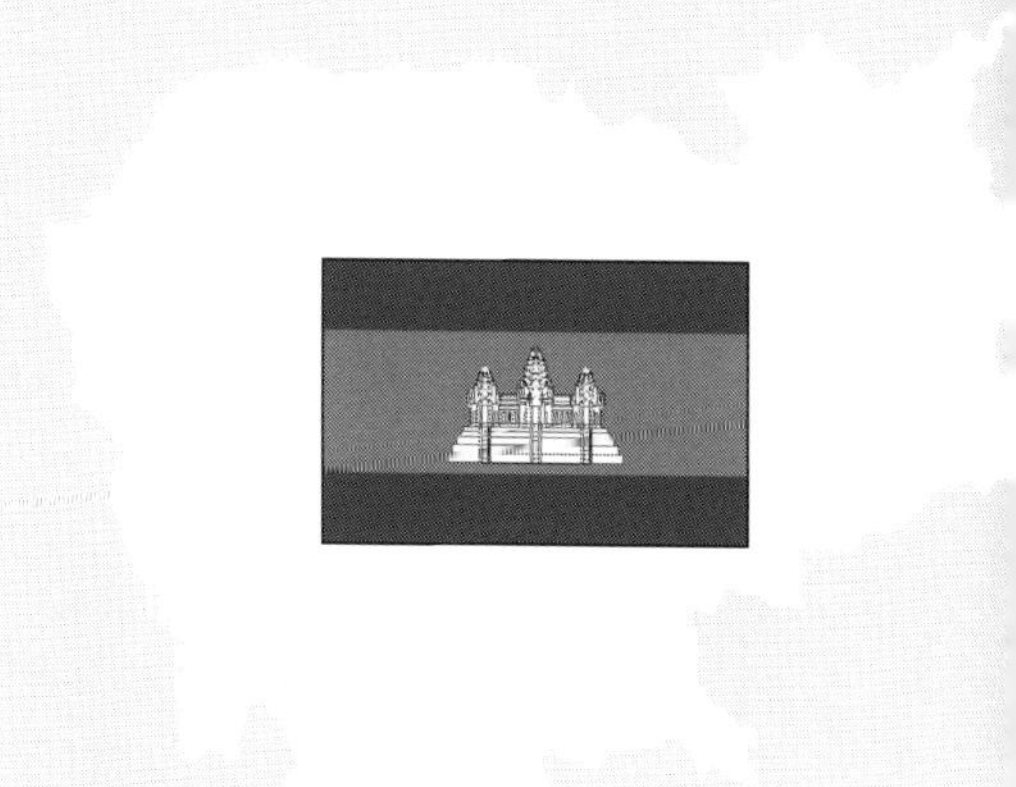

1 面白い旅にしたい――マラソンと自転車旅

自転車の申し込みが伸びずに苦しんでいた七月、今回はどんな旅にしようかと考えていました。出てきたアイデアの一つが、アンコール・ワットを見に行くことです。トゥクトゥクドライバーのジョンも、「アンコール・ワットは私たちの誇り。是非見てほしい」と言っていました。もちろん、チャンディーさんも同じようなことを言っていました。

広大な敷地にある遺跡です。単に眺めるだけだったらもったいないと思い、ガイドブックで情報収集をしました。でも、世界中の人が集まる世界遺産です。きっと混んでるんだろうなぁ……と考えているとき、とあるホームページで「アンコールワット国際ハーフマラソン（http://cambodiatourism.or.jp/angkormarathon/）」というのを見つけたのです。その案内に、「有名なアンコール・ワットやアンコール・トム、また多数の彫刻のデコレーションが有名なバイヨン寺院跡などを眺めながらの特別なマラソン」とあったのです。

「これや！　これに出たらゆっくり見られるやん！　しかも、海外のマラソンレースに出るって、めっちゃ面白いんちゃう⁉」

開催日が一二月三日（日）となっていて、ちょうどカンボジアを訪問する時期に近いのも出場を決めた理由の一つです。開催地がアンコール・ワットですから、最寄りの街であるシェムリアップに行く必要があります。プノンペンからの距離は約三〇〇キロ、前日に参加受付をしなくてはいけないので、一二月二日にシェムリアップに行くというスケジュールとなります。早速、チャンディーさんに相談したところ、「それだったら四日に事前打ち合わせをし、五日～七日にプロジェクトを実施にしよう」ということになりました。

ハーフマラソンの申し込みと飛行機（エバー航空）の手配もしました。今回は、一一月三〇日の夜に関西空港を出発して、台北でトランジットして、一二月一日（一一時二五分）にプノンペンに到着予定です。帰りは一二月一一日にプノンペンを出発し、同じく台北でトランジットをして、翌朝九時五五分に関空に到着する便です。手数料すべて込みで五万二八〇〇円でした。

マラソン以外に、旅を楽しむアイデアがもう一つありました。この年に支援する地域はカンポット（Kampot）州となっています。プノンペンからの距離は約一五〇キロです。そこで思いついたのが自転車での移動です。チャンディーさんらとのキャラバン隊での車移動は楽でいいのですが、それをアレンジしたいと思ったわけです。ただ、二日かかるので、チャンディーさんと日程について再び相談し、五日～七日ではなく六日～八日へと一日ずらしてもらうことにしました。

悩んだのは荷物です。大切な自転車プレートなどが入った荷物の重さは三〇キロ近くになります。それらを抱えて行くのはつらいし、何よりも盗難が一番怖いです。これを取られてしまうとプロジェクトは水の泡。だから、日本からシェムリアップに直接向かうのはやめてプノンペンに入り、ジョンに荷物を「ＥＤＦカンボジア」に運んでもらうことにしました。

次の悩みは、プノンペン－シェムリアップ間の移動です。飛行機、バス、そしてクルーザーでの移動があります。一番面白そうなのがクルーザーですが、時間がかかりすぎるのでバスにしました。カンボジアでもたくさんのバスが走っています。夜行バスもあるので、夜に移動して朝に到着することにすれば宿代も浮きます。これで、だいたいの旅程が決まりました。

あらかじめゲストハウスは予約しましたが、プノンペンでの七日～一〇日に関しては宿の予約はしませんでした。いつものホテルでもいいし、当日にゲストハウス探してもいいし、ひょっとしたら週末はジョンの実家に行くことになるかもしれないし、と考えたからです。実際にはえらいことになっていくのですが……それはのちほど。

2　いざ、出発！――哀愁のボイルドオイスター！

いよいよカンボジアへ向けて出発です。昨年と同様、自転車プロジェクトとは関係ない番外編のほうが多い旅となりますが、昨年と同様、誤解を生まないために言っておきます。みなさんからいただいた支援金は、プロジェクトに関する経費のみに使用しています。渡航費用やチャンディーさんをはじめとするキャラバン隊のチャージなどの活動費はすべて私の自費となっています。

「遊びはともかく、ほかの経費もプロジェクト予算からやればいいのに……」という声もたくさんいただくのですが、「自分の目で見たい！　友達にも会いたいし、カンボジアを楽しみたい！」というわがままを通すのですから当然自費となります。一応考えていますので、「遊んでばっかりでけしからん！」と怒らないでください。

関空からカンボジアのプノンペンへ。トゥクトゥクドライバーのジョンには、「空港に迎えに来てほしい」とフェイスブックを使ってお願いしてあります。もうすぐ会えるのかと思うと、本当にワクワク感満載でした。

プノンペン上空からはメコン川とトンレサップ川が見えました。雨季になるとトンレサップ川は逆流して、その出発地点となっているトンレサップ湖はあふれだし、何倍もの面積になります。雨季には行ったことがないので、逆流するトンレサップ川を見たことはありません。ここで、魚やエビを捕って生活している人がたくさんいます。でも、中国をはじめとして上流にたくさんのダムができているために川の環境が悪化して、漁獲量が激減しているそうです。ちなみに、ナンプラー（魚醤）のルーツはトンレサップ湖と言われています。また、カンボジアには魚やエビでつくった調味料「プラホック」が有名なことを今思い出しました。

プノンペン国際空港に到着。ビザも取得済みだし、五分ほどで入国となりました。預けていた三〇キロの荷物も無事に到着。空港は大改装中で、昨年とはまったく様子が違います。なんと、「吉野家」もできていました。

次はSIMカードです。昨年購入したSIMフリー携帯を持参していますので、SIMを買うだけで携帯が使えるようになります。昨年使った「Metafone」にしました。携帯をわたすと、窓口の女性が設定などすべてをやってくれます。10GBのツーリスト向けを一〇ドルで購入しました。デザリングなどでいろいろと使いそうだったからです。でも、このSIMカード、私は大きなミスをしてしまいました。もっとも、このときは気が付いていませんが。

早速、ジョンに電話をしたのですが、つながりません。「プリペイドの残高不足」のような英語のアナウンスと、クメール語のアナウンスが聞こえてきました。もちろん、理解できません。仕方がないので、フェイスブックのメッセンジャーにある通話機能で連絡して、テレビ通話でお互いの位置を確かめながら無事に合流しました。少なくとも、この時点でミスに気付くべきでした。その内容はのちほど。

ジョンに今回のスケジュールを説明です。お互いに英語があんまり話せません。だからチグハグなやり取りになりますが、もう友達だから何とかなります。「今日の夜行バスでシェムリアップに移動するんだけど、この荷物を明日『EDFカンボジア』の事務所に届けてもらえないか?」とお願いしたら、快諾してくれました。

空港まで、昨年買った車で来るかなと思っていたらトゥクトゥクでした。私はこっちのほうが大好きです。運転の様子を見てるのも楽しいし、風、音、匂いを直接感じると「カンボジアに帰ってきた〜!」という思いがするからです。

ジョンの活動拠点となっているホテルに到着。あれ、名前が変わっています。新しい名前は「RS II Guesthouse」。朝ご飯が楽しみだった一階のレストランは、「Coffee Today」というカフェになっていました。その横に、「これがホテルの受付？」と疑いたくなるような小さな小屋がありました。ジョンが私の荷物を、受付の男性に預けてくれました。明日、ジョンが「EDFカンボジア」に届けてくれます。

今日の夜行バスでシェムリアップに向かうので、ここでのチェックインはありません。夜にジョンとご飯を食べる約束をしていったんお別れです。すぐそばにある国立博物館に行きたかったので、散策しながら向かうことにしました。国立博物館には、クメール王朝時代のものはもちろん、歴史的な彫刻などが展示されています。入り口で入場料一〇ドルと日本語ガイドマシンの五ドルを払って、いざ突入！

日本語ガイドを聞きながらですから、それなりに分かるだろうと思っていたのですが、やはり歴史が頭に入っていないのでちんぷんかんぷんでした。時代を謳歌したクメール王朝、つまりアンコール・ワットはヒンドゥー教の寺院です。そこから、小乗仏教が広がりを見せたというぐらいの知識しかないので、「ガネーシャもやっぱりあるよねぇ」とか「この菩薩さんは日本のものとちょっと表情が違うなぁ」といったぐらいの楽しみ方しかできません。

日本の博物館との大きな違いは、ガラスケースなどで覆われていないものがたくさんあることです。置いて並べてあるだけです。「Don't Touch」と書いてあるので触りませんが、目と鼻の先まで近づいて見ることができるのです。石像を掘った人や崇めた人との距離がすごく近くなったような気がしました。

博物館では一時間ぐらいしか時間を潰すことができず、ジョンとの待ち合わせ時間まで四時間ほどあります。どうしようかと考えた結果、「そうや！　クメール式マッサージを体験しよう！」と思い立ちました。というのも、昨年バンコクに行ったときにもマッサージ屋に行ったのですが、値段が安かったうえに、とっても気持ちがよかったからです。

スマホでオススメ店を調べて、いざ出発。五キロほどありましたが、街歩きにはちょうどよいかと思って徒歩で向かうことにしました。暑いなか一時間ほどかけて到着したのですが、ありません。グーグルマップを何度も確認してようやく発見したのですが、何やら小さな貼紙を発見。「Spring SPA paused for a while（しばらく休業）」とあります。なんでやねん！

でも、あきらめません。どうしてもクメール式マッサージを体験したい私は、次の店を検索して、先ほどの博物館からほど近い場所にある店を見つけました。来た道を少しだけそれながら、博物館方面に戻っていきます。歩いているといろいろなものを発見します。子ども向けの凧を売る商店があったかと思うと、工事現場ではショベルカーの上に人が立って指示を出していて、途中、振り落とされそうになっていました。また、壁に絵を描いていた人も。

ようやくマッサージ店に到着。料金は九〇分で九ドル。本当は「六〇分」と「一二〇分」のコースしかなかったのですが、「九〇分でもいける？」とお願いしてみたらＯＫでした。クメール式のマッサージはリンパ系マッサージで、リンパ腺の流れをよくするためのものでした。ちなみに、結構痛いです。九〇分間、「『痛い』とか『もうちょっとやさしく』というクメール語を調べてきたらよかった」

という後悔の念を抱きながら、丁寧に進められるマッサージと静かに対峙していました。

マッサージ店の看板には、「Massage Clinic by Blind（Japanese Style）」とあります。そう、こちらは目の不自由な人がマッサージをしているのです。中には、ベッドが五つほど並んでいました。日本に比べると福祉環境が劣悪ななか、こうして目の不自由な人にも収入が得られる仕組みができていること、本当にすごいなぁと思いました。

マッサージのあと、ジョンとその仲間たちと合流。みんなとはもう顔なじみですし、フェイスブックでは友達関係だったりします。ビールで「チュルモーイ！（乾杯）」して、楽しいひと時を過ごしました。みんなと別れたあとは、ジョンと二次会です。シェムリアップに向かう夜行バスの出発までにまだ時間があったからです。この時点で、しこたまビールを飲んでます。長距離バス大丈夫かなぁ……。でも、バスにはトイレもあると書いてあったので大丈夫か。というわけで、宴が続きました。

ジョンが、子どもの売り子から何品か食べ物を買いました。一つが生卵。海外の生卵はちょっと危険です。その理由は二つあります。一つは、養鶏所の衛生状態が悪いため、殻にサルモネラ菌などが付着していることがあります。二つめは中身です。卵はとても長く保存がきくのですが、生で食べられるかどうかは別問題です。生まれてから何日経過しているか分からないので、生食はリスク大です。悩んだのですが、ジョンが買ってくれたのでグィッと一飲み。卵の横に、青唐辛子入りカマボコみたいなものがありました。これがかなり辛い。ビールがどんどん進んでいきます。

ジョンに奥さんのことを聞いてみました。肝臓に病気があるということを、去年、ジョンの実家に行ったときに教えてもらっています。そのことがずっと気になっていたのです。前述したように、ジョンの実家はベトナムとの国境近くのスベイリン州にあります。ベトナムの大きな病院に連れていって、治してもらったとのことでした。

「とてもお金がかかったよ。だから、車も売ってしまった」

「奥さん元気になったの！　よかった！　車はまた買えるから……ほんまによかった！」と言って握手してたら、泣けてきました。その光景を見ていた店員が不思議そうにこちらを見ていました。

最後に、気になっていた料理を頼みました。「Boiled Oyster（蒸し牡蠣）」です。でも、出てきたのは絶対に牡蠣ではない小さな貝。「こんなん、牡蠣ちがーう！」と、ジョンに日本の牡蠣の写真を見せて説明したのですが、いただくことにしました。

気になっていたBoiled Oyster!

「これ、ほとんど貝のフタ開いてないなぁ……生ぬるいし……」

かなりのレア状態で出された貝はおいしかったのですが、ちょっと怖い。でも、残さずに食べるのが私の信条、全部たいらげました。そうこうしているうちにバスの出発時間が近づいてきたので、ジョンにバスの発着所に連れていってもらいました。ここで、ジョンとはしばしの別れです。ジョンの奥さんが元気になったと聞いて、とってもうれしかったカンボジアの一日目でした。

3 いざ、シェムリアップへ――カンボジアのマラソンと言えば「ニャーッ」

バスの発着所は、プノンペンのナイトマーケットのすぐそばです。二〇一五年に初めてカンボジアを訪問したとき、やはりジョンに連れていってもらい、偽物のリーバイスのジーンズを二ドルで買ったところです。バスは、日本の高速バスぐらいの大きさです。しかも、車両は新しかったです。シェムリアップまでのバスは、いくつもの会社が運航しています。

安さを追求すれば、小さなライトバンに乗せられて、ギューギュー詰めのまま数時間という過酷なやつもあるようです。でも、飛行機代をケチり、夜行バスなら宿泊代も節約という理由で予約したもんですから、バスはちょっと豪勢にしました。座席が完全にフラットな状態になるタイプのものです。二階席の最前列を予約しました。車窓からの景色が楽しめると思ったからです。値段は往復で三〇ドル。これに手数料の二ドルが加わって合計三二ドルでした。往復でこの料金、とってもお得です！

出発して早々、アルコールに前日の寝不足が加勢して、あっという間に寝てしまいました。途中、夜中の三時頃に尿意で目が覚めたのですが、トイレはバスの一番後ろです。最前列から後ろまで、完全に真っ暗な車内を移動するのは躊躇します。意を決して移動を試みましたが、すぐに断念しました。なぜなら、真ん中の通路にも人が寝ていたからです。そのほかにも乗客の荷物がたくさんあります。これは無理だ……でも、オシッコ、漏れそう……。ちょうどそのとき、運転手のトイレ休憩のためにバスが停まりました。トイレ休憩といっても、その辺の草むらですが……。

「これはチャンス！」というわけで、運転手と並んで草むらめがけて用を足しました（ごめんなさい）。ふと空を見上げると、星空に圧倒されてしまいました。郊外だから、あたりは真っ暗です。バスのライトが付いていますが、それでも北斗七星がくっきりと見え、本当にたくさんの星が一面に輝いていました。先にも書きましたが、カンボジアの北斗七星はものすごく低い位置にあります。南にある国なので、北極星がほぼ地平線あたりに見えるのです。

尿意から解放され、快適に夜行バスはシェムリアップに向かいます。順調に走り、朝六時に到着。「どうせ遅れるやろ～」と思っていたのですが、定時の到着。でも、この日の予定は九時からです。バスの停留所からだと八時に出ればいいところなので、二時間ほどあります。散策しようかとも思ったのですが、昨日ジョンと飲みすぎたのでちょっと二日酔い。停留所のベンチで寝ることにしました。

二時間後、活動開始！　マラソンへの参加手続きのためコンベンションセンターに向かいます。距離にしておよそ五キロ、街歩きにはちょうどいい感じです。さすが、アンコール・ワットの街。仏頭や寺院などのミニチュアから一メートルを超えるようなものまで、さまざまなものが売っています。しかし、いったい誰が買うのでしょうか。約一時間歩いて到着。手続きも無事に完了。日本人と思われる名前がたくさんありました。

次は「アキラ地雷博物館」です。カンボジアを最初に訪れた二〇一五年、いろいろと調べているうちにこの博物館の存在を知りました。でも、シェムリアップに行くチャンスがなかったので行ったことはありません。今年は大チャンス、絶対に行こうと思っていました。

少し遠いと知っていたのでトゥクトゥクを拾うことにしました。往復で二〇ドルぐらいかなぁ……と、最初に目があったドライバーと交渉です。

「一〇ドルでどう？」

「安すぎる！　二〇ドルはいる。遠い。ガソリン必要。時間も片道四五分もかかる」

「そやねー。じゃあ、二〇ドル払うよ」と、予定の相場であっさりと快諾し、いざ出発！

さて、シェムリアップで最初に出会ったこのトゥクトゥクドライバーの彼は、当たりなのか外れなのか？

ドライバーは、国道をそれて田舎道へ入ります。（国道から外れるのえらい早いなぁ〜）と思いつつ、まぁ任せといたらいいやろと風景を楽しんでいたら、「着いたよ。ここだ。待っているからゆっくり見ておいで」と言います。しかし、到着した建物には「War Museum」とあります。それに、近すぎます。グーグルマップで場所を確認してみました。

「全然違うやん。しかも、反対方向やし。こいつ、絶対同じ手口でたくさんの観光客をだましてるな。日本人やから気がつかへんって思うてるやろ。いっちょやるか……」

というわけで、休憩モードに入りかけたドライバーを呼び出して戦闘開始です。

安田　ここじゃない。アキラ地雷博物館はここ。間違えたのはしょうがない。早く行こう！

ドライバー　ここがそうだよ。

安田　この写真と地図見てみて。全然違うやろ。早く行こう！

偽物博物館の受付の男性がニヤニヤ笑っています。グルかいな……徹底抗戦の開始です。

安田　行くの？　行かないならお金は絶対に払わない。反対方向に来てガソリンと時間無駄にしているけど、それはそっちのミスやから二〇ドルのまま。早く行こう！

ドライバー　でも、ここから反対方向に行ったらアンコール遺跡の敷地内を通る必要がある。あなたは旅行者だから入場料かかるよ。三〇ドル以上必要。ここでいいじゃないか。

安田　（地図を持ち出して）そりゃ、ここから最短ルートならそうなるやろうけど、それもそっちの間違いや。回り道したら遺跡内を通らずにすむ。この地図見て！　西側でも東側でも回り道したら大丈夫やろ！

（やっと折れた。そして、再交渉）

ドライバー　ここからだったら、たくさんガソリンがいる。五ドル足して二五ドルにしてくれないか？

安田　そっちのミスだから、その話はおかしい。二〇ドルしか払わない。行く？　行かない？　行かないんだったら、ほかのトゥクトゥクドライバー探すから。その代わり、あんたにはまったく払わないよ。
（ここは農村エリアの奥深く。別のトゥクトゥクを見つけられるかどうか、私には自信ありません）

ドライバー　分かったよ、行くよ。

ようやくスタートしました。「五ドルぐらい、いっか」という気持ちがなかったわけでもありません。でも、自転車プロジェクトで訪れる家庭の子どもたちは、朝早くと学校から戻ったあと、籐の編み籠などをつくって自ら稼いでいるのです。だいたい一日一ドルですから五日分となります。断った五ドルは、もっと有意義に使いたいと思ったのです。その有意義な使い方が見つかればいいのですが……。

グーグルマップで確認しながら、ちゃんと博物館に向かっているのかとチェックしました。いい感じです。ようやく到着したとき、「本当に遠かったよ。本来なら、往復で四〇ドルぐらい欲しいところ」と言うドライバーを無視して、「待っててね」と言って見学開始です。

入り口に、掘り起こされた不発弾が並べられていました。もちろん、爆発しないように処理されていますが怖い。なんせ大きいんです。私の背丈ぐらいあります。こんな爆弾が空から降ってくるんです。そして、そのうちのいくつかが不発弾として地中に眠り、何かの拍子に爆発するのです。巻き込まれたら絶対に生きてはいられません。

日本語のガイド端末を借りて中に入ると、お弁当箱よりも小さい地雷がたくさん並んでいました。大量生産するので、原価は一個一ドルぐらいだそうです。この地雷には、踏んだ人を殺さない程度の爆薬しか入っていません。でも、踏んだ脚は吹っ飛び、歩けなくなります。生きているから見殺しにできません。両脇で二人の兵士が抱えていくことになります。だから、三人の兵士を疲弊させ、治療やその後の生活において、敵国のお金をどんどん使わせようという意図がこの地雷には込められています。悪魔のような兵器です。

当時の義足も並べられていました。木製の粗末なつくりです。これで歩くというのは、さぞ痛かったことでしょう。すでに内戦は終わっていますが、まだ埋められた地雷がたくさんあります。かなり改善されたと聞きますが、地雷の被害に遭う人が後を絶ちません。そのほとんどが、子どもと家畜なのです。危険を知らせる看板の「Danger! Mine!（英語とクメール語併記）」の字が読めず、遊んでいるうちに地雷駆除がされていないエリアに入ってしまうとのことです。

ちなみに、看板のないところが安全かというとそうでもありません。安全かどうかが確かめられていないエリアには、当然、看板がないからです。駆除は、少しずつしか進みません。まだ何万個と埋められている、と推測されています。これはカンボジアだけではありません。さまざまな国が同じような状況になっています。そして、まだ戦争が続いているところでは新しい地雷が埋められています。ということは、地雷をつくっている国や企業があるということです。原価一ドルの地雷、「見つけ出して処理するには一個一〇〇〇ドルかかる」といった反戦活動家の言葉を聞いたことがあります。

地雷が埋められるのは国境付近だということです。言うまでもなく、農村エリアが中心となります。地雷を踏んで義足となり、農作業ができなくなって家族はどうやって暮らしていくのでしょうか。や

博物館の入り口に並んでいた不発弾

木製の粗末な義足

さまざまな種類の地雷

りきれない思いがどんどん湧き上がってきます。

博物館の隣に、子どもたちの寄宿舎と学校がありました。昔は地雷で親が亡くなった孤児を預かっていたそうですが、今はポリオ（急性灰白髄炎）患者の子どもたちが生活しているということでした。そのほか、写真が展示されているコーナーもありました。そのうちの一枚には、左手のない小さな子どもを抱きかかえるお母さんが写っていました。地雷をおもちゃだと思って遊んでいたのでしょうか……。

一時間ほど見学しました。そして、募金箱を発見しました。さっきドライバーとバトルしたときに支払わなかった五ドル、有意義な使い方を見つけました。わずかですが、協力させていただきました。

さて帰路、快適に飛ばして……と思っていたら、途中で停まってしまいました。どうやらガス欠のようです。しかし、なかなか逞しいです。給油庫の蓋を開けて、口を当てて息を吹きかけ、タンク内の圧力を上げています。そんな裏ワザがあったのか……と思っていたら復活。すぐ先に、瓶でガソリンを売っている屋台があったので、めでたしめでたし。

それにしても遠い。このドライバー、頑張って運転をしてくれています。ずっと後ろ姿を見ていると、「きっと、家族を支えているお父ちゃんなんだろうなぁ」と思ってしまいます。友達のジョンの境遇と重ねてみると……典型的な日本人の私はやはり甘いんです。というわけで、最後に一緒に写真を撮って二〇十五ドルを払いました。喜んでくれました。「明日のマラソン会場まで迎えにこようか」とか「寺院も回らないか」と提案してくれましたが、すべて断りました。やはり信用できません。

さて、明日も早いし、ホテルで早速チェックインです。日本で予約したホテルですが、シェムリアップは観光地なので宿泊代は高めです。ゲストハウスが空いていなかったので一泊一六ドルのホテルにしましたが、カウンターの女性、とっても親切でした。

安田　明日のマラソン出るんです！
女性　そうなの！　アンコール・ワットは初めて？
安田　そうです。マラソンコース走って、いろいろと見ます。
女性　でも、一部でしょ。しっかり見なきゃね。何日いるの？
安田　明日走ったら、夜行バスでプノンペンへ戻ります。
女性　日本人は慌ただしいわねぇ。地図あげるから、明日のマラソン終わったら少し回ってみたら？　それから、もう一人マラソンに出る人が泊まっているけど、トゥクトゥクをシェアしたら？　よかったら、彼女に聞いてみるけど？
安田　是非、お願いします！

部屋に入ってみると、なんと隣の建物は高校でした。机やホワイトボードが並んでいますが、あいにくと学生たちはいません。ずっと重たかったバックパックを少し身軽にして、貴重品だけ身につけて晩ご飯へ。ウロウロしたのですが、あまり屋台がありません。やっと見つけた店では、地元の人たちがビール片手に一杯やっていました。料理もとってもおいしそう！　頼んだのはフライドヌードル（焼きそば）です。昨日も食べましたが、この店に入る前、娘とLINE通話をしたのですが、「カンボジアの焼きそばってどんなん？」と興味をもったようなので写真を送ることにしたんです。よく考えてみれば、今日初めての食事でした。

店の大将と少し会話。日本から来たことを告げると、「おいしい？」って日本語で聞いてきました。さすが世界の観光地。明日は大将がつくるチャーハンが食べたいなぁ……と楽しみを一つつくって宿に戻りました。

明日はいよいよマラソン。「頑張ります！」と言いたいところですが、なんかお腹がゆるい……滝のような便が……。さっきの焼きそば？　いや、それはまだ消化していないだろうから……昨日の生卵？　ボイルドオイスター？　心当たりがありすぎて断定できません。これまでカンボジアでお腹を壊したことがなかったので、昨晩の食事は完全に油断していました。カンボジアをなめていたわけです。

ちなみにですが、東南アジアなどで下痢に見舞われたら、日本の薬局で売っている下痢止めはまったく効きません。抗生物質を飲まないと治らないそうです。「下痢は一週間もすれば収まるので、できれば我慢すること。下痢の期間中は水分・塩分・ミネラルをたくさんとって、脱水症状になるのを避けること。そして、どうしても我慢できなくなったら、現地の病院で点滴なり薬をもらうなりしてください」と、日本のかかりつけの医者に言われていました。

幸い、お腹がゆるいだけで腹痛はありません。ある程度なら我慢できる状態だったので、しばらく様子を見ることにしました。お尻を気にしながら就寝。

そして翌日、「アンコール・ワットマラソン」の日を迎えました！　カンボジアとマラソンといえば、みなさんは何を思い浮かべますか。そう、「猫ひろし」さんです。ツイッターで彼のアカウントをチェックしていると、やっぱり出場するとのことでしたので、会えることを楽しみにしていました。彼はカンボジア国籍を取得しており、オリンピック代表としてマラソンに参加していました。オリンピックアスリートの走り、ひと目見てみたい！

このマラソン大会のよいところは、コースがアンコール遺跡内に設定されていることです。数々の遺跡を、一部ですが身近に見ながら走ることができるのです。これも楽しみの一つです。初めての海外マラソン、本当に楽しみです。

昨日、フロントの女性に「もう一人いるからトゥクトゥクをシェアしたら？」という提案を受けて快諾しています。「with her」と言っていたので女性です。トゥクトゥクに乗っている間、うまく英語でコミュニケーションができるかなぁーという不安もあったのですが、まぁいっか、と腹をくくって部屋を出ました。

待ち合わせの五時にロビーに向かうと、長身の「超べッピンさん」が待っていました。スイス出身という彼女、今はプノンペンで仕事をしているようです。東南アジアの各国を旅行していて、来年は日本にも行きたいと言います。でも、プノンペンの仕事があと数か月で終わるので、どうしようかと思案中でした（これが、私が聞き取れたことです）。

あとは私も自己紹介をして、なぜカンボジアに来ているのか、マラソンの経験などを話しました。そうそう、彼女は四年前にもこのマラソンレースに参加したことがあるそうです。マラソンが終わったら、月曜日にプノンペンで会議があるので帰るとも言っていました。

さて、トゥクトゥクに乗り込んで出発です。早朝なので一五分ぐらいで着くということでしたが、数千人もの参加者がトゥクトゥクやバイクタクシー、バスなどで会場に向かうもんだから大渋滞です。さらに、お寺や托鉢に向かう僧侶もたくさんいて、まったく進む気配がありません。そこで、途中で停めてもらって、帰りの待ち合わせ場所を確認して歩いていくことにしました。

「この場所に九時三〇分ね！」と約束したこの待ち合わせ、本当に申し訳ないことしました。先に謝っておきます。

私のランニングウエアは「ダルニー奨学金モデル」です。といっても、民際センター公式のものではなく、私が勝手につくったオリジナルウェアです。ダルニー奨学金のことを一人でも多くの人に知ってほしかったのです。このウエアが、あとで素敵な出会いのきっかけとなりました。そして、バックパック。この中には、絶対になくしてはいけないものが入っています。中身は、パスポート、現金、ビデオカメラ、ノートパソコン、旅の手帳ですが、この荷物、やはり後半になると結構こたえました。

スタート地点には、スタート予定時刻を五分過ぎた六時五分に到着しました。渋滞で遅れているランナーもいるせいか、まだスタート前のセレモニーをしていました。至る所、人だらけです。はるか向こうにスタート地点が見えます。英語、日本語をはじめとして、さまざまな言語が飛び交っています。さすが国際マラソン、独特の雰囲気です。天気は快晴、気持ちのいい風も吹いています。絶好のマラソン日和です！

一五分遅れでスタート！　あまりにも人数が多くて、スタート地点にたどりつくのに何分もかかります。日本でも同じですが、スタートゲートをくぐるまでの間、どんどん気合いが高まっていきます。今回の目標はとにかく完走、そして途中の遺跡を写真に収めることです。

スタートは、アンコール遺跡のなかにある「アンコール・トム」と呼ばれるエリアの中央です。すでに、たくさんの遺跡が身近に見られます。本当に素敵なマラソンコースです！　スタートしてすぐに、アンコール・トムを囲む五つ門の一つである「勝利の門」をくぐります（**QRコード**参照）。私と同じように写真を撮りながら走る人がたくさんいましたが、なかには、ビデオカメラを片手に走っている人もいました。ただ、勉強してこなかったので何の遺跡か、誰の遺跡か、いつごろの遺跡かまったく分かりません。

スタート地点の様子

遺跡の知識があるともっと楽しいんだろうなぁと思うのは、王立博物館を見に行ったときと同じです。

しばらく走ると、前のほうからざわめきが近づいてきます。すでに折り返した、超速いランナーが帰ってきたのです。このマラソンコースは片道が約一〇・五キロの折り返しとなっています。だから、トップを走る人を身近に見ることができるのです。そのざわめきには、「ニャーッ！」と彼を励ます声もありました。トップは欧米風の人で、二番手が「猫ひろし」でした！　ものすごい気合いを吐いて、弾丸のように走っていきました。その速さ、「めっちゃカッコいい！　すごい！　なんか泣けてくる！」という感じでした。走り抜けたあと、うしろからも「ニャーッ！」という声がちらほらと聞こえてきます。日本人ランナーがたくさん参加している証拠です。

そして、折り返し地点。半分走っただけなのにすでにヘトヘトです。途中には給水エリア（水またはエナジードリンク）が一キロおきにあるので、そこで水や栄養補給をしながら走りました。また、コース脇には子どもたちが至る所にいて、タッチをしようと手を差し伸べてきます。このタッチ、するたびに元気が出てきます。その数は一〇〇回を超えました。これがあったから完走できたんだろう、と思っています。

タッチのとき、最初は「ハロー！」でした。向こうもぎこちなく「ハロー！」。途中から、クメール語の挨拶がいいと思い、「チェムリアップスオ！（こんにちは）」。向こうは少し笑顔の「チェムリアップスオ！」。もっとフレンドリーな挨拶のほうがいいなと思い直し、「スオスダイ！（やぁ！）」と言うと、とてもいい笑顔で「スオスダイ！」とこたえてくれました。

折り返し後、同じルートをたどりますが、往路に「頑張ってください！」と日本語で声をかけてくれた救護コーナーに立ち寄ってみました。「Angkor Japan Friendship International Hospital（アンコール・日本友好国際病院 http://ajfih.org/）」が出しているボランティアスタッフによる救護ステーションです。日本語が書かれてあるランニングウエアを着ていたから声をかけてくれたのです。男性スタッフが、足を冷やすクーリングクリームを塗ってくれました。

みなさん日本語は片言でしたが、私がカンボジアに来た目的やダルニー奨学金、自転車プロジェクトのことなどを説明させてもらいました。最後に、素敵なみんなと記念写真。足もクールダウンできて、休憩もできて、気分はリフレッシュ！　あと一〇キロほどです。

後半は、歩くようなペースで走ってなんとか完走。タイムは、三時間を大幅に過ぎていました。同じ宿の女性と待ち合わせた時間である九時三〇分をかなり過ぎています。かなりバテました。ゴール横の地面に座り込んで、三〇分ほど動けませんでした。その間に表彰セレモニーが行われていたようです。遠くにいたので音だけですが、猫ひろしさんは二位だということです。当時、日本のインターネットニュースでもこの快挙が紹介されていました。

さて、待ち合わせの場所までどうやって行こうか……歩いては

救護ステーションのみなさんと

絶対無理なので、バイクタクシーの男性に声をかけましたが、答えは「ノー」でした。なぜなら、この混雑でスタート地点手前のエリアは一方通行となっており、逆走ができないとのことでした。すでに一〇時三〇分、宿に戻ることにしました。

トゥクトゥクに乗っていこうと思って声を掛けました。

ドライバー　一人？　だったら、渋滞もあるし、バイクタクシーにしたら？

安田　それでもいいけど、このあたりにバイクタクシーの人いるかな？

ドライバー　おいら、トゥクトゥクとバイクと両方あるから大丈夫だよ！

ということで交渉成立、ほんま助かりました。

ホテルに到着し、フロントの女性に聞いてみたら、スイスの彼女は、まだ戻ってきていないということです。トゥクトゥクで、渋滞に巻き込まれていると言います。それで、いったん部屋に戻り、参加者に配布されたシップ薬を足に塗ってベッドへ。チェックアウトは一二時です。もうすぐなんです。本当は、一二時以降にシェムリアップを観光しようと思っていたのですが、とてもそんなパワーが残っていません。そこで、フロントの女性に相談。

安田　もう一泊泊まれるかな？　といっても、夜の夜行バスで戻るから夜の一一時ぐらいまでだけど。

女性　今と違う、窓のない部屋だけどいい？　それでよければ一二時にチェックアウトして、クリーニングが終わる一四時まで時間を潰してきてくれる？

二時間もウロウロするのきついなぁあ……と思いつつ、仕方がないのでいったん宿を出ました。ブラブラと歩いていると、いいものを見つけました！　フットマッサージ、一時間五ドル。当たりか外れか分からんけど、一時間寝転がっていられるし、足の回復にもなるし、というわけで入店。足つぼマッサージとリンパマッサージをミックスしたような方法で、力強い女性が木の棒で足つぼをグリグリ。痛い！　気持ちいい！　ごっつい痛い！　最高！　といった感じで一時間があっという間に過ぎました。

そのあと少しだけ街を散策し、一四時前に宿に戻ってきました。そしたら、「もう準備できてるわよ！」とひと言。でも、何にも食べていません。ロビーに置いてあるフリーのバナナとコーヒーで栄養補給して、再びチェックインしました。「同じ部屋で用意してるから！」とのこと。スタッフの優しい気遣いに心から感謝です。

眠りたいのを我慢して、風呂場で洗濯物をゴシゴシ洗いました。汗びっしょりのランニングウエア、このままバックパックに詰めて常夏のカンボジアで一日放置したらどうなるでしょうか？　想像するのが怖いくらいです。洗濯、とても重要です。

夕方まで寝てから晩ご飯。昨日行った屋台が出ていませんでした。疲れている今日は消化のよいものがいいかなぁと思いながら歩いていたら、お粥屋を見つけました。お粥をベースに、さまざまなサイドメニューを頼む方式です。お粥だけでもよかったのですが、それだと店の人に悪いかなぁと、サイドメニューとしてドライソーセージを一つ頼みました。このお粥、やさしい味でとっても癒やされました。ソーセージも、かなりいけました。

部屋に戻ったら荷づくりの開始です。洗濯物は生乾き、これは厳しいかもと思いつつ仕方がありません。ところで、カンボジアには「洗濯屋」という職業があります。預けると、翌日には洗濯された状態で返ってくるというものです。日本のクリーニングとは異なって、洗濯機でグルグル回して天日で干すといった感じです。だから一日かかるのです。移動の多い今回の旅では使う機会がありませんでした。

そして、トイレ。下痢がひどくなってきました。お腹は痛くないんです。水のような便がずっと出ます。あまりにも水すぎて、なかなか制御ができません。昼寝のときも何度かもよおして、トイレに駆け込んでいます。大丈夫かなぁ……。

さて、ホテルを再びチェックアウト。とうとうスイス人の女性には会えませんでした。当たり前ですが、フロントでは呼び出しとか部屋の番号を教えるということはやっていません。謝りたかったのですが……今回の旅の、ちょっと苦い思い出となりました。

夜行バスの出発地点に到着。往きも利用しているので慣れたものです。毛布をかぶって寝転んで、あとは寝るだけです。(トイレ、大丈夫かなぁ……トイレ付きのバスなんだけど、往きのようなこともあるし。寝てる間におもらしなんてことも……）という不安を覚えつつ、次のミッションを実行するためにプノンペンへ戻りました。

4 一泊二日のチャリンコ旅――ホテルが見つからない！

カンボジア訪問、早くも五日目に突入しました。プノンペンに着いたのが午前六時。自転車プロジェクトの打ち合わせは九時三〇分からです。どうしようかなぁ……なんて思っている余裕はなく、「早くトイレ！」。バスの発着所から中心地のほうをさまよい、トイレを探しました。一五分ほど探し歩いてカフェを発見！　コーヒーを頼んでトイレに直行です！　下痢はまだまだ続いています。夜行バスの間におもらしをしてないかのチェックもすませて、ようやくひと息。

カフェで一時間半ほど粘り、以前に行ったマッサージ店でマラソンとバス移動の疲れを癒やし、ジョンと合流すべく電話をしましたが、またつながりません。「料金払ってないのかなぁ……」と、自分の落ち度とはまったく気が付かず、フェイスブックの通話機能を使って迎えに来てもらいました。

早朝のプノンペン、涼しい風が吹いて気持ちがいいです。これから、自転車プロジェクトの最終確認のためにチャンディーさんと打ち合わせです。訪問する学校、自転車をプレゼントする子どもたちの名簿、初日のセレモニーのプログラム……あっ、私のスピーチもあります。自転車の台数は、結局二台増えて一一二台になりました。予備のプレートなどを用意しておいてよかったです！

打ち合わせを終えてチャンディーさんと事務所の前で記念撮影をしましたが、なんだかとてもスリムになったような気がします。ハードスケジュールのせいか、下痢のせいか、いずれにせよダイエットになっていいか〜と、ポジティブに考えました。

打ち合わせのあと、今回の旅における三つめのミッションに取り掛かります。そう、次のミッションは自転車旅です。自転車プロジェクトの開催地となるカンポット州までは、プノンペンから約一五〇キロです。七五キロずつ二日間に分けて自転車で旅をするわけです。本格的な自転車マンからは「たかだか一五〇キロで……」と言われる距離だと思いますが、当時四五歳のオッサンがママチャリで走るということに免じて許してください。

チャンディーさんと事務所の前で

そして向かったのが、プノンペンのオルセーマーケット。セントラルマーケットとともに有名で大きな市場です。中古自転車屋が立ち並ぶエリアは、このマーケットの南東側にあります。せっかくなのでマーケットの中を少しぶらつきました。見たこともない魚や大きな塊で吊るされている牛肉など、とてもおいしそうです。食材だけでなく日用品なども売られていますし、二階には服の仕立て屋もあるということです。

いよいよ自転車屋です。ひ弱な私のこと、ママチャリといっても最低限変速機は必要だろうと、変速機付きの中古自転車を購入しました。ブリジストンのメーカー品です。中古自転車で重視したのは、変速機がちゃんと機能することと、タイヤの溝があまり減っていないことです。パンク修理キットは日本から持ってきましたが、炎天下で慣れないパンク修理をするのはちょっと堪えるので、タイヤもなるべく新しそうに見えるものを選択しました。前籠とライト、鍵（これらは全部オプションです）がついて六五ドルでした。ちょっと予算オーバーでしたが、二日間の相棒となるわけですから「よし」としました。

そして、前籠に自転車プロジェクトのプレートを装着です。今回のプロジェクトでは一一二台を寄付しますので、「001～112」が正規番号で、「113～114」が予備番号となります。よって、「115」がこの自転車「安田号」に与えられた番号です。

正午ごろに出発。一日目は、平均一五キロのスピードで走って五時間。途中の休憩を入れると六時ぐらいに到着やなぁ……と、あまり余裕のないスケジュール。これが、あとでとんでもないことになります。

安田号にプレートを

カンポットに行くには国道3号線をひたすら南下

します。ちなみに、信号はほぼありません。田園地帯を通るのですが、途中にいくつかの集落があるぐらいで、休憩以外に停まるところはありません。ひたすらチャリンコをこぎ続けます。一時間ほど走り続け、トイレも借りたいなぁ……冷たい飲み物も欲しいなぁ……ということで、子どもが店番をしているガソリンスタンドで休憩としました。まずは冷たい水、そのあとポカリスエットも飲みました。『指さし会話帳』でトイレを借りることに成功しましたが、クメール語で「ボントゥップタック」と言います。

再び出発したら踏切がありました。「どんな列車が通るのかな?」と興味が湧きましたが、一日一本かもしれないので見るのはあきらめました。国道といっても片側一車線です。端っこを走るのですが、横を大型トラックなどがビュンビュン通っていきます。排気ガスと砂埃、なかなかタフな環境です。それに日差し……それでもめげるわけにはいきません。

再び休憩。スタンドの人たちはみんな親切です。とにかく暑い、後半になってペースも落ちてきました。やばいなぁ……日が暮れると真っ暗なんだよなぁ……。携帯をチェックしてたら、偶然目に入った天気予報。

「雨、えっ、今、乾季ですけど……」

雨雲が……あっ見えてる。やばい、バックパックにはパソコンなんかがいろいろ入っているぞと、ドキドキしながら出発。雨が降る前に到着したらいいんや、という意気込みもむなしく雨が降ってきました。どうしようかなぁと思っていたら、原付の人たちがみんな露店の前に停まっています。

「あっ、カッパ買ってる！」――なるほど、突然の雨が多い地域ならではの光景です。薄すぎて、今にも破れそうな使い捨てカッパが約三〇〇円で売られていました。これを、バックパックに被せました。自分のほうは、帽子とメガネがあるので少々の雨であれば大丈夫。

今日のゴールが見えてきたところで再び休憩。「アクエリアス」を見つけました！　しかも微炭酸。疲れた体にごっつういい感じ！「安田号」もかなり頑張ってくれています。今までトラブルは一切なし、さすがブリジストンです！

最後の力を振り絞ってホテルに向かいましたが、この最後が本当に大変でした。この休憩のあと、ホテルがある集落に到着して、場所をGoogleマップで確認しながら進んだのですが……ないのです。予約サイトに掲載されている地図を何度も確認し、地図アプリで位置を確かめながら移動したのですが、どうしてもホテルが見つかりません。しばらくウロウロしてから尋ねてみることにしました。

しかし、誰も英語が通じません。『指さし会話帳』では、そんな細かいニュアンスを伝えることができません。さらに、ホテルに電話をしても、英語とクメール語という例の自動応答メッセージ、「チャージ（料金）の残高がありません」という声が流れてきます。そういえば、このSIMカード、ずっとうまく通話することができていません。早く確認しておくべきでした。

予約サイトのページに載っているホテルの写真を見せて、ジェスチャーで道に迷っている旨を伝えるのですが、みんな分かりません。それも無理がありません。今日泊まる予定のホテルはホームステイスタイル。だから写真は普通の民家で、このあたりにある家と同じ形をしているのです。

「あっちのほうにあるよ！　急いでいるから、向こうに行ってからまた聞いてみな！」（少し英語が話せる男性）

「きっと、この家だよ」（たぶん、クメール語でこう言っていると思う）

　行ってみても不審者扱い。そりゃ、怪しい外国人がバックパックと自転車で乗り込んできたんですから当然です。あっ雷、あっ土砂降り、あっという間にずぶ濡れ。

「きっと、向こうだよ」（たぶん）

　迷っている間にあたりは真っ暗です。街灯もなく、どしゃ降りのなかをトボトボと歩きました。すぐそばを全速力で走り抜けるトラックに轢いてくれと言わんばかりの危険行為、ちょっと怖くなってきました。さらにウロウロと途方に暮れていると、「なぜ、まだこんなところにいるんだ？　向こうって言っただろう！」と、少し英語が話せるさっきの男性が声を掛けてくれました。

安田　場所、知ってるの？

男性　あぁ、知ってるよ！

安田　この地図の場所じゃないの？

男性　これ、全然違うよ！

安田　どうやって行くの？

男性　向こうに一キロほど進んだら農道があるから、そこを左折。そして、五〇〇メートルほど行ったら右に曲がる細い道があるから右折。そこを五〇メートルほど行ったらある。

（真っ暗で、このスコールで……それはちょっと無理かも……）

男性　真っ暗で危険だから連れてってやろうか？　オレはバイクでゆっくり走るから、後ろからついてこいよ！

神のひと声でした。「おおきに！　ほんまにおおきに！」と言って、手を握っていました。どしゃ降りで真っ暗ななか、視界には小さなテールランプが一つ。見失ったら宿にはたどり着けません。テールランプにしがみついて必死についていきました。この映像、今でも頭にこびりついています。そして、無事に到着。ホテルの人の温かいおもてなしを受けて、生姜のような味がする熱いお茶をいただいて、そのまま部屋で眠りました（その前にトイレも）。

自分の無謀さ加減を思い知ったこと、そしてカンボジアの人たちの温かさを感じた一日でした。英語が通じない、電話も通じない、地図も間違っている！　これでたどり着けたのは、とっても親切な男性のおかげでした。この男性とは、フェイスブックでつながりました。その後の投稿に「いいね」を押してくれるとってもいい人です。本書の原稿を書いているときにふと思い出して、フェイスブックでメッセージを送りました。

「お久しぶりです。カンボジアで二年前、親切にしてくれてありがとうございました。今、実はカンボジアでの活動の本を書いています。そのなかで、あなたのことを思い出しました」

翌朝、すっかり晴れていました。部屋を一歩出ると小さな蓮池があり、大小さまざまな魚が泳いでいました。広い敷地内にコテージが何棟かあって、そこに泊まるという方式の宿です。緑いっぱいでとってものどか。鳥の鳴き声、のんびり散歩する野良犬、もう少しゆっくりしたいなぁ……という気持ちが湧いてきます。チェックアウトは一二時、それまで滞在することにしました。

こちらの宿、晩ご飯と朝ご飯がついていて、口コミではとても豪華でおいしいということでしたが、私が選択したのはお粥。ロッジの女性につくってもらいました。マラソンの夜もお粥。そして昨日は、水とスポーツドリンク、そして栄養ドリンクしか口にしていません。でも、今朝もお粥。下痢は続くよどこまでも……。幸い、自分でコントロールできるので動くのは問題ありません。それに、腹痛がないのが不幸中の幸いです。

お粥を食べたら少し元気が出たので、ずぶ濡れになったものを外に干します。短時間だから乾かないだろうなぁ……と思いつつ、スタッフのおばちゃんたちが手延べそうめんのようなものをつくっている姿を見学しながらゆっくりと過ごしました。そろそろ出発です。豪華二食つきの二二ドルで予約したのですが、とても笑顔が素敵な長身美人とこんなやり取りが。

ホテルのレストラン

美人　あなたは夜も食べなかったし、朝もお粥だったから一〇ドルでいいわよ！

安田　でも、Booking.com で予約したから、二二ドルに対するマージンでしょ？

美人　いいの、いいの！

というわけで一〇ドルにしてくれました。この心遣い、ほんまにうれしい！

お昼の一二時、宿の周りの景色を見て、ちょっと昨日のことを思い出してしまいました。それにしても……よくたどり着きました。残り七五キロ、頑張ります！

一時間ごとに休憩を挟んで、国道３号線を南下していきます。走り出して五時間ぐらいで、無事カンポットに到着。カンポットはとても情緒のある田舎町です。あたりには古い建物が多いのでブラブラしたいところなのですが、ヘトヘトなのでチェックインしました。

予約時には六人部屋のドミトリーをとっていました。日本でもドミトリーの経験が何回もあるので、海外でのドミトリー体験を楽しみにしていました。でも、なんせ下痢なんで……受付の男性に「ベッドルームに替えられる？」と聞いたところ「ＯＫ」の返事。当然、宿泊費が六ドル高くなって、二泊で一六ドルになりました。それでも、かなり安いですが。

（はよ寝たい～！）と思いましたが、まだ寝るわけにはいきません。部屋に入ってすぐに洗濯。ベッドを汚さないようにタオルを敷いて、寝る準備は完璧。次は食事。海が近いカンポットはシーフードがおいしい街ですが、近くのコンビニで水とスポーツドリンクを購入してホテルに戻り、さっさと寝ました。下痢のおかげで楽しみは半分以下になってしまいましたが、まずはカンポットにたどり着いてよかったです。明日からはいよいよ自転車プロジェクトがはじまります。頑張るしかありません。

5 「自転車プロジェクト2017」第1日目――持参した古着もプレゼント！

この年は、三日間で二つの州にわたってプロジェクトが実施されました。最初の二日間は、カンポット州にて七五台の自転車プレゼントと、三か所での自転車クラブの設立です。三日目は、昨年も訪れたコンポンチュナン州に行き、三七台の自転車プレゼントと一か所の自転車クラブの設立、そして昨年設立された五か所の自転車クラブに交換用の部品提供となっています。

朝七時、チャンディーさんたちが迎えに来て、みんなで一緒に朝食を食べたあと、まずはロンチャーシモン中学校に向かって、自転車プロジェクトのセレモニーです。学校の入り口では、たくさんの子どもたちや先生たちが出迎えてくれました。いつものことながら照れくさい瞬間ですが、自転車プロジェクトに協力してくれたみなさんの代表として胸を張っていきます！

入場の前に、校長先生や州の教育委員会の代表者による挨拶です。

届けられた自転車

まずは、「チェムリアップスオ（おはようございます）」で握手。そして、記念としてカンボジアの伝統品「クロマー」を首にかけてもらいました。そして、入場！　みんなが旗を振ってくれています（**ＱＲコード**参照）。

　校庭にも、本当にたくさんの子どもたちが集まっていました。自転車をプレゼントされる子どもたちの親も来ているので、本当にすごい人数が参加しています。校庭には、あらかじめ学校に届けられた自転車が並んでいます。トラックなどで運ぶため、籠などのパーツは外された状態で届きます。それを、みなさんが昨日のうちに整備・取り付けをしてくれていたのです。感謝のひと言です！

　いよいよセレモニーがはじまります！　みんなで歓迎の歌を歌ってくれました（**ＱＲコード**参照）。参加者、来賓紹介のあと、私が用意したスピーチ原稿を読んで、チャンディーさんに通訳してもらいました。

　こんにちは。日本から来ました安田勝也といいます。今日は、みなさんに会えて本当にうれしいです。この日のために一年間準備してきました。

　私がカンボジアに初めて来たのは二年前です。そのときも、農村地域の学校や家庭を訪問しました。そして、通学に自転車が必要だと痛感したのです。日本には使われなくなった中古自転車がたくさんあります。修理すればまだ乗れるものばかりです。みなさんは、きっと親の仕事の手伝いや弟・妹のお世話などで忙しいでしょう。でも、この自転車があれば通学時間を短縮することができますし、安全に家に帰ることができます。

　今回、一一二台の自転車をプレゼントすることになりました。私は、日本のたくさんの友達に協力をお願いしてきました。なんと、一〇〇人以上もの人たちが協力してくれたのです。今回は、このセレモニーの様子をビデオに撮っています。日本に帰ったら見せたいので、みなさん、この一〇〇人もの仲間たちに、拍手で感謝の意を伝えてください。

　そして、自転車に加えて、四か所の自転車クラブが設立されます。この自転車クラブには、修理工具や交換パーツがたくさんあります。お互いに助け合って、自分たちの自転車を修理しながら、可能なかぎり長く自転車を使ってください。また、自転車修理を覚えたら、自分で自転車屋が開けるかもしれませんよ！

　二日前になりますが、私はカンポットへ自転車で来るためにプノンペンを出発しました。全部で一五〇キロです。途中の店で休憩したとき、店の人がとても親切にしてくれました。お互いに言葉が分からないのに、とても親切でした。また、一日目にとても困ったことがありました。宿泊するホテルが見つからなかったのです。そのとき、一人の男性が助けてくれました。わざわざ宿まで連れていってくれたのです。カンボジアの人たちはとても親切です。私はカンボジアの人たちが大好きです。そのことを、みなさん誇りに思ってほしいのです。

　一五〇キロの自転車旅は、私にとっては挑戦でした。私にできたということは、みなさんも自転車でプノンペンに行けるということです。自転車があなたたちの世界を広げてくれます。そのことを伝えたくって、二日間、一生懸命がんばりました。

最後になりますが、頑張って学校に通い続けてください。そして、一生懸命勉強して、たくさんの友達をつくって、学校生活を楽しんでください。将来、絶対にみなさんの助けとなります。

そして、日本にはあなたたちを応援している一〇〇名以上の人たちがいることを忘れないでください。最後まで聞いてくれてありがとうございました！


私のスピーチのあと、子どもたちを代表して三名から述べられたお礼のメッセージを、チャンディーさんの通訳で聞きました。そして、校長先生の話。長い……これは万国共通。子どもたちがダラダラモードに入ってきたので、私は「早く終われビーム」を視線で送っていました。

子どもたちの前には、修理工具や交換パーツが山積みされています。これから自転車にプレートを付けたり、パンク修理キットを配ったりしなければなりません。ここから、どんどん忙しくなっていきます。私のスーツケースの中には、軍手、自転車修理マニュアル、自転車プレートなどが入っています。それらを取り出して、先生や子どもたちに説明します。

「まずは自転車プレート。四隅に穴が空いています。ワイヤーも四本ずつ束になっています。このワイヤーで固定してください。そして軍手。僕の友達が、B級品だからといってお得な価格で分けてくれた軍手です。しかもメードインジャパン！　これで、修理の際にケガをしなくてすみます。そして、これが自転車マニュアル。クメール語、英語、日本語の三か国語が表記されています。自転車を修理しながら外国の言葉にも興味がもてるという優れもの！　みんな大切にしてね！」

私の名刺もみなさんに配りました。日本語と英語が表記されている名刺で、カンボジアに来る前に完成したばかりのものです。なんで名刺をわたすのかというと、「将来、スマホをゲットしたらメールちょうだいね！　フェイスブックで友達申請してきてね！　それって、何かワクワクしない？」という気持ちを伝えたかったからです。

自転車プレートの取り付け開始です。先生や子どもたち、その親などが協力して進めていきます。だから、作業はあっという間に終わりました。みんな整列。七五台の自転車が横に並ぶとすごい！　そして、七五人の子どもたち。それぞれの協力者の想いが込められた自転車プレート、もう壮観です！　記念撮影をしたあと、生徒一人ひとりの写真を撮ります。ちゃんと自転車が対象者にわたされたことの確認と、日本の協力者に送るための写真撮影を兼ねています。緊張して固い表情をしている七五人の撮影を終えて、午前中の予定は終了です。

プレートの取り付け

お昼を食べて、午後はチュバアンポー中学校で自転車クラブの設立です。早めに到着したので、職員室で先生がヤシの実ジュースを出してくれました。（もしかしたら、今の安田にはめっちゃいいのでは……）と思いながら少し調べてみたら、カリウムとミネラルが豊富で、スポーツドリンクとしてよく飲まれるとのことです。発展途上国では、生理食塩水の代わりに静脈点滴されるぐらいだとも言います。下痢には水分補給がとっても大切。というわけで、グイグイ飲んじゃいました。約一リットルはあったような気がしますが、おいしくいただきました。

　自転車クラブの設立の前に古着のプレゼント。少しばかりですが、娘と娘の友達の古着をもってきました。あらかじめチャンディーさんに相談したら、「自転車クラブの一か所目が小学校併設だから、ちょうどいいと思う」とのことでした。話しておいてくれたようで、小学校の先生に引率されて何名かの子どもたちがやって来ました。とてもうれしそう！　サイズが小さくなって着られなくなった服も、また着てくれる人が見つかってうれしそうです。服も喜ぶ、子どもたちも喜ぶ！　そんな写真を見て娘や娘の友達も喜ぶ。みんな喜びまくりでグッド！

　自転車クラブ設立の時間になり、子どもたちが集まってきました。早速、修理開始です。学校には、壊れて乗れなくなった自転車がたくさん

修理開始

子どもたちに古着のプレゼント

あります。これらを修理してまた使おうというわけです。今回の自転車プロジェクトでも、自転車の台数は十分ではありません。修理によって何台かの自転車が命を吹き返し、通学に使われることになります。

必ず、「うちのお父さん自転車屋さん」という子どもが一人か二人います。当然、修理はお手のもの。そんな子どもが自転車クラブの部長に任命されます。慣れた手つきでどんどん修理していきます。私も手伝おうとするのですが、「おっちゃん、手遅いな……」という目で訴えられるのですぐさま退散です。子どもたちの顔は自信と誇りに満ちています。「自転車のことなら何でも俺に任せろ！」と、目と背中で訴えていました。

その間、私は『指さし会話帳』で子どもたちとコミュニケーションです。「名前は？」、「何歳なん？」、「勉強好き？」、「得意な教科は？」、これぐらいしか質問できないのですが十分楽しめました。

どんどん修理が進むなか、私にも少し出番が回ってきました。古くなってなかなかはずれないタイヤ、タイヤレバーをグリグリやってカポーンッとタイヤを外していきます。すぐに汗だく。「いい仕事した。ビールちょうだい！」と言いたい気分です。

女の子も積極的に修理に参加します。タイヤ交換、パンク修理、なんでもしますよ、と逞しい！自分で修理ができないと自転車通学ができなくなってしまいます。すると、通学に時間がかかることになります。そして、下校時には、女子生徒の負うリスクがとても大きくなります。だから、必要に迫られているんです。男の子も、代わりにやるのではなく、やり方を女の子に教えていました。

最後は、少しだけご挨拶。寄贈協力者に送る「アリガトウメッセージ」の動画撮影を終えて、無事に自転車クラブの設立は完了しました。そのあと、二軒の家庭訪問。学校から五～一〇キロほど離れているので、近くまで車で移動して、そこから訪問先までは徒歩となります。

一軒目の家庭訪問です。名前はスンちゃん、当時中学一年生（一三歳）です。家の周りは田んぼに囲まれています。トタンとベニヤ、そしてヤシの葉などで造られた質素な家です。スンちゃんには兄と姉がいます。両親は離婚しており、お母さんと暮らしています。兄は中学一年生まで学校に行っていましたが、お金が続かず、今は田んぼ仕事で収入を得ています。姉も中学三年生の途中で学校をやめたということです。その姉、なんと再婚した父の新しい家庭に子どもが七人もいるため、その手伝いで父側の家族と一緒に住んでいると言います。

そのため、収入源はお母さんと兄の田んぼ仕事となります。自分の土地ではなく、小作農として米をつくっています。収穫できる米は自分たちが食べる六か月分ぐらいなので、足りない分はほかの仕事で賄う必要があります。スンちゃんも、この時期は土日に収穫のバイトに行って二日間で二・五ドル稼ぐほか、収穫期以外は近くの川で魚を捕ると言っていました。将来の夢は先生になることで、得意な教科は国語だそうです。

昨年同様、訪問させてもらったお礼の品を手わたします。チャンディーさんがこうした家庭に必要なもの、食糧のセットを用意してくれていました。

二軒目の家庭訪問です。名前はキエンちゃん、訪問当時は中学二年生でした。生物が得意で、こちらも「将来、先生になりたい」と言っていました。兄と弟がいる三人きょうだいです。兄が隣に住んでいて、最近結婚したと言っていました。ネットショップを運営する会社に勤めていて、その収入で家族を支えています。一方、弟はまだ小さかったです。

こちらの家庭もお父さんがいません。貧困家庭の多くが同じような状況となっています。あと一年半ほどで卒業ですが、中卒で働きに出ても今の生活は変えられないとのことでした。「なんとか高校に行きたいのだけれど、お金がない。兄の収入だけでは食べていくのがやっと」と言います。もちろん、先生になるためには高校、大学へと進まなければなりません。彼女は、自分の夢を諦めなければならないのでしょうか。

先生志望のキエンちゃん

二〇一五年に訪問したとき、「この子は、将来、自分の夢を諦めるときが来る」という話を聞きました。何もできない自分にいらだちを覚え、悩んだ末、自転車プロジェクトを思い立ったわけです。未来を変えていくためには教育が大きな武器となります。そのための自転車なのです。あと一年半、もしかしたら状況が変わるかもしれません。そのチャンスが来たときに「学校をやめちゃいました」だと意味がありません。だから、チャンスをつかむためにも頑張って学校に通ってほしいと願っています。

どんなに深刻な状況の話を聞いても、お礼の品をわたして、必ず笑顔でお別れをするようにしています。なぜなら、「笑顔を大切に」とメッセージを残してサヨナラをしたいからです。

これで、この日の任務はほぼ終了。ほぼ、です。もう一つの任務を果たすために車でホテルに戻ります。この車には、中学生の男の子が一人同乗しています。この男の子に、私と一五〇キロの旅をともにした「安田号」のプレゼントです。ホテルで、彼のお祖母ちゃんが待っていました。カンポットに住んでいるとのことで、この日はお祖母ちゃんの家に泊まって、翌日の朝、三〇キロ離れた自宅まで自転車で帰ると言っていました。

プレゼントをしたあと、みんなで晩ご飯。カンポットらしいシーフードをたくさん食べました。「せっかくだから乾杯しよう！」ということになり、ビールで乾杯。いつもなら何杯もお代わりするところですが、小瓶を一本だけいただきました。なんで下痢なんかしてるんでしょうねぇ……もったいない話です。

6 「自転車プロジェクト2017」第2日目――軍手ボールでキャッチボール

二日目の朝、ホテルまでキャラバン一行が迎えに来てくれました。この日の予定は、自転車クラブの設立が二か所です。それが終わったら、みんなで一旦プノンペンに車で戻ります。ゆったりとしたスケジュールが私のお腹にはとてもありがたい。

ロルー中学校にて自転車クラブの設立！

一軒目のロルー中学校に到着。チャンディーさんが、修理工具と交換パーツの説明をしています。みんな興味津々。「早く修理させろー」オーラが滲み出ています。そして、「なんやこの自転車の数……」、びっくりしました。パンクしていたり、ブレーキやサドルがないものなどいろいろあります。ここまで乗りまくった自転車を修理して、再び乗ろうというその心意気が大好きです。

早速、修理開始です。前日もそうでしたが、すぐに自転車屋の息子がリーダーとして君臨し、その友達がサブリーダー（アシスタント）となります。開始三分で、このクラブの部長と副部長が決定しました。そして私は、副部長のアシスタント役として頑張りました。

副部長　ここ持っといて（たぶん、そう言っている）。
安田　はい！
副部長　もうちょっと上（たぶん、そう言っている）。
安田　はい！

自転車クラブは、いつものとおり大きな人だかりをつくります。周りには何十人もの子どもたち。「俺の自転車も直してくれよ」とか言っているのでしょうか、ワイワイとみんなで楽しそうにしています。自転車クラブのプレートが取り付けられたことも確認し、お礼メッセージの録画をして、この学校を後にしました。

次は、この中学校に通う子どもの家庭訪問です。名前はワンニーちゃん。担任の先生に道案内をお願いしていたのですが、先生が道を間違えるほど複雑で、遠いところにありました。自転車もらえてよかったね……と、つくづく思います。

さて、ここのお母さん（お父さんはいません）は病気だそうで、「働きに行けない」と言います。ワンニーちゃんは四人兄弟の二番目。一七歳の兄、中学校一年生の弟、そして小学二年生の弟がいます。大黒柱は長男で、お金がなくって小学五年生で中退し、それからは賃金の安い肉体労働をしているようです。今も期間労働者として建設作業に携わっていて、一日の稼ぎは五ドルと言います。この稼ぎは悪くないのですが、工事が終わればまた無職となって仕事を探す必要があります。

お兄さんが頑張っていますが、ワンニーちゃんが学校をやめざるをえないという状況も考えられます。自転車をゲットしたのだから通学時間は短縮されます。その時間で何か手伝って、収入を得ながら頑張ってほしいところです。

彼女の成績は四二人中六位と言います。頑張って通学していることうした家庭の子どもたちの多くが成績優秀です。置かれた状況を理

成績優秀なワンニーちゃん

解しているから一生懸命勉強するようです。勉強が大好きで、将来は先生になりたいと言っていました。

家庭訪問のお礼を手わたしていると、奥のほうから弟が出てきました。そして、最後の記念写真のときには次男も出てきてくれました。「みんなでお母さんを大事にしてね。お兄ちゃんも頑張ってるんだから、一生懸命勉強して、みんなで家族を守っていくんだよ」と言って別れました。

家庭訪問のあとに昼食。そして、次の学校に行くまでの時間を利用して、チャンディーさんが観光スポットにもなっている塩田に連れていってくれました。海に近いカンポット州は、カンボジアで唯一塩をつくっているところで、輸出するぐらいの規模となっています。それにしてもこの塩田……規模がでかい！　ここにも期間労働者が集まってくるそうで、労働者が塩を収穫して集積所に集めていきます。その収穫量に応じて給料が支払われると言います。肌が塩で焼けるほど過酷な労働環境ですが、現金収入を求めてたくさんの労働者が集まってくるようです。

塩田のあと、二校目となるロンチャーシモン中学校にやって来ました。前日にセレモニーが開かれた学校です。校庭でたくさんの子どもが遊んでいます。修理開始まで三〇分あります。うーん、遊びたい……遊びたいぞと思い、持ってきた軍手をクルクルと丸めて柔らかボールをつくりました。目の前の女の子にボールをやさしく投げてあげると、一回目は無視。キャッチするそぶりを見せると、納得した様子で二回目はキャッチして投げ返してくれました。続けていると、どんどん子どもが集まってきました。一個じゃつまらないなぁーというわけで、二個目の軍手ボールを使って二個同時のキャッチボール。さらに三個目。このへんが限界やな……というわけで、三個同時のキャッチボールでずっと遊んでいました。

「あっ、そうや！」と思いついて、『指さし会話帳』の数字が書かれているページを開きました。ムオイ（１）、ピー（２）、バイ（３）……落とさずに続けた回数を言っていけば、私も数字を覚えられるという一石二鳥です。ムオイ、ピー、バイ、ブオン、プラム、プラムムオイ、プラムプル、プラムバイ、プラムブオン、ドップ……、そう簡単には覚えられません。

予定時間となったので自転車クラブの設立です。早速、修理大会のスタート！　私も、ブレーキワイヤー交換を手伝いました。そして、自転車クラブのプレートを仮止めしたあと私からメッセージを伝え、子どもたちからのお礼メッセージを録画して終了です。今日はスケジュールがゆっくりだし、楽勝だったなぁ……と油断していたら、このあと結構きつかったです。

学校を後にしてプノンペンへ。往きは二日がかりで来た道程、車だと約三時間です。渋滞があって四時間ぐらいでしたが、その間、ずっーと車酔いでした。もう何十年も車酔いなんかしたことはないんですが……。青ざめた顔で、ビニール袋片手になんとか

軍手ボールで遊んだ子どもたち

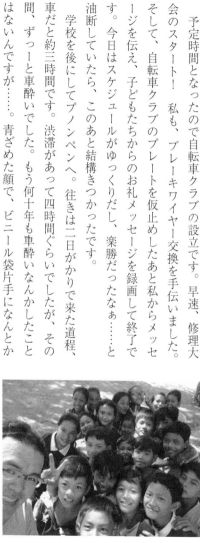

こらえてプノンペン到着。そして、いつものホテルに行ってみたらまさかの満室……。ここのホテルがトゥクトゥクドライバージョンの拠点なんだけど、仕方ないなーというか、そんなこと言ってはいられないほどの激酔いでした。

ドライバーとチャンディーさんに協力してもらい、空いているホテルを探しました。結局、中心街は諦めて、チャンディーさんのオフィス近くにあるホテルを確保しました。チャンディーさん御用達のホテル、何の手続きもしないまま部屋に直行。着てる服だけを脱いでベッドへダイビング、そのまま寝てしまいました。やはり、体調が万全でないと思いもよらない支障をきたします。ちなみに下痢、まだ治まっていません。いつまで続くのやら……。

7 「自転車プロジェクト2017」三日目――久しぶりのリンナちゃん

自転車プロジェクトの最終日です。前日まではプノンペンの南に位置するカンポット州での開催でしたが、今日は逆、北側に位置するコンポンチュナン州での開催です。この日のミッションは目白押しです。まずは自転車三七台のプレゼントと、自転車クラブを一か所設立。そして、二〇一六年に設立した五か所の自転車クラブへ交換部品の追加提供です。さらに、私にとっては大事な目的、毎年会っている奨学生のリンナちゃんとの再会です。

コンポンチュナン州に向かう道中、チャンディーさんがポル・ポト時代の話をしてくれました。前述したように、チャンディーさんは一九七〇年代に起こったポル・ポト大虐殺で生き残った人です。四人に一人、しかも知識人とその家族を中心に虐殺が行われました。当時、チャンディーさんはプノンペンに住んでいて、ほかの人たちと同じく農作業をするために農村エリアへ強制移住となりました。そのとき十代の前半です。帰ってくるまでの数年間で、家族、親戚の一〇人近くが虐殺されたそうです。

ポル・ポト政権が終わり、プノンペンに帰ってきたチャンディーさんは、エンジニアや建設の仕事などをしながら勉強を続けました。独学で英語を習得したのもこのころです。日本がＯＤＡでインフラ整備に協力していたころ、英語とクメール語の両方できるチャンディーさんは重宝されたそうで、有名ゼネコンの現場を渡り歩いたと言います。

ポル・ポト時代のようなことが二度と起こってはなりません。そのために何が必要か。チャンディーさんの結論は明確で、「子どもへの教育」でした。だから、今の仕事を自分の使命だと思って頑張っているのです。

私は、ポル・ポトのことは本で勉強したぐらいしか知りません。しかし、自分自身の信念に従い、すべての子どもたちが笑いながら将来の夢を語れる世界を願ってこのプロジェクトをやっています。そんな私の想いとチャンディーさんの想いが結びついたわけです。縁って不思議なものです。チャンディーさん、これからもよろしくお願いします！

コンポンチュナン州に到着しました。まず訪れたのはチャーシムコンポントラッチ中学校。コンポンチュナン州に六個目の自転車クラブが、ここに設立されることになります。みなさん出迎えて、待ってくれていました。そして、恒例のクロマープレゼント。今日は、チャンディーさんにもクロマーがかけられました。お互いに照れ笑いです。さらに、校門ではピアニカ隊がステキな音楽を奏でてくれていましたの（QRコード参照）。そして入場。昨年の横断幕、残しておいてくれました。少し修正を加えて再利用、こういう心掛け大切です。

校庭には、たくさんの子どもたちが集まっていました。来賓紹介のあと歓迎の歌です。前日もありましたが、やはり全員起立するので国歌なのでしょうか。Youtubeで聴いてみたのですが、違うような感じもします。みなさんも聞いてください（QRコード参照）。そして、どなたか知っていたら教えて下さい。

次は、感謝の意を込めたメッセージです。そのあと、私のスピーチです。今日は、昨日の反省をして、隣に立つチャンディーさんに原稿が見えるようにしました。これで通訳もばっちりです。

自転車プレートが付けられ、パンク修理キットや自転車修理マニュ

歓迎の曲を奏でる
ピアニカ隊

アル、軍手などを備えた自転車が三七台並んでいます。自転車クラブ用の工具や設立済みの自転車クラブ用の交換部品が机の上に並べられています。これでどれぐらいの自転車が蘇るでしょうか。とても楽しみでワクワクします！

ちなみに、この年の自転車プロジェクトは、自転車と自転車クラブの協力を募っただけで、パーツ補給は募集せずに私個人からの提供としました。そのため結構な金額になってしまい、（来年はパーツ補給の協力者も募らなくては……）と思った次第です。

しかし、そんな思いが一掃されてしまいました。なんと、昨年と今年の功績に対してコンポンチュナン州から感謝状をいただいたのです。私もうれしかったのですが、チャンディーさんの分があったことが本当にうれしかったです。いつも裏方に徹して、毎日農村エリアを駆け回っているチャンディーさん。今朝、若いころの体験と教育支援にかける思いを聞かせてもらったあとだけに、この感謝状、最高のプレゼントでした。

さて、この感謝状、私の事務所に飾っています。実物を見たい人は事務所まで遊びに来てください。カンボジア産ドリップコーヒーでお

チャンディーさんと原稿を確認しながらスピーチ

もてなしをさせていただきます。

このあと、州の偉い方のスピーチを経てから記念写真。三七人と三七台、ずらっと並んで圧巻でした。そして、三七人の個別撮影をして、そのまま自転車クラブの設立に移りました。すぐに部長と副部長が決まり、自転車クラブの部屋の入り口に自転車プレートを取り付けたあと、みんなに集まってもらってメッセージを伝えました。これで、四か所の自転車クラブの設立がすべて完了です！　二〇一七年も、たくさんの笑顔に出会えました。

昼食を終えて、昨年も訪問したチバチュロイ中学校に向かいました。自転車クラブの入り口には、昨年取り付けたプレートがありました。一年経ってもビクともしていません。雨風に強いプレートを作成しておいてよかったです。補充された修理パーツで、たくさんの自転車が再び息を吹き返すことでしょう。

自転車クラブを見学している間に、昨年自転車をプレゼントした学生さんが集まってきました。プレートを付けて走ってくれている人、外していたけど家から慌てて持ってきた人とさまざまです。でも、とにかくうれしい。自転車クラブの同窓会のようです。

感謝状をもらう

そして、もう一校、自転車クラブ第一号となるアンスレイ中学校です。ここも自転車クラブのプレートはビクともしていません。しかし、昨年プレゼントした自転車に付けられたプレートは陽に焼けて色が変わってしまっています。それに、自転車の変わりようもすごかったです。修理パーツを持ってきたから、再び修理して大事に乗ってほしいです。

二〇一六年に設立した自転車クラブは五か所ですが、時間がなくて残りの三か所は訪問することができませんでした。でも、修理パーツの補充はしましたから、自転車クラブは存続します。

最後は、奨学生であるリンナちゃんの家庭への訪問です。中学一年生から支援して丸二年、中学三年生ということになります。「ソクサバーイティアテー？（元気にしてる？）」と話しかけると、「チャー、ソクサバーイ（はい、元気です！）」という返事でした。会話が成立しました。

これまでどおり、彼女は家の手伝いをしながら学校に通っています。最初に来たときにも見せてくれた薬草茶用のハーブ集め、これも続けているそうです。でも、ずっと育てていたたくさんの鶏が病気になって全滅してしまった、と言っていました。

学校生活のことも聞いてみました。すると、リンナちゃんが泣き出してしまいました。今年で奨学金は終わりです。「もっと勉強続けたい……」と、泣いてしまったのです。「泣かないで、そのことを話しに来たんだから」と伝えて、少し落ち着いてもらいました。

私は、奨学金支援を日本の民際センターを経由して行っています。しかし、民際センターは中学生が支援の対象となっています。チャンディーさんに相談したら、高校に通うための支援の道がほかにあると言います。事前に民際センターに確認をとったところ、「チャンディーさんがＯＫであれば問題ない」という承諾を得ていました。

もちろん、高校に行くためには試験にパスしなければなりません。高校は遠いのですが、通えない距離ではないそうです。もし、通えない距離であれば寮に入る必要があり、サポートに必要な奨学金が何倍にも膨れ上がります。それが、彼女には、前年に自転車をプレゼントしています。それが、彼女を高校に行くことに近づけるのです！　まずは試験に合格してほしいです。奨学金は何とかなる、何とかしてみせます。

何とか、笑顔に戻ってくれました。再びいろいろと話を聞いてみました。お祖母ちゃんも元気そうです。プレゼントした自転車もきれいに使ってくれていました。そして、リンナちゃんのお兄さんは、中学校を卒業してからプノンペンで氷を販売する店で働いているとのことです。一か月の収入が一〇〇ドルで、時々帰ってきては家族のためにお金を置いていくようです。そして彼女も、一か月半ほど続く長い休みのときは、お兄さんのところを拠点にして、パンの販売というアルバイトをしていると言っていました。

リンナちゃんと別れてプノンペンに帰ってきました。本日の予

大きくなったリンナちゃんと記念撮影

定をすべて終え、チャンディーさんにホテルまで送ってもらってひと段落。みんなで打ち上げの夕食をしたかったのですが、私のお腹を気遣っていただき、このままお開きとなってしまいました。

気がかりなのは、ジョンのことです。電話をしてみましたが、相変わらず「通話のお金が足りません」というメッセージが流れます。どうして通話ができないのか、相談するために携帯ショップまで行ってみました。

「あーこのSIMカードね。データ通信のみだから、通話したけりゃチャージしないと」

えっ、そりゃないよ……。そのおかげで、どんなに怖い思いをしたことか。「通話のお金がない」というメッセージは、ジョンではなく私自身だったのです。チャージ用のスクラッチカードを五ドル分買ってチャージ完了。あっさり、ジョンとも通話ができました。そして、まだ下痢が治らないから実家には遊びに行けないこと、自転車プロジェクトは無事に終わってプノンペンに戻ってきたこと、明日また電話することなどをジョンに伝えました。

ホテルに戻る途中、ヤシの実ジュース屋を見つけました。一つ注文しました。これ、ほんまにおいしい！　これが、自転車プロジェクト完了の祝杯となりました。

8　残りの二日間、ぶらーりぶらーりしてから帰国

九日と一〇日の二日間、ジョンの実家に遊びにも行けず、空いた時間をどうしようかと考えました

が、やるべきことは一つしかありません。返礼品用のコーヒー豆を買うぐらいです。

お昼ぐらいまでホテルで過ごし、ジョンに電話をして、「セントラルマーケットに行きたいから迎えにきて〜！」とお願いしました。すると、翌日の一〇日、実家に一旦帰ると言います。慌ただしいけど、これが旅のお別れになりそうです。寂しいけど、仕方がありません。

セントラルマーケットに到着。昨年と同じく、マーケットの近くにあるコーヒー豆屋で購入しました。カンボジアには、パイリン地方とモンドルキリ地方というコーヒー産地があります。栽培されているコーヒー豆はロブスタ種とアラビカ種です。支援者への返礼品用として、各地方の二種をそれぞれ二・五キロ注文しました。これで、ドリップコーヒーバッグが約一〇〇〇個できます。

予備日の二日目、最後の日に絶対にやりたいことは、「メコン川でかんぱーい！」という締めの儀式です。その前に、プノンペン駅を見に行くことにしました。

プノンペン駅の横には、昔の車両などが展示されていました。誰もいません。運行は金曜日、土曜日、日曜日だけです。プノンペンを出て、タケオ、カンポットを経てシハヌークビルが終点です。シハヌークビルはカンボジアで一番のリゾート地、きれいなビーチもあって外国人に人気のところです。そう、観光目的で使

プノンペン駅

われる鉄道なのです。だから、金土日だけの運行となっています。時刻表を確認すると、プノンペン発が七時と一六時の二本だけでした。

駅を後にして、娘へのおみやげを購入して、途中で見つけたクメール式マッサージの店によってメコン川に到着。正確には、ここからは「トンレサップ川」と言います。ちょうど合流地点です。念願の「メコン川で乾杯！」です。自転車プロジェクトが無事に終わったことに感謝して、チュルモーイ（かんぱーい）！　これで任務はすべて終了です。街を散策しながらホテルに戻ったのですが、途中、交差点で日本製の信号機をたくさん見かけました。そこだけを見ていると日本の交差点と間違えそうです。「FRIENDSHIP」と書いていましたので、日本の協力で設置されているようです。日本が造った友好橋をいくつか見ましたが、こちらは「友好橋」ならぬ「友好信号」となります。

翌日、空港に向かって、お昼の便でプノンペンを後にします。長かったような、短かったような……。いきなり体調を壊して、それでもマラソンを走り、自転車で一五〇キロ走ったときにはホテルが見つからなくってさまよったりして、（なんで、こんなことやってるんやろ……）って思ったときもありました。でも、子どもたちの笑顔を見たいし、みんなに会いたかったのです。それに、日本の仲間が応援してくれています。さまざまなことを背負っていることで、何とか乗り切れたように思います。

いよいよ最終日、食事をすませ、ジョンのファミリー、チャイヤに電話してホテルまで迎えに来てもらいました。ジョンは実家に帰っています。携帯にかけてみたのですが、つながりませんでした。空港で最後の記念撮影をして、ハグをして「See you later」でお別れです。やはり、「またね」がもっともふさわしい言葉です。ジョンや友達のみんなにもよろしく伝えてほしい、とお願いしました。

出国審査も難なく終えて搭乗ロビーへ。帰国の便も台北でトランジットの時間が一二時間ほどあったので、台北の街に出て散策したり晩ご飯を食べたりして空港にトンボ返り。一夜明けて、早朝に再び搭乗。関空行きということもあって、台湾で旅行を楽しんだ人たちでいっぱいでした。ようやく「日本に帰ってきた……」という思いで、実はかなりほっとしました。とくに、お腹が一番ひどかったときは心細かったのです。

返礼品の数々

帰国してからおよそ二か月間、協力してくれたみなさんへの返礼品の発送準備をしていました。お礼の手紙、活動の様子を撮影した写真、そしてカンボジアコーヒーとクロマー、最後に宛先を記して投函。これで、二〇一七年の活動がすべて完了しました。

第6章

二〇一八年の活動記録

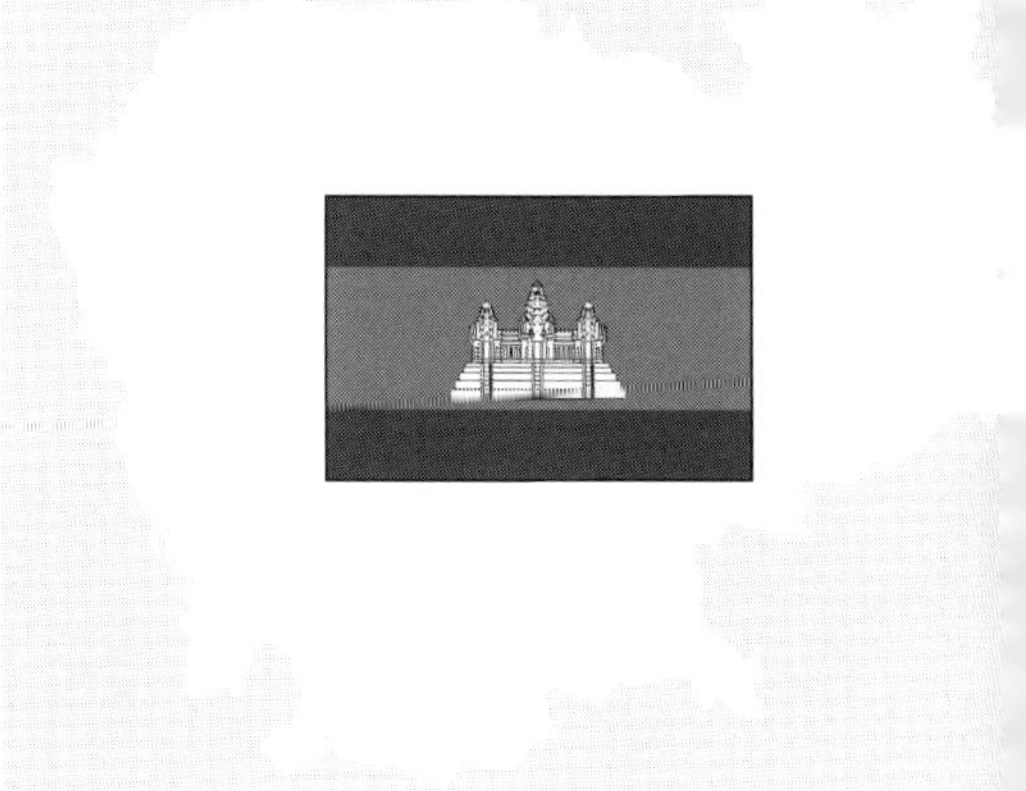

1 渡航までの準備期間、本当にいろいろありました！

二〇一八年二月上旬、協力者への返礼品の発送をすませてひと段落。これまでに二回のプロジェクトを終え、自然の流れで三回目となるプロジェクトを二月一八日に開始し、協力者の募集を開始しました。昨年のプロジェクトで、既存の自転車クラブへのパーツ補給を個人で続けていくのは不可能と判断し、「補給コース」も五万円（税別）で募集することにしました。目標は、自転車一〇〇台、自転車クラブ五か所、そして補給が九か所です。

二〇一八年もクラウドファンディング

早々に、クラウドファンディングへの再挑戦を決めていました。五月ごろ、昨年お世話になった「Readyfor」の遠藤さんにメールで連絡し、七月ごろにはプロジェクトページを作成して、八月二〇日から一〇月一日まで募集することになりました。悩んだのは目標金額です。前回は手堅い目標設定（三〇万円）としましたが、今回は一二〇万円にしました。手数料を除いて一〇〇万円を残したいからです。達成できるか、すごく不安でした。やるべきことは全部やろうと誓い、「新着情報を毎日欠かさず更新」しました。

遠藤さんが、「開始早々、まずはこれまでのご支援者に協力をお願いするほうがいいです。初めての人がプロジェクトページを見たとき、ある程度支援が集まっているほうが印象もいいからです」と教えてくれたので、これまで支援をいただいた七七名にコーヒーのドリップバッグを一つずつ付けて、ラブレターを送ることにしました。同時に、フェイスブックのメッセンジャーやメールでも協力願いを送信しました。

これらの活動もあって、開始一週間で三六万円（三七名）の支援を集めることができました。ところで、クラウドファンディングの募集期間中はスタートダッシュと最後の「追い込み期間」に支援がたくさん集まります。その間は、申し込みが少し落ち着くようです。そのように教えてもらっていましたが、やはりその期間はとても不安なものです。

プロジェクトがはじまって、温かい返事をくれる人もいましたが、返信をくれない人や「友達」を解除した人もいました。さらに、クレームの声もありました。とくに、「善意を押し付けるな！」とか「自己満足に人を巻き込むな！」という言葉が胸に突き刺さりました。そこで、「自己満足のために誰かを不快にしたり傷つけたりしてはいけない」ということを心に決めました。そして九月二三日、残り一週間となりました。再び支援のお願いです。

「残り一週間なんです！」、「残り五日なんです！」、「残り三日なんです！」と、いろいろなところで発信しました。そして、残り三日の時点で九〇パーセント、あと一二万円というところまで来ました。

私の活動を知っており、理解してくれている人たちに再び支援のお願いメッセージを送りました。そうしたら、朝からどんどん支援の申し込みが集まりました。そして、一二万円どころか、その日だ

図　クラウドファンディングページの訪問者数と支援金額の推移

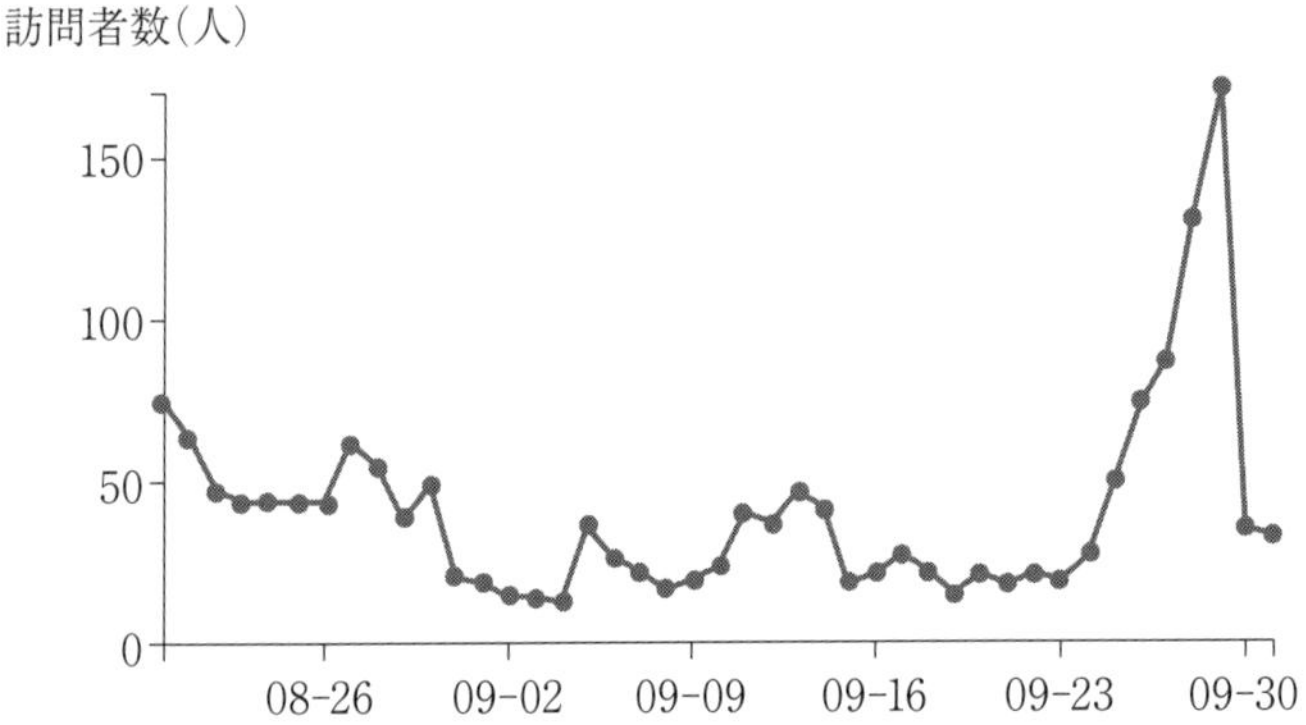

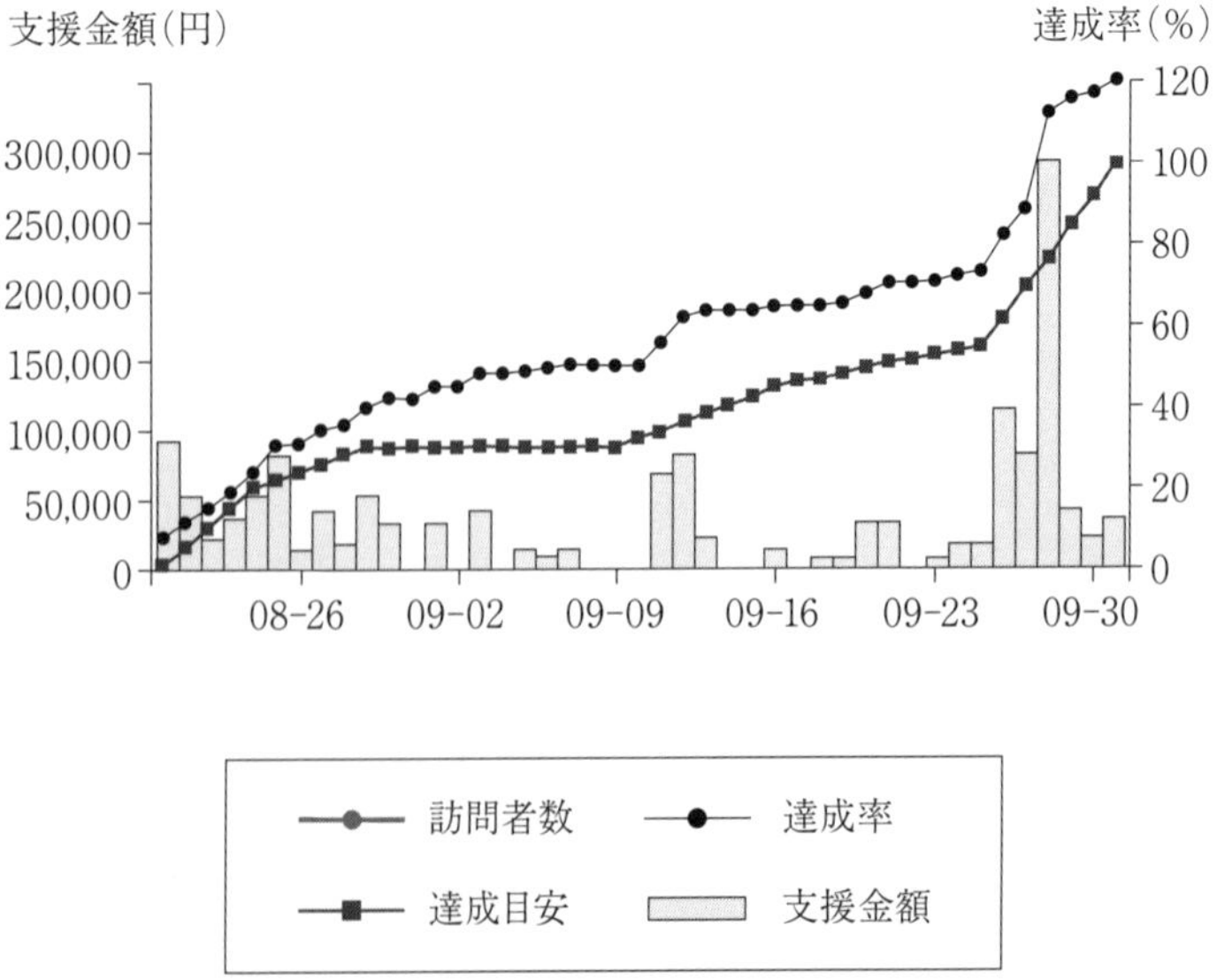

けで二八万五〇〇〇円もの支援が集まったのです。なかには、「まだ足りないか！」と、何度も申し込みをしてくれた人がいました。最終的に一一六人から支援をいただき、達成率一一一パーセントとなりました。ご協力いただいたみなさんに感謝です。そして、カンボジアの子どもたちに、「日本には君たちを応援している人たちがたくさんたくさんいます！」と、必ず伝えようと誓いました。

カンボジア自転車プロジェクトの本を出したい！

カンボジアの子どもたちの支援をはじめたのは二〇一五年九月、そこから二年以上が経過したころ、この間の出来事を振り返っていました。この活動内容を通して自分にもさまざまな気付きがあって、成長させていただきました。こうした活動を通してカンボジアのことを知ってほしいし、自らの人生を切り開くことの楽しさ・喜びを伝えたいと思って「本を出したい」と思うようになりました。難しいかもしれないけれど、チャレンジしてみようと思い立ったのです。

過去に出版したときと同じく、出版企画書を作成して出版社に送りまくるという作戦にしました。少しずつ日にちを開けて、さまざまな出版社に郵送いたしました。少しずつです。（一度にたくさん送って、複数の出版社から同時にオファーがあったら困るやん！）と思ってのことですが、オファーが一度に押し寄せるなんてことはありませんでした。

いくつかの出版社から、「自費出版なら弊社にもそうしたサービスがありますが？」という電話がかかってきました。出版のための一つの方法ですが、言葉を換えれば、「自分ですべてのお金を出すなら出版可能です」ということです。だから、その手段は最終手段として、もう少し企画書の送付を続けることにしました。そして、四か月ほど経った六月に一通のメールが届きました。

「正式に検討させていただく前に、いくつかお尋ねをします」

箸にも棒にもかからないと思っていたものが、少し引っかかったのです。早速、返信メールを送りました。すると……、「まだ正式に出版を決定することはできないのですが、社長が自転車という企画に興味をもっている。会うことはできないか?」という内容の返信が届いたのです。すぐに「行きます!」と返事をして、七月一一日に社長と面談しました。その出版社とは、もちろん本書の出版社である新評論です。

そこから、執筆という「産みの苦しみ」がはじまりました。「まえがき」を入稿するのに二か月。第1章を入稿するのに、そこからさらに半年後。ちなみに、出版企画書に書いた目次案は二〇一七年の活動内容まででしたから、二〇一八年一二月の自転車プロジェクトをまたいでしまい、1章増えてしまいました。

武市社長から、「忙しいと思うけどがんばってな!」というメッセージが入りました。ダラダラしてたらあかん、ということで、頼れるコーチ(次項で説明)の力も借りて本腰を入れました! でも、やはり筆は遅い。みなさんが今読まれているこの場所は二〇一九年九月に書いています。いったい、出版はいつになるのでしょうか。でも、とてもワクワクしていました。

コーチの福住昌子さん

前述の「コーチ」について説明します。私にとっては、人生を変えてもらった大恩人の一人です。

「目標を掲げても全然達成できない……頑張る！　と決めても三日坊主」

こんな人、とても多いと思います。私もその一人で、子どものころから何度もダイエットにチャレンジしては失敗を繰り返してきました。英会話の習得も同じで、学生時代に英会話教室に通うもすぐに行かなくなり、授業料を無駄にしていました。ダイエットに英会話、両方とも誰もが一度は目標を定めて、そして諦めたことがあるでしょう。

そんななか、将来仕事で英会話が必要になるだろうと再度志すことにしましたが、すぐに諦める自分の性格を鑑みて、「やり方を変えてみよう」と思い立ちました。ほかにも達成したい目標があったため、それを共有し、モチベーションを高めるためのコーチングを受けようと思ったのです。二〇一四年一月、仕事の先輩でもある福住昌子さん（https://www.hitonowa.biz/）がコーチングを提供していることを知っていましたので、すぐに相談しました。

コーチングの最初はオリエンテーション。大阪・難波のスターバックスで二時間ほど受けました。二〇一四年

コーチの福住さん

の目標として三つ（ダイエット、出版、英会話）掲げていましたが、福住さんに月に一度のコーチングを受けながら、びっくりすることに、それをすべて達成することができたのです。そして、二年目はさらに減量し、二冊目の本を出版し、そして「TOEIC795点」を取りました。

今でも福住さんのコーチングを続けています。毎月、「執筆たいへーん！　進まなーい！」とあきらめオーラを出しまくる私に、あの手この手を尽くしてモチベーションを上げてくれるのです。前に進むことの楽しさ、目標を達成することの楽しさを教えてくれました。

カンボジアの大学でも講演したい！

実は、二〇一七年のプロジェクトのあと、ある人が機会をくれてインドの大学で「日本の文化と経営手法」というテーマで講演をしています。海外講演なんて初めてでしたが、この経験を生かしたいと考え、「カンボジアの大学でも講演させてもらおう！」と思い立ちました。でも、カンボジアの大学にツテはありません。「そうだ！　チャンディーさんなら知り合いがいるかも！」と考え、チャンディーさんに紹介してほしいとお願いしました。すぐさま返事が届き、プノンペン大学のラヴィ先生の連絡先を教えてもらいました。

ネットで調べたら、「王立プノンペン大学」とあります。ホームページ（http://www.rupp.edu.kh/）を見てもなんだかすごそうです。ちょっとびびってしまったのですが、まぁ当たって砕けろということで、ラヴィ先生にコンタクトを取ってみました。

ラヴィ先生、はじめまして。私の名前は安田勝也と申します。

ＥＤＦカンボジアのチャンディーさんを覚えておられますでしょうか。私は先日彼に大学の知り合い・友人はいないかと尋ねたのです。目的は、大学で無料出張講義をするためです。私は日本で経営コンサルタントの仕事をしています。今、自分の仕事を海外に広げていこうと努力しているところです。昨年の一二月、インドの大学で講演させていただく機会がありました。そのときのテーマは「日本の文化と経営手法」というものです。そのときの写真を添付しております。

私は、チャンディーさんとともにカンボジアの農村エリアの中学生を支援する活動をしています。私にチャンスをいただけないでしょうか。ご検討よろしくお願いいたします。

このような文面でラヴィ先生のメールアドレスに送信したのですが、ほとんどがエラーで返ってきます。一〇回に一度ぐらいしか届いていないみたいです。まぁ気長に送り続けるかと、数か月送り続けました。そして、ようやく五月三一日に返事が届きました。「観光学部がいいだろう」ということで、同学部のトゥーチ先生を紹介してもらいました。

その後、トゥーチ先生とメールで何度かやり取りをして講義の詳細を打ち合わせ、一二月一七日に実施することが決まりました。しっかりと準備して、さらに英語の練習を頑張りました。振り返れば、インドでの講演のときはほぼ原稿を読んでいただけで、プレゼンテーションとしては決して人を惹きつけるようなものではなかったのです。だから、少しでも原稿を頭に詰め込もうと決意しました。

そして、渡航準備

最終的に「Readyfor」に集まった金額は一四六万円。自転車一一七台と、自転車クラブおよび補給がそれぞれ七か所分となりました。正確には、自転車クラブと補給に関しては七か所分以上が集まったので、その分は自転車プレゼントのほうに算入しました。それに自分のホームページを経由して集まった分を合算して、自転車一五〇台、自転車クラブの新設五か所、補給が九か所となりました。自転車プレゼントは、目標の一〇〇台を五〇台も上回る結果となりました。

支援の内容が決まったのでチャンディーさんに早速送金して、私が担当するところの準備です。台数が多いので、嬉しい悲鳴を上げながら準備をしました。その内容は前年と同じです。前年の荷づくりリストに基づいて用意をし、スーツケースとバックパックに詰め込むわけですが、スーツケースは三〇キロ以内に収めなくてはなりません。家の体重計は昔ながらのアナログ、今ひとつ精度が気になりましたが、空港のチェックインカウンターではまさかの三〇・一キロ。見ていないふりをしていたら、受付の女性も気にしていない様子でパスしました。

2 訪問スケジュール——今年も楽しみたい!

クラウドファンディングの募集期間を終えて数日後、チャンディーさんにメールを送りました。私が支援している奨学生のリンナちゃんについてです。前述したように、カンボジアの学校は一一月が一年のスタートです。つまり、彼女が高校に進学する時期なのです。二〇一七年に訪問したとき、彼女は「もっと勉強を続けたい」と言って泣きました。それで、チャンディーさんに相談して、ダルニー奨学金と同じ仕組みではない形、つまり直接チャンディーさんに送金する形で支援を続けることにしていました。だから、「彼女、高校に進学できそう？」と尋ねたのです。

その返事は、「問題ない。彼女は高校に進学する試験をパスした」とありました。それでは急がねばと、チャンディーさんに約束した奨学金の六四〇ドル（一年分）を国際送金しました。チャンディーさんが、二回に分けてわたしてくれます。一度にわたしてしまうと親が使ってしまう可能性があるからです。その後、チャンディーさんから奨学金をわたしているところの写真が送られてきました。とうとう高校生になったリンナちゃん、今回のプロジェクトでも訪問したいと考えていました。

スケジュールはどうしようか？

そして、チャンディーさんに送ったメールがもう一つあります。それは、今回の自転車プロジェクトの実施時期についてです。本業を調整して、カンボジアの訪問時期を一二月七日～一八日まで確保しました。そこで、「一〇日からプロジェクトをはじめたい」とチャンディーさんに伝えました。もちろん、支援規模も伝えています。チャンディーさんから送られてきた提案は次のとおりでした。

・プロジェクトの実施は一一日（火）～一四日（金）まで。既存自転車クラブ九か所への補給についても写真撮影とビデオ撮影をしたいと伝えましたので、昨年より一日延びました。
・既設クラブを訪問するということは、二〇一六年に行ったコンポンチュナン州と翌年に行ったカンポット州の両方を訪れる必要があります。そのため、自転車寄贈のセレモニーも二か所で実施することにしました。

プノンペンを挟んで北側と南側、かなりハードなツアーになりそうです。でも、セレモニーが二回もあるというのは素敵なことですし、それが理由で、日本から友人が一緒に参加することになったのです。

自転車プロジェクトの様子を見てみたいという仲間

私とともにプロジェクトに参加することになったという友人は三人です。一人は、毎年このプロジェクトを応援してくれているPちゃん（実名は出さないでと言われています）。最初のコンポンチュナン州でのセレモニーと、次の日に参加してくれることになりました。

Pちゃん　プノンペンの空港までは自力で行くから、一緒に支援地まで行こう！
安田　去年と同じく、支援地まで自転車で向かう予定なんやけど、一緒に行く？
Pちゃん　それだけは絶対いや……。

安田　だったら、支援地での現地集合でいいかな？
Ｐちゃん　ジョンさんに、空港から支援地までお願いできない？

そうか、それはいいかもと思いました。前章で、ジョンは奥さんの手術代のために車を売ったとお伝えしました。でもその後、Facebookで「また車買ったよ！」と教えてくれていました。

「了解。じゃあ、ジョンにそのことを伝えておくよ」と返事をしてジョンに連絡しましたが、英語があまり得意でないので単語でのやり取りです。Ｐちゃんの到着予定は一二月九日だったので、「Dec 9th, Airport, My friend Mr. P, OK?」と連絡したところ、すぐに「ＯＫ！」という返事が届きました。そして、Ｐちゃんにもフェイスブックでつながってもらいました。あとはメッセンジャーでもやり取りができるのでひと安心です。

そして、あと二人。「有限会社ナンクルナイサァーケアネット」（https://nankur.com/）の乾亮二さん・由香さんご夫妻です。中小企業家同友会の仲間です。「Readyfor」のプロジェクトで協力のお願いをしたところ、「安田さんの活動に興味があったんです。一度詳しい話をお聞かせいただけませんか？」という返信をいただいていたのです。

このあと、すぐさま乾さんの会社を訪問して、このプロジェクトにかける思いとこれまでの活動内容をたっぷりと伝えました。その際、「タイミングが合えば是非行ってみたい！」と言われたので、スケジュールが決まったあとに再び乾さんと相談したところ、最終日がちょうど都合がよいということとで同行が決まったのです。来られるのは、カンポット州で二回目のセレモニーが開催される日となりました。

これで、だいたいの旅程が決まりました。今年も、プロジェクトの開催地の一つであるコンポンチュナン州までは自転車で行くことにしました。プノンペンからコンポンチュナン州の中心市街地までは九〇キロ、昨年よりは短い距離ですが、やはり一日だとしんどいので、途中、真ん中あたりにあるウドン（Oudong）という街で一泊することにしました。そして、忘れたらいけないのが一七日のプノンペン大学での講義です。

昨年の失敗から学び、宿泊場所については、一二月七日〜一七日までジョンがいるホテル「RS II」を予約しました。しかも、バルコニーがある少し高い部屋。といっても一泊一六ドルですが。バルコニー付きにしたのは洗濯したいからです。東南アジアの強烈な陽ざしであれば、洗濯物はあっという間に乾きます。また、コンポンチュナン州に出掛けている間も不要な荷物を置いておけるというメリットがあります。

今回、飛行機は「キャセイパシフィック」にしました。なぜかというと、プノンペン大学での講義を考えると、帰国の際、トランジットに時間をかけるだけの余裕がないのです。乗り継ぎが早く、一八日の朝にプノンペンを発ち、夜には戻ってこられる便を探したところ、キャセイパシフィックで見つけました。最終日の乗り継ぎ時間はなんと六五分でした！

3 いよいよ出発――今年もよろしくお願いします！

一二月六日、日本を発ちました。もう渡航もなれたものです。とくに問題も起こらず、愛しのカンボジアに到着です。入国審査を受けて荷物を受け取る。この次が大事です。昨年の二の舞はごめんです。

「二週間滞在します。データ通信と通話ができるSIMカードをください」とお願いし、通話の確認も行いました。ちなみに、私はいつも「Metfone」を使っています。最初に使ったのがこれで、農村エリアに行ってもしっかり使えたので気に入っています。ちょうどSIMカードの設定を終えたころ、ジョンから電話がありました。待ち合わせの時間より三〇分ほど早かったのですが、すでに空港まで来てくれていました。ジョンとの再会を熱い抱擁で喜び合い、いざ出発！

前述したように、ジョンは再び車を購入していました。しっかりと儲けているようです。ジョンに、「チャンディーさんと

新たに買った車で迎えに来てくれたジョン

打ち合わせしたいから、ホテルより先にEDFカンボジアに行って！」とお願いしました。車はエアコンが効いていてとても快適ですが、プノンペンは交通事情が悪くどこも大渋滞、結構時間がかかりました。

そして、「EDFカンボジア」の事務所でチャンディーさんと再会。スタッフのスナさんたちとも再会を果たし、簡単な打ち合わせをしました。もちろん、おみやげもわたしています。とはいえ、重量制限のある荷物はプロジェクトに関するものでいっぱいです。余裕が一キロしかなかったので、「ポケット白波」が五本でした。

打ち合わせを終えてホテルに向かって、早速洗濯です。バルコニー付き部屋はやっぱり快適です。バルコニーといっても専用の庭がついているわけではありません。道路に面している側を「バルコニー付き」と呼んでいるだけです。

ひと息ついてから、ジョンにオルセーマーケットまで連れていってもらうことにしました。中古自転車屋に行きたかったのです。ジョンのトゥクトゥクに乗って向かいました。やっぱりトゥクトゥクのほうが風、匂い、音、温度、湿度などがダイレクトに伝わってきて、「カンボジアに帰ってきた」としみじみ感じます。

ほどなく、オルセーマーケット近くの自転車屋に到着。昨年も、ここで自転車を購入しています。販売されているものはほとんどが中古自転車で、日本から送られたものが多いです。見分け方は簡単。防犯登録番号のシールを探せばいいのです。ジョンにも手伝ってもらいました。最初に店の人が出してきたのはパナソニック製の頑丈なやつ。でも、七〇ドルと少し高い。「こっちのやつは？」と、安そうな自転車に目をつけました。こっちは五〇ドル。でも、テストしてみるとブレーキの利きがよくありません。

「ほかにはないの？」と出してくれたのが黒い自転車。変速機付きなのに四〇ドル。鍵をつけてもらって合計四三ドル。これに決定です。籠を付けてもらったり、まだ子どものようなスタッフに微調整をしてもらったあと、自転車プレートを取り付けました。「自転車プロジェクト２０１８」の自転車ナンバーは「160番」。名付けて「安田号２０１８」です。「これで、明後日から九〇キロ離れたコンポンチュナンに行く」とスタッフに伝えたら、呆れた顔をしてました。

自転車をゲットしたので、ジョンとは一九時にホテル前で待ち合わせの約束をして一旦お別れ。このあと、オルセーマーケットです。実は、中に入るのは初めてなのです。入ってビックリ。中は格子状の通路になっていて、何百店という商店がひしめき合うように並んでいました。

面白いもん売ってへんかなぁ……と物色しつつ、いくつかの商店で品物を購入しましたが、その一つが生胡椒。私たちが通常目にする胡椒は乾燥させたものです。買ったのは摘んできた枝付き

自転車屋の子どもらと「安田号2018」

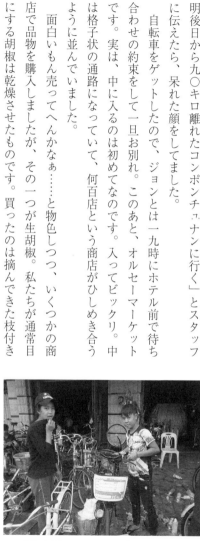

のもので、食べてみるとフレッシュな香りとスパイシーな風味。でも、すぐに乾燥してしまうので、生の状態で日本に持ち帰るのは難しいようです。言うまでもなく、英語はあまり通じません。だからいつもの『指さし会話帳』、買い物編のページを開いているとなんとかコミュニケーションができました。

マーケットを出たらすごい雨雲が出てきたのでホテルに戻ることにしました。土地勘ができてきたので、スムーズに自転車で到着。自転車で移動するのには危険な道路事情です。とはいえ、歩いているとそこら中からトゥクトゥクやバイクタクシーに声をかけられますが、自転車だとそれがないだけ気が楽です。

ホテルに戻ったら、早速、どしゃ降り。しばらくは止みそうにないので、ジョンとの待ち合わせの時間までホテルで過ごしたり、周辺を散策しました。もちろん、ホテルのそばを流れるメコン川の河川敷も散策。ビールを買っておけばよかったと思いましたが、これはあとの楽しみにとっておきます。

一九時、ジョンと合流していざ出陣。今回も焼肉屋かなぁ……と思っていたら、やっぱりそうでした。途中で、ジョンの親戚にあたるボナさんも参加して、楽しい宴となりました。ボナさんは二五歳、奥さんが待っていて、夕食を一緒に食べたいとノロケのひと言を残して途中で帰っていきました。ボナさんも出身地はジョンと同じくスベイリン州。自転車プロジェクトが終わったあとの週末、ジョンの実家に遊びに行くことになりました。ボナさんの実家は田んぼをやっているようで、ちょうど収穫時期だと言います。収穫の手伝いもしたいなぁと妄想を膨らませました。

「安田号2018」で街を散策！

プノンペン二日目の朝、なぜか、五時に目が覚めてしまいました。もう一度寝ようかと思ったのですが、せっかくなので朝ランをすることにしました。走るのはメコン川沿い。対岸には大きなホテルが見えます。回り道をしないといけないのですが、いつか行きたいなぁと思っていたので、すぐに出発することにしました。

早朝のプノンペンは走りやすく、河川敷ではたくさんの人たちがランニングやウォーキングを楽しんでいます。橋を渡るために北上していきます。目指す場所は、以前も行った日本とカンボジアの友好橋。「あれっ？」、工事中でした。仕方がないので、渋滞緩和のために北側に造られた中国の友好橋を渡りました。北側から工事の様子をのぞいてみました。時間が早いので、まだ工事ははじまっていません。ＪＩＣＡの旗があったので、ＪＩＣＡのプロジェクトで行われていることが分かります。施工は大林組。日本のゼネコンが活躍している姿を見るととてもうれしいです。そういえば、工事現場で日本と同じ「安全第一」の掲示を見つけました。手書きのところに、今月の標語として、「安全に気を配ることは、誰かを愛することと同じ」と書いてありました。

自分のため、家族のために「安全」はとっても大事なこと。日本では当たり前に行われていることが、東南アジアではまだそれほど進んでいません。現地のゼネコンには、「誰か死んだら、家族に一〇〇万円ぐらいわたしておけばいい！」と考えているところもあるようです。それで生活は続けられるでしょうが、子どもにとっては「お父ちゃん死んでもうた！」なんです。それだけに、日本の企業がＯＤＡなどを通して「安全」の大切さを現地企業に伝えることは本当に大切です。

出発地点から六キロほど、対岸に見えていたホテルにようやく到着。となります。こちらは「ソカ・プノンペンホテル」、五つ星のホテルです。宿泊費は、私が泊まっているゲストハウスの約一〇倍。ホテルの向こう側にはメコン川が広がり、ちょうど日の出でした。思わず、「めっちゃ、きれいやん！」と写真を撮ってしまいました。手前の岸には小さな船が見えました。漁船兼家のようです。水上生活なのでしょうか、子どもたちがいっぱい遊んでいました。

そして帰り道、友好橋の工事がはじまっていました。通行止めになっているため中国友好橋のほうには出られそうもありません。戻らないといけないかなぁと思いながら、現場の入り口にいたガードマンに聞いてみました。彼が言うには、「右手に民家が並んでて、裏通路が向こうにつながっているから通らしてもらえ！」でした。半信半疑で指をさしながら「ええの？　ほんまにええの？」と聞いたのですが、「早く行け！」の素振りだったので通らせてもらいました。下着姿で洗濯物をするおばさん、素っ裸で立ちションをする子どもたちに笑顔を振りまきながら通ったのですが、向こう側からも通行人が来たので、どうやら日常的に利用されている通路のようです。

無事にホテルに戻り、シャワーと洗濯をすませたあと、「安田号２０１８」で出掛けることにしました。しかし、いきなりアクシデント発生！　前輪タイヤの空気が抜けていたのです。パンクか？　でも、微妙に空気が残っていました。

日本から持ってきていた修理キットの出番です。携帯の空気入れでシュコシュコと空気を送り、バルブを抜くと「プシュー」と逆噴射。なんや虫ゴムかいなと、空気を入れる部分をバラして確認したところ、やはり虫ゴムがほとんど残っていませんでした。新しい虫ゴムに換えていざ出発です！　しかし、この作業を灼熱のなかでやったので、すでに汗びっしょりです。

最初に向かったのは書店です。大阪・阿倍野にあるクメール料理店を訪れたときにクメール語のドラえもんコミックを見つけて、ドラえもんが大好きな娘のおみやげにしようと思って、一・五ドルで購入しました。そのほかは、オルセーマーケット近くのコーヒー屋で返礼品にするコーヒー豆の買い物です。一二キロも買うんだからと思って、ちょっと質問してみました。

「ここで焙煎してるの？　もしよかったら、奥を見せてもらってもいいですか？」

返事は、快諾の「チャー！」。クメール語の「はい」は、女性が「チャー」、男性が「バー」となります。焙煎機は、店の奥に置かれていました。最近買い替えたのか、新しいものでした。ただ、このときは焙煎していませんでした。暑いですから、朝早くか夜にやっているのかもしれません。購入した一二キロのコーヒー豆、結構重いですが大丈夫。「安田号２０１８」の前籠に入れれば……全然入りませんでした。片手に一二キロの豆を持ったま

安田号2018

ま、ホテルまで帰りました。アグレッシブな道路事情のプノンペンを、曲芸みたいな乗り方で帰ってきたわけです。

そのあと、ホテルの近くで昼食を食べたのですが、隣を見るとマッサージ店でした。立て看板には「Blind People」とあります。潰れた店が移転してきたのでしょうか。値段も手ごろなんで、九〇分一〇ドルの全身コースをお願いしました。マッサージのあと、近くのオールドマーケットを散策しつつ晩ご飯をゲットしてホテルに戻り、明日からのチャリンコ旅に備えて早めに休むことにしました。

4 一泊二日のチャリンコ旅——コンポンチュナン州に向けてGO！

翌日の一二月九日（日）、いよいよ自転車プロジェクトの開催地であるコンポンチュナン州に移動です。二日間かけて自転車で移動します。初日の目的地は、途中にあるウドンという街。今年は九〇キロと短めなので、一つだけ冒険要素を加えてみました。それは、行き当たりばったりで宿を探してみるということです。

プノンペンのメコン川沿い、ウドンまでの道のりはとても簡単です。プノンペンが起点となっている国道5号線を真っ直ぐに行くだけで、迷う要素が一つもありません。とはいえ、お腹がすいていたので、走り出して早々、ローカル色たっぷりの店に立ち寄りました。私と同じような体型の男性が食べてるものを指さして、「にゃむばーい（ご飯食べる）」と伝えたら通じました。朝から、がっつりと肉丼です。スープとキュウリの漬物が付いて約六〇円。腹ごしらえができたので、改めて出発！

一本道をひた走ります。日差しが強いので、クロマーを頭に巻いて帽子代わりにしました。砂埃がすごいのでマスクも装着です。幸いメガネをしているので、目のほうのガードはばっちりですが、それだけに暑い！　昨年と同様、ガソリンスタンドで休憩をとりながらの旅となりました。少し郊外に出てきたので、見晴らしがよくなってきました。右手にトンレサップ川を見ながら走ると、田園風景に変わってきました。広い平野が続いています。

そして、二時間半ほどでウドンに到着。時間は午前一〇時、早めに出発してよかったです。実は、ウドンで観光がしたかったのです。ウドンは、かつてカンボジアの首都だったのです。一六一八年から一八六六年の約二五〇年間、王都が置かれ、たくさんの寺院が建立されました。そのなかでも有名なのが「ウドンの丘の仏塔群」です。

近くの売店でエナジードリンクを買いながら、『地球の歩き方』に掲載されている写真を指差して、ジェスチャーで道を尋ねます。どうやら、かなり来すぎているみたいで、戻る必要があるようです。何度か道を尋ねながら少しずつ戻っていきます。国道5号線沿いに大きな門がありました。よく見たら、観光客を乗せたトゥクトゥクがたくさんここで曲がっていきます。

「ウドンの丘」へ向かい、五キロほど走ると外国人向けの料金所があ

ウドンに到着

りました。外国人は、ここで一ドルを支払わなければなりません。さらに真っ直ぐ行くと駐車場と駐輪場があり、駐輪場で二〇〇〇リエル（約五〇円）を払って、「ウドンの丘」でのお参りのスタートです。

まず、入り口付近で花売り、線香売りの人たちに取り囲まれます。ほかの寺院でもよく見かける光景ですが、私はお賽銭を払うという日本式で行くことにし、通り抜けました。

ところで、この階段、五〇九段あるそうです。ずっーと階段。途中には、氷でキンキンに冷えた飲み物が売られていますが、それをぐっと我慢しました。たぶん、ビールだったら瞬殺で買ってしまったと思います。

猿もいました。手荷物を奪われる観光客が続出という光景、これは日本も同じです。頂上付近に到着すると、土足禁止エリアがありました。子どもたちが靴番をしてくれるので「ここに置いていけ」と言いますが、料金取られるので脱いだ靴は自分で持っていきました。ヘトヘトになりながら頂上に到着。景色最高、広がる平野を一望することができます。三六〇度の大パ

ウドンの丘

ノラマ、とても爽快でした。

今回お参りしたのは四つの仏塔です。一つ目は二〇〇二年に建立された新しい仏塔。二つ目は、一七世紀初頭にチャイ・チェターー王（一五七六～一六二八）が建てたと言われている仏塔、三つ目はアンドゥオン王（一七九八～一八五九）の遺骨が祀られていると言われる仏塔です。これは一九世紀中頃に建てられたもので、至る所に花をモチーフにしたタイルが施されていて素敵でした。そして、最後はモニヴォン王（一八七五～一九四一）の仏塔です。二〇世紀に建てられたとのことで、ウドンから王都が移ったあとということになります。ガルーダ、お花、象、アプサラの彫刻が施されていて、とても豪華なものでした。

ちょっと道を戻ることになりますが、国道5号線を走っているときに気になる看板を見つけました。「ジャパンハートこども医療センター」と書いてありました。ネットで調べてみると、二〇一六年に造られた病院ということで、子どものケアはもちろん、周産期治療や小児がんの治療も行われているそうです。

「ウドンの丘」からの帰り道、その病院の入り口で立ち話をしている二人のスタッフを見つけましたの

モニヴォン王の仏塔

で話しかけてみました。「Can you speak English?」と尋ねたら、「Yes!!というか、Japaneseです」という回答でした。お昼の休憩中だったようです。二人とも看護師で、国際協力に興味があってここの病院で働いているとのことでした。

手術室やレントゲン設備などもありますが、「まだまだ十分じゃない」と二人は言います。「CTが必要な場合はプノンペンの病院まで行く」と言っていましたが、近くのローカルな病院よりははるかに設備が整っているようです。偶然とはいえ、さまざまな話が聞けて貴重な体験となりました。

病院を後にして、いよいよ宿探しです。国道5号線沿いにゲストハウスの看板を二軒ほど見つけていたのですが、ウドンの町中を散策しながら探すことにしました。まだ午後一時なので余裕があります。エナジードリンクを売店で買って、グーグルマップで「Guest House」と検索すると、近くに二軒あることが分かりました。一軒は戻る方向、もう一軒は二〇〇メートルほどしか離れていないようなので行ってみることにしました。

すぐに見つかりました。中に入ってみると、気のよさそうなお母さんと茶髪の息子がお出迎え。「エアコン付きなら一〇ドル。無しなら五ドル」ということだったので、「部屋を見せてくれる?」とお願いしました。エアコン付きは快適そうなのですが、次に見た五ドルの部屋、風通しがよくてとっても清々しい。日差しは強いのですが、洗濯がよく乾きそうだと考えて五ドルの部屋にしました。トイレとシャワーもありましたが、トイレは一部破損、シャワーは水だけです。そんなもんです。それよりも、ミネラルウォーターと歯ブラシ、そしてシャンプーのアメニティがあったのにビックリしました。シャワーを浴びて、洗濯をして、乾くまでの間、ゆっくりとブログの更新などをしていました。

しばらくしてから、ウドンの街を散策するために出掛けました。やはり、プノンペンとは違って外国人観光客はいませんし、そうした顧客向けのお店もありません。ビール飲みたいなぁ……とウロウロしていたのですが、ほとんどの商店の冷蔵庫にはソフトドリンクしか入っていません。そんななか、ようやく見つけました。アンコールビール、二本で一ドルです。カンボジアでは、缶飲料を買うと必ずストローを付けてくれます。ビールをストローで飲むと酔いが回りそうですが、店の軒先で風景を見ながら飲んでいました。ひょっとしたら、すごく行儀の悪いことなのかもしれません。お店の人の視線がすごく気になりました。

ひと息ついたので、さらに散策をしていきます。ちょっとおしゃれなカフェでコーヒーを飲んだあと、晩ご飯をすませることにしました。見つけたのはローカルなラーメン屋です。英語がまったく通じないので、麺とスープと具を指さしてオーダーしたのですが、サンラータンのような酸っぱめのスープに軟らかなすじ肉が載ったラーメンでした。一・五ドル、とってもおいしかったです。

食べ終わったころには真っ暗です。昨年は、この暗さに加えてスコールが降ってきて、ホテルの場所が分からなくて彷徨いましたが、今日はスコールもないし、電話も使えるうえに、ホテルが決まっているので安心です。まだ六時前ですが、することもないのでホテルに帰ることにしました。

しかし、ホテルに帰ると問題発生。風通しがいいからクーラーなしでも快適と思っていたのですが、穴だらけの網戸から巨大昆虫が侵入してきて、しばらく格闘。結局は閉めきりとなり、どんどん温度が上がるなか、扇風機のダイヤルを強にしてしのぎました。翌日の朝は早く起きたいので、七時前には寝ることにしました。

夜が明けて一二月一〇日、実は、私の誕生日なのです。四七歳になった日は、とても思い出深いアクシデントの日となりました。その詳細はのちほど。

閉めきった部屋で扇風機だけ、結局、あまり熟睡ができませんでした。寝不足のまま五時に起き出し、準備をして六時に出発です。二日目は五五キロと昨日より少し長いので、お昼までに着ければという計画です。「安田号2018」に乗るのはこの日が最後となります。どこかの中学生がもらってくれる予定になっています。

いざ、スタートするも、どうも調子が出てきません。今考えれば、このあとの出来事を暗示していたのかもしれません。道路沿いの食堂で朝ご飯を食べることにしました。注文は『指さし会話帳』で、「バーイサイッモアン（鳥ごはん）」と注文しました。ガッツリ朝ごはん食べてエネルギー充填、改めてスタートです。

日も昇ってきて温度は急上昇。気持ちのいい景色が続くのですが、とにかく暑い。途中、何度もガソリンスタンドで休憩をとりました。完全に陽が昇ってきました。クロマーなしでは頭が焼けてしまいます。再び休憩。ヤシの実ジュースと携帯用の水を購入。そこから体調が急降下。まったく力が出ないのです。地図アプリで確認したら、あと一五キロぐらいのところまでは来ています。でも休憩、道端に座り込んでしまいました。

「熱中症？　寝不足？　さっき買ったお水？」――原因は分かりませんが、なんだか吐き気までしてきました。それでも、なんとかペダルを漕いでいきます。いよいよ、コンポンチュナン市に突入したことを知らせる看板。ここからはまだ少しあります。吐き気を我慢しての自転車旅、本当にしんどかったです。

途中、「Today's Coffee チェーン」のお店を発見！　ここで涼むことにしました。一番安いメニューのコーヒーを注文。でも、頼んだだけで一滴も飲めません。しばらく涼んでいたら回復するかなぁと思ってたら、込み上げてくるものが……。貴重品などが入ってるバックパックを片手にトイレにダッシュ。朝食、まったく消化してません。オゲゲの音、店に響いていたと思います。

再び席に着いて休憩としましたが、また来るかなぁ……大丈夫かなぁ……また来たぁーとなって、再度バックパック片手にトイレに突進。しかし、トイレに誰か入っている。我慢、我慢、我慢……あっ空いた、滑り込みでセーフでした！　回復しそうにないので、頑張ってホテルまで行き、寝ることにしました。地図アプリで調べてみたら一キロ弱、何とかたどり着けそうです。

ホテルに無事到着。受付の女性に、「めっちゃ体調わるいねん。チェックインの手続きあとにして、とりあえず眠らせてくれへん？」とお願いしたら、笑顔で快諾。通された部屋はダブルベッドの部屋。「予約はツインやで。今日は連れがあとから来るから、ツインでお願い！」と替えてもらってから横になりました。

連れというのは、Pちゃんのことです（二三二ページ参照）。前述したように、ずっと自転車プロジェクトに協力してくれています。今回は二日間だけ付き合ってくれることになっており、明日からはじまる自転車プロジェクトは朝が早いので前泊することになっていました。Pちゃんはプノンペン空港でジョンと合流して、ジョンの車でコンポンチュナンに向かい、道中で合流できればという計画にしていましたが、私の体調が理由でおじゃんとなりました。

　ホテルでへばっているところに、Pちゃんとジョンが到着。あらかじめカフェで吐いたことを伝えていたので、到着するやいなや、二人がポカリスエットとアクエリアスをてんこ盛りに買ってきてくれました。もし一人だったら、飲み物を買いに行くこともできず、かなりへばっていたことでしょう。三本を飲み干して、少し眠ることにしました。ジョンにはお礼も言えないままここでお別れです。

　ひと眠りすると、少し気分が回復してきました。とにかく日焼けがすごいので、身体を冷やしがてらシャワーを浴び、ついでに着ていた服の洗濯をしました。一方、Pちゃんは気を遣って外で食事をしていました。LINEで「そっち行くわ」と連絡して合流しましたが、食べる気にはなれないので飲み物だけで再会を祝いました。

「帰ってからどうする？　ひと眠りしてマーケットに行ってみる？」ということになり、お昼寝。しかし、身体がほてって寝付けなかったので、ブログを書いたり、翌日のスピーチの原稿を考えていました。そのあと、一緒にマーケットに向かいました。マーケットの近くは公園になっていて、芝生エリアには、たくさんの人たちが屋台で買ったご飯やビールを持って車座になっていました。プノンペンではあまり見られない光景です。若い人たちが中心でしたが、暑い夜、外で涼みながら楽しんでいるようです。

道々、Ｐちゃんといろいろ話しましたが、どうもまだ本調子ではありません。早々に切り上げてホテルに帰ることにしました。振り返ってみると、今年も大変な自転車旅でした。やはり熱中症が理由です。スポーツ飲料はしょっちゅう飲んでいたんですが、頭のほうです。クロマーを被っただけでは駄目だったようです。昨年のように、マラソン用の帽子を被るべきでした。これを忘れたのが敗因です。後日、このことを家内に話したら、「前の晩、暑いなか閉め切って寝たからちゃうか」ってことでした。それもあるかもしれません。

「自転車プロジェクト２０１８」一日目のはじまり！

さて、一二月一一日、いよいよ自転車プロジェクトのはじまりです。今回は、初日と最終日にセレモニーが開催されます。Ｐちゃんは一一日と一二日、乾さんご夫妻は一四日に参加されます。予定していた自転車の台数は一五〇台ですが、六台多い一五六台となりました。チャンディーさんに確認してみたら、「たくさん買ったのでおまけしてくれた」とのことでした。自転車プレートの予備が役に立ちました。

セレモニーが開かれるチャオモン中学校は、コンポンチュナンの中心地から四〇分ほど離れたところです。車で移動して、まずは校長先生のお出迎えです。そして、自転車をプレゼントされる子どもたちが通っている九校の校長先生たちも勢揃いして、すでに慣れたクロマーをかけてもらう儀式です。

毎年、クロマーをかけてくれるのは同じ先生です。今は、州の教育委員会に勤務しているそうです。

校門から生徒が並んでいる様子、とても壮観です。私は、「チェリムアップスオ」と「スオスダイ」(両方とも「こんにちは」)をひたすら繰り返しました。そして、セレモニーの会場に到着。こちらに並んでいる自転車は一〇五台、新たに設置される自転車クラブ五か所分の工具や消耗品も並んでいました。こちらも壮観です。

セレモニーの開始前に、それぞれの自転車にパンク修理キットなどを配布していきます。そして、一番大切な自転車プレート、ワイヤーとセットにしてわたし、各自の自転車に取り付けてもらいました。準備完了、みなさん席についてセレモニーのはじまりです。最初は、全員起立しての国歌斉唱。そのあと、なんと子どもたちが伝統舞踊を披露してくれました。自転車プロジェクト三年目にして初めてのこと、とてもうれしかったです。地元の文化に触れるのって、本当に素敵です。

踊りの披露は一つではありませんでした。次はココナッツダンス。男女がペアになって、持っているココナッツを打ち鳴らします。黄色い上着の女の子とペアの男の子は終始目を合わせて、笑顔で楽しそうでした。そして、次は漁師の踊り。こちらも男女ペアで、捕った魚を取り合ったり、じゃれ合ったりするという楽しいダンスでした。こういうダンスを見ていると、ちょっと涙腺が緩みます。「楽しそうだなぁ」、「学校でいっぱい練習するのかなぁ」、「踊る前は緊張したのかなぁ」、「うしろで一生懸命撮影しているのはお父さんお母さんかなぁ」とか考えてしまうのです。本当にいいものを見せてもらいました(**QRコード**参照)。

セレモニーは続きます。次はチャンディーさんの挨拶。当たり前ですが、私にはまったく理解できません。でも、時折うなずいて、分かっているフリだけはしました。そして、地区の教育長の話。ここからは話が長くなっていきます。子どもたちはもうダレダレで、ほとんど話を聞いていません。うしろの売店でアイスを買って食べている子どもがいたぐらいです。でも、先生は怒りませんでした。普通なのでしょう。

次が生徒代表によるお礼の言葉で、そして私のスピーチです。今朝、早起きしてつくった原稿、といっても昨年とほぼ同じです。変わったのはプレゼントする台数などですが、気持ちを込めて話しました。この年ならではのところだけ、紹介しておきます。

（前略）二日前になりますが、私はここへ自転車で来るためにプノンペンを出発しました。全部で九〇キロです。国道５号線をひたすら北上しました。ペダルを一回まわしても、自転車は少ししか進みません。でも、回し続けると九〇キロも進むことができるのです。これは勉強と似ています。今日一日頑張ったとしてもあまり変わりませんが、毎日それを続けると大きく変わります。みなさん、一人ひとりの未来が開けてくるのです。

自転車は一時間で一五キロ進みます。プノンペンまで九〇キロだから六時間です。プノンペンは世界とつながっています。この自転車が、みんなを世界につなげるのです。そのことを伝えたくって、二日間、一生懸命頑張りました。（後略）

スピーチのあと、私が持ってきたアイテムの説明です。まずは大事な自転車プレート、「外さないでね！」と強調しておきました。そして、自転車修理マニュアルと軍手に名刺です。名刺をかざしながら、「いつかスマホを持つようになったら、メールかフェイスブックで連絡をください」と伝えています。いつの日か、メッセージが届くことをささやかな楽しみにしています。

セレモニーもいよいよ終盤、全員集合で記念撮影です。子どもたちに囲まれてとても幸せな気分でした。この一年間、頑張ってきて本当によかったと思える瞬間です。ご協力いただいたみなさん、本当にありがとうございました！

セレモニーの終了後、一〇五人の生徒たちの写真撮影です。実は、この撮影の間、ずっと懸念していることがあったのです。一〇五台の自転車しかないはずなのに、手元のプレートがそれ以上に減っているのです。最後に集計すると、三枚足りなくなっていました。各校の校長先生になくなったナンバーを伝えて、回収依頼をしました。もし、見つからなければ予備のプレートがあるのですが、改めて印字をする必要があります。少し不安を残して、セレモニーは終了しました。

一枚一枚、子どもたちに手わたしするべきでした。プレートだけではなく、軍手やマニュアルなんかも、小分けにしていると混乱も少なくてすみそうです。この反省をふまえて、二〇一九年のプロジェクトでは滞りなく終了することができました。

ひと息ついて、同じ中学校で自転車クラブの設立です。こちらでは、先生が一生懸命修理の仕方を教えていました。例年でしたら、「俺、自転車屋の息子！」という生徒が出てくるのですが、この学校にはいなかったようです。そして、締めくくりは「ありがとうメッセージ」のビデオ撮影です。クメール語、英語、日本語の三パターンをビデオで撮影して終了です。これまでどおり、自転車クラブにご協力いただいた方々に、修理をしている様子や「ありがとうメッセージ」を送ります。

昼ご飯を食べてから、トールクポス中学校へ自転車クラブの設立に向かいました。二軒目の学校は、最近建て替えられたようで、なんと鉄筋三階建でした。こんな立派な学校、カンボジアで初めて見ました。聞くと、高校が併設されているということです。

そして、まずは修理大会の開始。みんなが必要な工具とパーツを取り出して、修理をしていきます。私はというと、後輪のブレーキ修理に悪戦苦闘しました。その後、メッセージビデオを撮るためにいったん工具備品を部屋に運び入れたのですが、ちょっとした間に、『指さし会話帳』を使ってコミュニケーション。名前、年齢、好きな教科など、なんとか質問できるようになりました。そして、最後の記念撮影。修理していたときよりも人数が減ったみたいですが、しっかりビデオに収めました。

本日最後の行程は、三つ目の自転車クラブの設立。カオカンダル中学校は、これまでによく見た平屋校舎の中学校です。なんだか、こっちのほうが落ち着いてしまいます。生徒たちが修理したい自転車を二台用意してくれていたので、早速、修理開始です。

いつも思うことですが、修理している自転車は、日本だったら完全に廃棄されるようなものばかりです。それらの多くは日本製で、防犯登録のオレンジシールが貼られていますが、経年劣化でしょうか、字はかすれて見えません。なかには、所有者名が書かれたものもあります。この所有者、自分の自転車がカンボジアで活躍しているとは想像もしていないでしょう。

　最後に、近くで遊んでいた子どもたちも呼び寄せて、みんなで記念撮影。お礼のメッセージビデオもつくって、今日の予定は終了。カンポット州で残りの自転車を寄贈するというセレモニーが金曜日にありますが、なんとかいけそうです。

　心配なのは自転車プレートです。三枚のうち一枚は、先生が休んでいる生徒のために持ち帰ったことが判明しました。あと二枚です。何とか探し出さないといけません。翌日も同じ学校に自転車クラブを設立するために行きますので、そのときに見つかってくれることを祈りました。


　いったんホテルに戻って、集合時間を決めてチャンディーさん一行とは別れました。集合時間までの間、ブログを書いたり、動画を編集したりしているとあっという間に時間が過ぎ、みんなで晩ご飯に出掛けることにしました。地元の料理をいただき、ビールを飲んで……。どうやら、熱中症は回復したようです。

　そのあと、Pちゃんと二人で二次会。来年もまた来てくれると言うPちゃん、これまでプロジェクトの運営についてたくさんのアドバイスをくれました。今まで好き放題、思うがままにやって来たプロジェクトですが、自転車クラブへ補給するパーツのボリュームが年々拡大しています。これをどうするか、しっかりと考えていかなければなりません。それだけに、知恵を貸してくれるPちゃんの存在は本当に助かっています。二人でビールをあおりながら語り合い、夜が更けていきました。

「自転車プロジェクト２０１８」の二日目――Ｐちゃんと「安田号２０１８」にグッバイ

二日目、熱中症が回復したので本調子に戻ってきました。全員が集合して朝食を食べる前に、九〇キロの自転車旅をした「安田号２０１８」を車に積もうと思ってチャンディーさんに話しかけたところ、「すでにプレゼントする予定の中学生がここに来てるよ」のひと言。

「えっ？　もしかして、一時間ほど前からこのベンチに座ってたこの子？」

早く言ってくれれば、『指さし会話帳』で話すことができたのに……残念！　急きょ、自転車寄贈の記念撮影となりました。チャンディーさんに尋ねると、ここから自宅までは一八キロほど離れていると言います。自転車で行けば一時間ほどの距離です。これから、そのまま学校に行くそうです。

ミニ寄贈式を終えたあと朝食をすませて、二〇一八年度四つ目となる自転車クラブを設立するためにクバルトック中学校へ向かいました。到着したときは授業中でした。何を勉強しているのかな……と見ていたら、どうも英語の授業みたいです。思わず、授業に飛び入り参加をしてしまいました。

「誰か英語でお話ししませんか？」と尋ねてみると、すぐに一人の女の子が手を挙げました。教科書をちらっと見ると、中学一年生か二年生ぐらいの内容だったので、名前、出身、年齢や好きな教科を尋ねたり、答えたりという簡単なコミュニケーションをとりました。「英語を勉強すると、日本から来たこんなオッサンとも話ができるんや」と、ほかの子どもたちの刺激になってくれるとうれしいです。

さて、授業見学も終わり、自転車クラブ設立時の名物ともなった「修理大会」のスタートです。ブレーキが全部ごっそりなくなっている自転車やタイヤを交換しなければならない自転車など、みんなで修理しました。私も修理の手伝いをしましたが、悪いクセがやはり出てしまいました。ちょっとだけ修理を手伝い、『指さし会話帳』でおしゃべりタイムです。「くにょむちょんぐりあんぴあさーくまえ（私はクメール語が勉強したい）」と言うと、みんな興味をもってくれました。名前や出身について、自己紹介のやり方や質問の仕方を子どもたちから習いました。最後に、ありがとうメッセージのビデオ撮影をして、次は三軒の家庭訪問です。

一軒目は、中学一年生のソカー君です。カンボジアの学年歴は一一月からですから、中学生になってまだ一か月です。家族は、両親、お祖母ちゃん、そして八人の子どもたちという大家族です。ソカー君は長男で、六人が学校に通っています。生活費に加えて教育費も結構かかりそうです。小さな田んぼを借りて稲作をしていると言いますが、家族が食べる五か月分ぐらいしか収穫できないそうです。お父さんはヤシ農場で働いており、月に一〇〇ドルほどの収入がありますが、大家族なのでまったく足りません。住んでいるところは、チャリティーで小さな小屋を建ててもらったようですが、日中は暑くて中にいられないと言います。

これまでは自転車がなかったので、片道二時間かけて徒歩通学をしていたそうです。自転車がもらえたので、これからは一時間もかかりません。空いた時間で、自身の勉強や弟妹たちの世話をして両親を助けることでしょう。こんなソカー君の得意科目は国語（クメール語）で、「将来はクメール語の教師になりたい」と言っていました。

二軒目はブンちゃんの家庭です。三姉妹の真ん中であるブンちゃんは一三歳で、中学一年生です。お姉さんは一つ上、妹は小学五年生です。六年前、お父さんが四八歳という若さで亡くなったそうです。一家の大黒柱がいないので、ブンちゃんも放課後や休日はアルバイトをしています。この時期はちょうど稲刈りの時期で、休日に手伝うと二ドル～二・五ドルもらえると言います。もちろん、放課後は時間が短いために少なくなります。収穫時期以外は敷地内でバナナを売ったりしているようです。

こんな環境で頑張っているブンちゃん、クラスで一〇番以内（四四人クラス）に入るほど成績がいいようです。得意科目はクメール語で、将来はやっぱり先生になりたいと言っていました。

これまで、ガソリン代を払って、友達が運転するバイクに乗せてもらって通学していました。毎日お願いしないといけないし、都合が合わないときもあるようです。学校からここに来るまでの道は一本道なのですが、一五キロほど離れています。もちろん、街灯なんかはありません。

一五キロ、次第に暗くなっていく道を歩いて帰るというのは、さまざまな危険が生じることになります。自転車で通えるようになると、早く

１軒目の家庭訪問はソカー君

２軒目の家庭訪問はブンちゃん

かつ安全に帰れます。空いた時間はアルバイトにあてることになるのかもしれませんが、家族で仲良く暮らしてほしいです。

三軒目は、ブンちゃんと仲良しのリーアちゃん。ブンちゃんと同じく中学一年生で一四歳です。四姉妹の三番目で、一番上のお姉さんは一八歳。小学校を卒業して、すぐプノンペンに出て働いています。月に一度、五〇ドルから一〇〇ドルを送ってくれるそうです。二番目は一六歳になるお兄さん。こちらも小学校を出てから働きだし、今は農業プラントで働いていると言います。そして一番下は妹で、小学四年生だそうです。リーアちゃんの成績は四四人中二〇番目、真ん中ぐらいですね。地理が好きで、将来は地理の先生になりたいと言っていました。

3軒目の家庭訪問はリーアちゃん

こんなリーアちゃんの両親は、九年前に離婚してお父さんがいません。養育費はもちろん、一切面倒を見ていないようです。カンボジアにはこのようなパターンがたくさんあり、貧困に苦しむ家庭と大黒柱の不在には密接な関係があります。

ん？　九年前に離婚ということは……姉が九歳、兄が七歳、リーアちゃんが五歳、そして妹は〇歳かお腹の中ということになります。そんな厳しい状況で、お母さんは四人の子どもを育てたのです。そして今、そんなお母さんを姉と兄が支えているのです。

これまでにも本書で書きましたが、希望する将来の職業を尋ねると、半分以上の子どもが「先生」

と答えます。そして、医者、看護師と続きます。農業で頑張っても収入が増えないので、農家になりたいと答える人は一人もいません。チャンディーさんいわく、彼らが普段の生活で触れる大人の職業と言えば、個人商店以外では先生、医者、看護師なのだそうです。

三軒の家庭訪問を終え、昼食を挟んで今年度最後となる自転車クラブを設立するためにアピボア中学校に向かいました。到着したのは一二時三〇分、午後の講義は一時からはじまるということで、待ってくれていた先生とおしゃべりタイム。しかし、一時になっても誰も来ません……。チャンディーさんが怒っています。どうも今日の午後は休校のようなのです。昨日のセレモニーのとき、チャンディーさんは再度今日のことを伝えていたのですが、休校という話はまったく聞いていないということでした。

先生に昨日のセレモニーで自転車を寄贈した子どもたちに連絡してもらい、学校に戻ってもらうことにしました。待つこと四〇分、次第に子どもたちが集まってきました。君たちはまったく悪くないんだよ、わざわざ戻ってきてくれてありがとうと感謝し、集まった面々でセルフィー！　そして、ありがとうメッセージのビデオ撮影をして完了。結局、この中学校では修理大会をすることができませんでした。

これで、今年の自転車クラブの設立がすべて完了しました。最後はちょっと肩すかし気味でしたが、とにかく無事に終わってよかったで

休校なのに集まってくれた！

す。そして次は、すでにある自転車クラブへのパーツ補給です。今日の残り時間と、明日、明後日で九か所を回ることになります。

パーツ補給の一か所目はテックハート中学校。一昨年に設立された自転車クラブです。設立時に付けたプレートと今年の補給パーツプレートが並びます。なんだかとっても壮観です！　毎年増えていくと、壁一面を埋め尽くすのでしょうか。補給のほうは、設立と違ってあっさり終わります。補給するパーツを確認して、集まった子どもたちと記念撮影やメッセージビデオの録画をするのですが、軒数が多いのでどんどん進めていく必要があります。

ところで、私の頭の中は、行方不明となっている自転車プレート二枚のことでいっぱいだったのですが、なんと、そのうちの一枚がこの中学校にあったのです！　しかも、「余り」としてではなく、自転車に取り付けられた状態で。

「なんで?:」と、頭の中がグルグル。昨日のセレモニーでは、自転車が一〇五台ではなく一〇六台あったのか?　そして、その子どもは写真を撮らずに帰ったのか?　謎は深まるばかりですが、とにかく見つかったのでその場で写真撮影をしました。

そして、二軒目のチャーシムコンポントラッチ中学校を訪問。昨年、自転車クラブが設立された中学校です。学校には、昨年プレゼントされた自転車の持ち主である生徒たちも現れて、結構にぎやかな状態になりました。補給されたパーツ部品を前にして、全員でメッセージビデオの録画と記念撮影をして終わりました。

これで今日の行程は終わり。そして、プノンペンに戻ってきました。Pちゃんはそのままカンボジアを去ります。飛行機までの時間があったので、二人で打ち上げとなりました。二人ともビールをこよなく愛しています。迷わず「ハッピーアワー」の店へ行き、二時間ほど話しました。

話題となったのは、前述したようにパーツ補給のこと。このまま自転車クラブの設立を続けると、パーツ補給が必要な箇所がうなぎ上りに増えます。今回は九か所でしたが、新設した五か所と合せると来年は一四か所となります。さらに翌年は一九か所となり、一か所五万円で計算すると一〇〇万円近くにもなるのです。解決策を後回しにしていた私に、「そこをしっかりと考えなければ……」と指摘してくれました。そして、もちろん解決策のアイデアも一緒に。

帰国してからゆっくり考えたいと思います。もちろん、みなさんの意見も聞きながら進めたいと思っています。このとき、お礼レターのなかに「どうしたらいいと思う？」というアンケートを同封してみようかと考えました。

そういえば今朝、本人から「なんでPちゃんなん？」と聞かれました。答えは、イニシャルにするとばれるかもしれないと思って、日本人のイニシャルではありえない「P」にしたわけです。

「自転車プロジェクト２０１８」の三日日——自転車クラブマネジメント！

一二月一三日、うれしいメールが届きました。この旅のもう一つの目的である、プノンペン王立大学での講義に関係する内容です。トゥーチ先生とメールでやり取りして、一二月一七日に講義をするところまでは決まっていたのですが、そのあとメールが不通になっていたのです。

日程が決まったのは六月頃ですから、何か月も連絡が取れなかったことになります。無理かな、どうなるんかな……と不安に思っていましたが、「ダメ元」で最後のメールを出してみました。「もうカンボジア来ちゃってるんですけど、講義できますかねぇ……」という内容です。そしたら返事が来たんです。一七日（月）九時から二時間も時間を取ってくれているようです。決まったら決まったで、すごくドキドキして、お腹がキュルキュルとしてきました。

そんなドキドキ感を感じながら、自転車プロジェクトの三日目です。朝食後、最初のパーツ補給地であるチバチュロイ中学校へ。この学校に来るのは三度目、お馴染みであり、大好きな学校でもあります。早速、補給されたパーツを確認して写真撮影とお礼メッセージのビデオ録画です。

この中学校の自転車クラブは、先に紹介しました私のコーチ、「ひとのわ」(https://www.hitonowa.biz/）の福住さんがオーナーです（二二七ページ参照）。今回はパーツ補給に協力をいただいたので、福住さんの自転車クラブに福住さんからのパーツ補給という形にしました。

歴代の自転車が集まってきています。ほとんどの自転車の籠がなくなっていましたが、その理由を尋ねてきました。悪路を通ると、前輪上とハンドル側の二点で固定されている部分がダメになってしまうようです。ただ、カバンは肩にかけて通学できると考えて、補給パーツのなかに籠は含まれていません。それにしても、みなさん大事に乗ってくれています。めちゃめちゃうれしいです！

パーツの補給を終えたら、チャンディーさんが「古着をプレゼントしに行こう！」と言ってくれました。昨年と同様、娘と娘の友達からサイズアウトした夏服を少し持ってきました。小さな取り組み、娘たちへの情操教育になるでしょうか。

昨年は併設されている小学校からプレゼント候補となる子どもたちを選んでもらいましたが、今回は貧困に悩む家庭を訪問することにしました。その子どもの名前はムーンちゃん、中学二年生の一四歳です。写真に写っている六人の女の子たちは、姉妹というわけではなく、両親がいなくなった親戚の子どもたちと一緒に住んでいるようです。子どもたちだけなので、右端のムーンちゃんがお母さん代わりとなって、家と言いますか、小屋にこの六人が暮らしています。詳しく話を聞いてみると、お父さんは出稼ぎで、月に五〇ドルほどの収入があると言います。二歳上のお姉さんも出稼ぎに出ているそうで、この二人の収入が一家の収入源となっています。

もちろん、それだけでは足りないので、籐の籠を編んで売っていると言います。一個三・五ドルで売れるそうですが、材料の調達が大変で、休日に一五キロ離れたところまで取りに行くそうです。

ムーンちゃんの学費は、別の団体が奨学金で支援しているようです。家の前にボロボロの自転車が置いてありました。「この子こそ、自転車が必要じゃない？」とチャンディーさんに聞いたところ、その団体が近々プレゼントすると言っていました。

古着をプレゼント

厳しい環境ですが、話はまだ終わりません。今、一番の不安は夜だそうです。周辺に民家はなく、女の子たちの家がポツンとあるだけです。こうした家は強盗に狙われると言います。でも、見てのとおり、貧困に苦しむ家ですからお金になりそうなものはありません。そう、強盗の目的は女の子たちなのです。女の子を誘拐して、都会に売り飛ばしてしまうのです。それが分かっても、「夜はちゃんとカギをかけて寝るんだよ」としか言ってあげられませんでした。

「誰か、大人が一緒に住んであげれば……」とか「住む場所を何とかしてあげれば……」という思いがめぐりますが、できないことを好き勝手に言うのはとても残酷なことです。このことを、何年も前にカンボジアで学びました。「なんで、こんなことになってるねん！」と強く思いますが、私には何もできません。「頑張って学校に行って、自分で自分の人生を切り開いてください」と応援するしかないのです。

帰国後、このときの様子を写した写真を娘や娘の友達にも見てもらいました。まだ外国に行ったことがない二人です。海を渡れば日本とはまったく違う世界があるということを、少しでも感じてもらえればと思っています。いつも、「今度の一二月、一緒にカンボジア行かへん？」と誘ってるのですが、「虫が怖いし、あのトイレは無理……」と断られてしまいます。仕方ないのですが、いつか一緒に行ければなぁと願っています。

次は、毎年恒例となっているリンナちゃん宅への訪問です。最初に会ったときは中学一年生。でも、今は高校一年生のお嬢さんです。せっかくなので、四年分の写真を見比べるために合体させてみました。

お兄さんも奨学金で中学校に通っていましたが、高校には行けず、プノンペンで車の洗車業務をしていました。リンナちゃんは、中学三年生のときに何とか勉強を続けたいと願い、チャンディーさんの支援を受けながら、私が高校に通う奨学金支援をしています。二人とも、お祖母ちゃんの身長を大きく超えました。

昨年訪問したときには、お兄さんはプノンペンで働いていたので不在でした。でも、今年はいたのです。なんでかな～と思っていたら、ワクワクするような話が聞けました。この二人は四人兄弟で、上に姉が二人います。男の子はこのお兄さんだけなのです。そこで姉二人が、弟を中卒で働かせるよりも、支援をして高校で学ばせようという

体だけでなく表情も変化していくリンナちゃん

ことになったのです。だから、一年遅れで高校一年生になったお兄さんもいたのです。

今、お兄さんはプノンペンの学校でコンピュータと英語とハングル語を学んでいます。一か月一五〇ドルの部屋を一五人でシェアして、住んでいるとのことです。それにしても、一部屋で一五人とは……。出稼ぎ先のジョンの住まいを思い出しました。

カンボジアは男社会。高学歴の女性より、高学歴の男性のほうがチャンスは多いようです。リンナちゃん一家がお兄さんに投資するというのも頷けます。一つの希望をもったのでしょう。

さて、リンナちゃんの話をしますと、楽しく高校に通っているようです。同じ中学校から進学した友達もいるので、より楽しいとも言っていました。英語の授業も受けているということで話してみましたが、シャイなのか、まだ分からないのか、意思疎通はできませんでした。だから、「来年また来るから、それまで絶対英語一生懸命勉強してね！　今度は英語で話そうね！」と伝えて別れました。

午前中に、もう一か所のパーツ補給です。訪問先はネタハング中学校。訪問したとき、ちょうどパンクの修理中でした。補給パーツは先に届いているので、それを使って早速修理していたようです。ここは、自転車プロジェクトがはじまった年（二〇一六年）に設立された自転車クラブです。二年前にプレゼントされた自転車たちも集まっています。プレートはボロボロで、とても字が読めません。

まずは補給パーツの確認。二年間使われたツールボックス、年季が入ってきました。そのあとは、メッセージビデオの録画と記念写真。セレモニーを終えたあと、学校の先生が自転車クラブの管理表を見せてくれました。この表の意味をチャンディーさんに説明してもらって、私はとても元気が出てきました。

この表には、自転車ナンバーと最初の所有者の名前が書かれています。そして備考欄には、「高校進学」といった文字が見えます。この自転車で頑張って学校に通い、めでたく高校進学を果たしたということです。もちろん、高校はさらに遠いので、引き続き自転車を使っているようです。

よく見ると、「途中退学」という記載がありました。退学したことで、その子どもは自転車が不要になってしまいました。不要になった自転車は、次に必要な人につないでほしいというのが自転車クラブの設立趣旨です。それをふまえて、管理表には新しい自転車オーナーの名前が書かれていました。学校が自転車を管理し、不要になった子どもから新しい子どもへ自転車を受けわたしているのです。

「素晴らしい！　これこそ、自転車クラブマネジメントだ！」と、私の歓喜の声をチャンディーさんを通して先生に伝えてもらいました。そして、「この方法をコンポンチュナン州で共有して、全学校でできるようにしてもらえないか」とお願いしました。さらに、二〇一九年のセレモニーのとき、この学校の先生に成功事例として話してもらえないかなと、考えていました。

さて、集まってくれたみんなとはここでお別れです。学校が

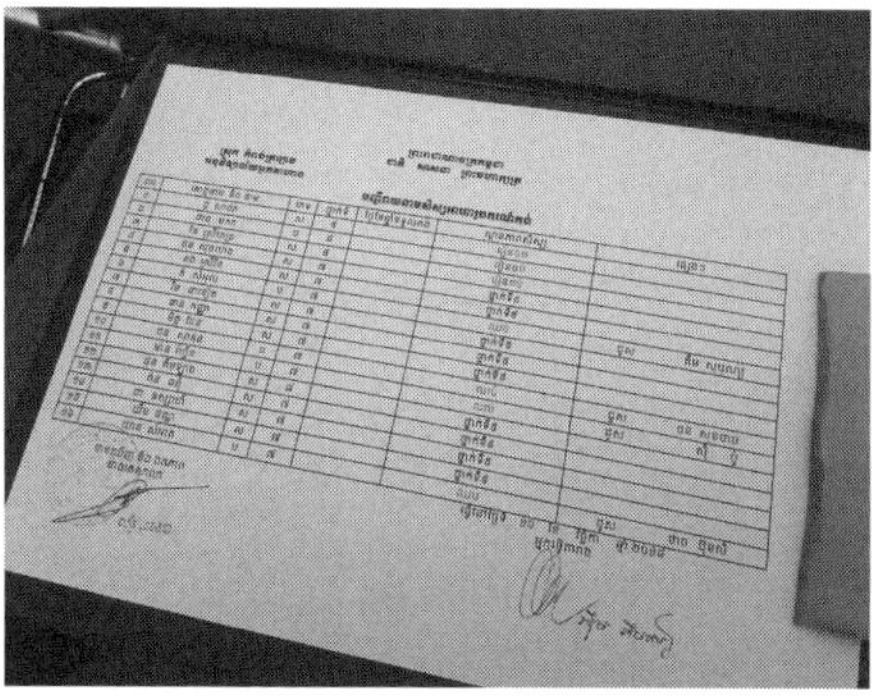

自転車の所有者を管理する表

しっかり管理してくれるから安心です。補給パーツも無事に届いているので、どんどん修理して長く使ってくれることを祈っています。

お昼の休憩のとき、チャンディーさんが面白いものを見せてくれました。先ほどの中学校はトンレサップ川の近くにあります。掲載した写真の対岸に見えているのは島。川の中に島があって、そこに人がたくさん住んでいるのです。だから、こんな交通手段が！

小さな渡し船に、子どもたちが自転車とともに乗っています。向こう岸に渡してくれる船です。一年契約で一五ドルのようです。時間になって出発しても、遅れてきた子どものために引き返してくれるという、とても余裕のあるゆったり船でした。

午後からは二校へのパーツ補給です。まずは、アンスレイ中学校。早速、補給されたパーツの撮影と、ありがとうメッセージのビデオ撮影。先生が「みんな集まれ～！」と声をかけると、来るわ、来るわの大集合。間違いなく一〇〇人以上います。こちらも往年の自転車たちが、やはり籠のない状態で大活躍して

トンレサップ川

いました。

こちらの先生にも管理表を見せてもらいました。修理履歴を台帳で管理しているようで、どの子どもの自転車がどの修理パーツをいくつ使ったかなどが書かれています。こうして、交換パーツの在庫を管理しているのです。もちろん、再び「素晴らしい！　これこそ自転車クラブマネジメントだ！」と、チャンディーさんを通して先生に伝えてもらいました。そして同じく、「この方法をコンポンチュナン州で共有して、全学校でできるようにしてもらえないか」と念を押させてもらいました。

翌日は、昨年の活動エリアだったカンポット州でのパーツ補給です。こちらの学校のように、自転車クラブの管理が行き届いているといいのですが、今から楽しみです。そして、最後はフン・セン・コンポントララッチ高等学校の自転車クラブにパーツ補給をして終わり、となるところですが、私とチャンディーさん、めっちゃ怒っています。何かって……ひどすぎるのです。そのひどさをこれから説明していきます。

ここは中学と高校の併設校です。現在の首相の名前がついているだけあって、新校舎が建てられるなど比較的環境のよい学校です。ここに自転車クラブを設立したのは二〇一七年で、オーナーは私です。怒っている理由はいくつかあります。その一つが、自転車クラブのプレートがないことです。これまでにも、プレートを大切にしまっていて、私たちの訪問に合わせて出してくるところはありましたが、ここはプレートをなくしてしまっていたのです。しかも、「そんなのもらってない」とまで言い出しました。

「なんやとー、コラー！」と声を荒げるほど子どもではありません。ノートパソコンを広げ、二年前のデータを確認し、そのときに撮影した自転車クラブの様子とプレートが飾られている写真をゆがんだ笑顔で提示しました。とはいえ、なくしてしまったのは仕方がありません。しかも、子どもたちにはまったく罪がないのです。先生が悪いのです。だから、気を取り直して、パーツ補給の撮影やお礼メッセージのビデオ撮影をしました。

「プレートないぐらいで怒らんでも……」という声が聞こえてきそうです。確かに、私がちょっと不機嫌になるぐらいですみますし、チャンディーさんも「申し訳ない」と代わりに謝ってくれましたから、そんなに大問題ではないのです。でも、このあと、チャンディーさんも怒り出したのです。

補給パーツの確認のために自転車クラブの部屋に移動したときです。きれいに保管された自転車工具と、たくさん在庫のある自転車パーツが二年前とほぼ同じ状態で残っていたのです。そのなかには、昨年私が自腹で補給したパーツもありました。

チャンディーさんが、先生や子どもたちに尋ねました。新しいマンモス校にありがちなことのようですが、校長やほかの先生と生徒との距離がかなりあるのです。だから子どもたちは、「修理したい」と言い出せないというのが一番の理由でした。この答えを聞いて、チャンディーさんが怒り出したわけです。

補給パーツは、もう一度教育委員会やほかの学校と相談して、支給先を考えるということになりましたが、すべての自転車クラブに今回は補給しているので、どの学校も今は十分あります。だから、分配するか、必要になったときに支給するかということにするそうです。なんだか、やるせない気持ちでいっぱいですが、仕方ありません。

ちょっと怒りを残した状態でプノンペンに戻りました。でも、ホテルではなくて「ＥＤＦカンボジア」のオフィスへ向かいました。行方不明になった自転車プレート一枚がどうしても見つからなかったので、オフィスの機器を借りて予備プレートでつくり直そうということになったのです。

自転車プレートデータを印刷します。予備として持参したプレートに、それの文字データ部分だけを切って貼り付けます。もちろん、ラミネート補強ができないので強度に心配がありますが、今の状態でできることを行いました。

作業終了後、チャンディーさんが夕食に誘ってくれました。残念ながら、体調不良でお断りしました。帰りの車に酔ったのと、三時ぐらいからよくゲップが出るし、お腹もゆるかったのです。こんなときは、何も食べずに寝るにかぎります。その旨を伝えて、翌日の集合時間を確認し、ホテルまで送ってもらいました。それがちょうど一七時、翌日に合流する乾さんご夫妻とも連絡が取れましたので、あとは寝るだけと思ったのですが、ブログを書いたり、講演の練習をしたりで、結局午後八時ごろまでゴソゴソとしていました。

「自転車プロジェクト２０１８」四日目――ソクサバーイ！

いよいよ、「自転車プロジェクト２０１８」の最終日です。今日は、プノンペンより南に一四〇キロほど行ったカンポット州での活動です。自転車プレゼントのセレモニーと三か所のパーツ補給というスケジュールです。

カンポット州までは国道3号線を南下していきますが、途中から道路事情がとても悪くなり、時速二〇キロぐらいでしか走れない箇所がたくさんあります。片道に要する時間は約四時間、このような予定でも結構ハードな一日となります。今回の自転車プロジェクトは、これまでと違って一緒に行動してくれる人が登場するのが大きな特徴です。先日はPちゃんが手伝ってくれましたが、今日は乾さんご夫妻とともに活動することになります。

予定していた六時三〇分を少し過ぎてチャンディーさんと合流。そのあと、乾さんご夫妻が泊まっているホテルでピックアップして、朝食をとってから出発となります。乾さんご夫妻は、前述したように「有限会社ナンクルナイサァーケアネット」という福祉介護関係の会社を経営しています。今回は自転車クラブの設立に協力をしていただいたのですが、クラブの設立は先日完了しており、その様子を直接お見せすることはできませんでした。

道路事情もあって、案の定、到着が大幅に遅れました。一〇時開始の予定にしていたロルー中学校に到着したのは一一時前でした。まずは、校門前で教育長や校長先生と挨拶、そしてクロマーをかけてもらいました。もちろん、乾さんご夫妻にも。

いよいよ入場です。校門には横断幕で歓迎のメッセージが飾られ、ずっと向こうまで子どもたちの列が続いています。ここの子どもたちは、終始にこやかで、とても賑やか。これまでは、来客が通り過ぎたあと生徒たちは自然解散となっていくのですが、この学校では違いました。後ろからずっと、笑顔で旗を振りながらついてくるのです。だから、後ろの集団がどんどんにぎやかになっていきます。最高でした！（QRコード参照）

　そして、セレモニーの開始。大遅刻のせいもあってセレモニーは大幅に短縮され、私と教育長のスピーチだけとなりました。私のスピーチは、基本的にはプロジェクト初日に行ったものと同じですが、かなり急いでいる感じがしたので、「カンポット州まで二日間かけて自転車で来ました」のくだりはカットしました。それでも、子どもたちは和やかな雰囲気で聞いてくれました。そして、教育長のスピーチ。「また長くなるかも……」と思いきや、教育長も短めのスピーチでした。

　その後、プレートの取り付けや修理備品、マニュアル、軍手などの配布を行ってから記念撮影。この学校には、五一台の自転車をプレゼントしています。集合写真の撮影後、一人ひとりの撮影です。備品の配布やこの写真撮影など、乾さんご夫妻にもいろいろと協力してもらいました。いつものとおり、遠い学校から来ている子どもたちから撮影が行われ、終わり次第、トラックに乗せてみんな帰っていきます。

　これにて、セレモニー＆撮影大会は終了。ひと息入れる間もなく、自転車クラブに補給パーツの提供です。まずは補給パーツの確認をしたところ、在庫がほとんどなくなっていました。これで、またたくさんの自転車が蘇ります。ふと見ると、ツールボックスの中にノートを発見しました。（もしかして管理表かな？）と思い、中を見せてもらいました。やはり、部品ごとの在庫管理表でした。コンポンチュナン州での自転車クラブマネジメントについて書いたように、カンポット州でもしっかり管理されていたのでうれしかったです。

そして昼食です。二〇一六年も訪問したカンポット州はフルーツ王国でモニュメントがドリアンなのですが、海に近いこともあってシーフードが楽しみです。お昼ご飯は、海の魚を揚げたあんかけや、イカと野菜をグリーンペッパーで炒めたものなどで、おいしかったです。乾さんご夫妻にも、ローカルな特産料理を食べてもらえてよかったです。

午後からは二か所でのパーツ補給です。一軒目はロンチャーシモン中学校。到着したときにはすでに修理がはじまっていたので、早速、前輪ブレーキの修理を手伝いました。ハンドルとブレーキ金具が壊れていたので、新しい補給パーツを使っての交換です。しかし、スケジュールが押しているので途中で抜け、まずはメッセージビデオの撮影をして、補給用のパーツを確認しました。ところで、この学校には昨年プレゼントした自転車が結構集まっていました。ずっと付けてくれていたんでしょう、プレートが日焼けしていました。

次はチュバアンポー中学校。本日最後でもあり、「自転車プロジェクト２０１８」の最後ともなります。そして、私にとっても思い入れの深い自転車クラブです。なぜかと言いますと、ここの自転車クラブは昨年設立され、私のプレートがついているところなのです。一昨年にもクラブを設立しているので二か所となりますが、前述しましたように、一か所は壊滅状態でした（二七一ページ参照）。よって、事実上ここが唯一の自転車クラブとなります。どうなっているかなぁ……と正直心配でした。

到着するやいなや、たくさんの子どもたちが集まってくれました。めっちゃうれしかったです！早速、パーツ補給のメッセージビデオを撮影して、補給パーツを確認しました。この学校にも、昨年プレゼントした自転車が何台か集まっていました。ずっと愛用される自転車、その自転車で学校に通う子どもたち、そんな一場面にかかわることができたこと、何だかとてもうれしかったです。

そろそろ終了かと思っていたとき、校舎から子どもたちの声が聞こえてきました。せっかくだから、乾さんご夫妻にも授業風景を見てもらおうと思い、先生にお願いしました。すると、三つあるすべてのクラスを順番に見せてくれることになりました。それには、とても素敵な理由があったのです。

教室に入ると、みんな起立して挨拶をしてくれます。私が「チェムリアップスオ（こんにちは）」と言うと、「チェムリアップスオ」と返してくれます。そして、先生の合図で、「コンニチハー」、「アリガトウゴザイマシター」と日本語でお礼を言ってくれたのです。合図で一斉にということは、きっとこの日のために練習をしていたのでしょう。「こんにちは、どういたしまして」と日本語で返しました。

一番前に座っている子どものノートを見せてもらったところ、タイムテーブルのようなものが書かれていました。チャンディーさんに「時間割ですか？」と尋ねると、やはりそうでした。学校が終わるのは午後五時のようです。暗くなってくる時間帯ですから、安全のことを考えると、やはり自転車の活用度は高いです。

そして、二つ目と三つ目のクラスへ。同じく、先生の合図で「コンニチハー、アリガトウゴザイマシタ！」と子どもたちが言ってくれました。すべてのクラスを見せてくれる理由が分かりました。みんな、この日のために練習をしていたのです。この「オモテナシ」の気持ち、すごくうれしかったです。もちろん、子どもたちの姿を見てほしいという先生の愛情も。先生と生徒の固い絆、しっかりと感じさせてもらいました。

再び、一番前の子どもに話しかけてみました。カバンに「1、2、3」や「A、B、C」のデザインがされていたので、「くにょむちょんぐりあんぴあさーくまえ（私はクメール語の勉強がしたいのです）」と伝えたところ、「1、2、3」の読み方は「ムオイ、ピー、バイ」と教えてくれました。英語の授業だったので、「誰か、英語でお話ししませんか?」と尋ねたら、一番うしろの子どもが手を挙げてくれました。名前や年齢を尋ねたり教えたりしたあと、「将来はエンジニアになりたい」という夢まで語ってくれました。このような機会に勇気を出して手を挙げた子どもには、すでに未来への道が開いているように感じます。

とても楽しい時間を過ごして、学校訪問は終了です。午後三時三〇分でした。ここに来るのに四時間かかっていますので、プノンペンに着くのは午後七時三〇分となります。だから急いでいたのです。

プロジェクトの完了を祝ってみんなで夕食、とても楽しい宴となりました。チャンディーさん、スナさん、マブさん、本当にお世話になりました。そして、今日一日同行してくれた乾さんご夫妻、ありがとうございました。お疲れさまでした！　宴が終了してホテルに戻り、荷物を置いてすぐに出掛けました。その理由は、「メコン川でかんぱーい‼」を今やるべきだと思ったからです。コンビニで缶ビール二本を買ってメコン川に向かいました。

四日間の取り組みを振り返ると、いろいろありました。まずはみなさんへの感謝と、自分への「お疲れさま」で三〇分ほど一人の時間を楽しんでいました。反省点の多いプロジェクトとなりましたが、無事に終えることができたことを喜び、支えてくださったみなさん、協力していただいた一四八人の方々に深く感謝したいです。もちろん、みんなに「来年また来るよ」と約束してきました。「自転車プロジェクト２０１９」は、少しの休息と、返礼品の発送を終えてからスタートしようと、このときに誓いました。

メコン川でビールを飲んでいるときにジョンから電話がかかってきました。さっきはホテルの前にいなかったのですが、帰ってきたようです。ホテルに戻り、明日、明後日とジョンの実家に遊びに行く約束の詳細を詰めようと思ったら、ジョンが「かみさんは病気で調子悪いけど、大丈夫！」と言うのです。そんなときに伺うことはできません。よって、キャンセルとなりました。

代わりのプランをいろいろ考えたのですが、月曜日にプノンペン大学で講義をしなければなりません。その準備をすることにしました。

ちょっとのんびり観光～

日が変わって一二月一五日、この日の予定は一つだけ。午後二時からはじまる王宮観光です。場所はホテルの目の前です。まずは、プノンペン大学での講義の準備を二時間ほどして、大好きなマッサージ屋に行きました。一週間前と同じところです。

マッサージのあと、洗濯をすませてからひと休み。時計を見ると午後一時、三〇分ほどゆっくりして王宮に出掛けました。まずは腹ごしらえ。メコン川とホテルの間にあるローカル店に入りました。三年前に初めて来たときから気になっていた店です。ちょっと古ぼけてて不安なのですが、ずっとここにあるということは名店なんでしょう。

お店に入ると、メニューは「焼うどん」だけみたい。目玉焼きをつけるかどうかのオプションがあります。かわいい娘さんがつくってくれるというので、目玉焼きをのせてもらったんですが、超半熟（やばいかな……）と思いつつも、自転車プロジェクトが終わったあとなので食べてしまいました。

そして、いざ王宮へ！　入場料は一〇ドル。ノースリーブや短パンだと入場を断られることもあるので要注意です。一〇ドルを払って中に入ろうとしたら、半パン男が揉めていました。入り口にある注意書き、ちゃんと守ってほしいです。ここは王宮であって、ただの観光地

青空に映える「勝利の門」

宴会ホール（左）と宝庫

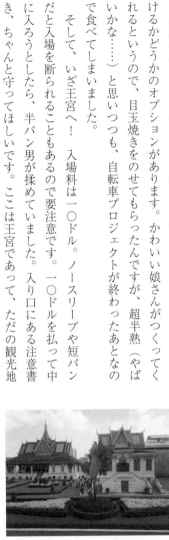

ではないのです。カンボジアの人たちにとっては大切な場所であり、観光客は見せてもらうという立場です。どこでもそうですが、マナーを守る必要があります。

みなさんは、「もしかして、その揉めてる人、あそこの国の人？」と思っているでしょう。正解です。チケット売り場の列にも並びません。結局、半パン男は強引に中に入っていきました。その行為が、「これから王宮観光を楽しもう！」という人の気分を壊しているということ、きっと一生考えることはないでしょう。

気を取り直して、『地球の歩き方』を片手に王宮観光の開始！「せっかくだから、全部の建物を見て回ろう！」と思い、ガイドブックに振られた番号順にめぐっていきました。この王宮と隣にあるシルバーパゴダを見学したのですが、詳しくはさまざまなガイドブックや本に載っていますので、私のつたない説明は省略します。

ただ、即位殿を見たときの印象だけはお伝えしたいです。王宮にあるメインの建物の一つで、高さは五九メートル。戴冠式などの王室行事が執り行われるところで、中を見ることはできますが撮影は禁止。室内は床、壁、天井それぞれにきれいな彫刻や絵が施され、豪華なシャンデリアが下がっているのですが、厳かな雰囲気です。「すごい！」としか言いようがありません。

そして、シルバーパゴダ。入り口で靴を脱がないといけないので混雑していました。こちらも、内部は「NO PHOTO」の看板。スマホをバックパックに入れてゆっくりと見学しました。

中は、宝石がちりばめられた金銀の仏像をはじめとして絢爛豪華な装飾品で飾られています。なんといっても、五〇〇〇枚以上の銀タイルが敷き詰められている床には圧倒されました。この銀タイルを裸足で感じることができるのは入り口と出口だけです。そこ以外は絨毯が敷かれています。これからの人生で、銀のタイルを裸足で踏むことはまずないでしょう。

そして一六日、この日も予定は一つです。伝統芸能の影絵芝居を観に行きます。その場所ですが、ホテルからかなり遠いのです。昨日、レンタル自転車屋を見つけていたので行ってみることにしました。途中で昼食をすませて向かったのですが、レンタル自転車は本業でなく、バスやツアーチケット、宿の手配、パスポートのビザ延長、就業許可の取得、両替など、なんでもやってくれる事務所でした。レンタル料は一日二ドル。保証金がいるかなと思っていたのですが、ここはパスポートを預かる仕組みになっていました。預かり証兼契約書みたいなものを書いて、いざ出発！　そういえば、移動はずっと徒歩か自転車です。ジョンのトゥクトゥクに乗ったのは初日だけです。旅に慣れてくると、トゥクトゥクに乗る回数が減ってきます。心の中でジョンにお詫び。

快適に走っていきます。それにしても日本の信号機増えました。あんまり守られていないけど、守っている車も見かけます。混みそうな交差点も、信号機がうまくさばいてくれているようです。渋滞緩和と事故防止につながることでしょう。

自転車を三〇分ほど漕いで、無事劇場（http://www.sovannaphumtheatre.com/）に到着。プノンペンの中心地から五キロほどです。まずは看板を写真に撮って……あれっ、一番下に「金曜日」と「土曜日」だけと書いてあります。そんなことないよねぇ……と中に入って、休憩中のスタッフに尋ねてみると、「金曜日と土曜日しかやっていない」と英語で答えてくれました。仕方がありません、来年までお預けです。

ショッピングセンターに行ってみることにしました。イオンモールには行ったことがありますが、どうも高級（?）路線なので、ほかはどうなんだろうかと見てみたくなったのです。中は撮影禁止でした。スタバもロッテリアもあり、最上階が映画館で、その下のフロアがフードコートです。映画館は、月曜～木曜が二・五ドル、金・土が三・五ドル、なぜか日曜日の値段表示がありませんでした。二時間ほど時間が潰せるので見てみようかと思ったのですが、もったいないのでやめました。

次は本屋。どうしても見つけたい『ドラえもん』（第一巻）のクメール語バージョン。本屋を見かけるたびに入っていますが、これまでなかなか見つからなかったのです。ここは品揃えが充実していて、とうとう見つけました！　娘の分とPちゃんにも、おみやげとして買って帰りました。

ぼちぼちホテルに帰ろうと、レンタサイクルを返却。喉が乾いたし、お腹も空いたので、またまたハッピーアワーの店へ行き、パッタイとビールをおいしくペロリと完食してホテルに戻りました。洗濯して、シャワーを浴び、ブログを書いている途中でジョンに電話をしました。

「明日の朝八時にトゥクトゥクで迎えに来て」

いよいよ明日なのです、プノンペン大学での講義。少しずつ緊張してきました。パソコン、ビデオカメラ、名刺、あんちょこ、これだけあれば大丈夫。私のカンボジア旅行も終盤です。そして、明日の月曜日が実質の最終日となります。

プノンペン大学での講義、楽しかった！

カンボジアでの一二日目、一二月一七日です。いよいよ、王立プノンペン大学（ＲＵＰＰ）での特別講義です。早速、ジョンのトゥクトゥクで出発。朝のトゥクトゥクは気持ちがいいです。でも、内心は緊張でドキドキハラハラです。どうなるのでしょうか。

プノンペン大学は、空港へ向かう道の途中にあります。結構距離がありますし、渋滞もひどいです。でも、トゥクトゥクなら心配ありません。「あの白い建物だろ、もうすぐ着くよ！」とジョンが指さしました。あれっ、たぶん違う。白い建物は、「王立プノンペン病院」です。待ち合わせ時刻まであと一五分。痛恨の道間違い！

トゥクトゥクを停めて道の説明。「チャンディーさんの事務所の正面にある大学だよ！」と教えると、「なんだ、ホスピタルじゃなくてスクールか……」という返事。気を取り直して再出発。大学の先生には「ドライバーが道を間違えた……」とフェイスブックメッセンジャーで連絡したところ、すぐに「ＯＫ！」と返ってきました。

九時少し前にようやく先生と初対面。今回、お世話になったのは、観光学部の学部長でもあるトゥーチ先生。「今日は、学生がいろい

プノンペン大学の入り口

ろと参加しないといけないことがあるので、少し遅れます」と話す先生に、「後ろの予定が何もないので、全然問題ないです。本日はよろしくお願いします」と返事。

　パソコンやビデオカメラの準備などを進めていくと、徐々に学生が教室に集まってきました。一番手前に座った笑顔の女子学生に、「ごめんやけど、これおいらの名刺やねん。一枚ずつ配ってくれへんかな?」と依頼すると、最高のスマイルで手伝ってくれました。

　そして、いよいよ講義開始。テーマは「日本の文化と日本的経営」。前半は、日本の四季の移り変わりに沿って、さまざまな風景（桜、花火、紅葉、雪）、祭り（ひな祭り、七夕、祇園祭）、風習（端午の節句、お盆の精霊馬、注連縄《しめなわ》飾り）など紹介しました。後半は、日本で出版している自著をベースに、経営における一〇個のポイントを紹介しています。私は、日本の「人」を大切にする経営が大好きで、そんな企業が東南アジアなどにどんどん増えていくことを夢見ています。その小さな一歩を踏み出すことができました。

　講義では自転車プロジェクトのことも紹介したのですが、みなさん興味津々でした。名刺に書いてあるＵＲＬで、プロジェクトのホ

たくさん集まってくれた学生

ームページも見てくれています。講義のなかで、「日本に来たことがある人？」と尋ねたら、一人いました。神戸外国語大学との交換留学で、二週間ほど滞在したとのことです。しかも、二か月ほど前。大阪や京都にも行ったとのことで、金閣寺を見学したり、大阪でたこ焼きを食べたりしたそうです。「安田は大阪に住んでます」と言うと、めっちゃ喜んでいました。

六〇分ほどの講義を終えたら、先生が質問を募集。

学生　こいのぼりは、どうして男の子のお祭りなの？　こいのぼりはファミリーでしょ？

安田　あぁ……これは説明できません。勉強してきます。（のちに勉強して、こいのぼりと端午の節句を混同していたことに気付きました。）

学生　顧客満足（ＣＳ）よりも従業員満足（ＥＳ）を重視しているって言うけど、どうして？

安田　それは、お客さんに喜んでもらう主役は社員やスタッフであって、彼らの企業や職場環境に対する満足度が高くなければ、お客さんを心からもてなして喜んでもらうことが無理だからです。

このような内容を、つたない英語で答えました。最後に、「是非、感想をメールやフェイスブックでフィードバックしてほしい」とお願いしました（その後、多くの学生から友達申請が届きました）。

講義の終了後、先生がお昼ご飯をご馳走してくれるとのことで、大学内を一〇分ほど歩いたところにある「Cambodian Japan Cooperation Center（カンボジア・日本共同センター）」という建物の側にあるカフェに向かいました。なんと、日本語メニューと見慣れた食べ物があるのです。注文したのはラーメン、豪華チャーシューと煮卵付きです。鶏ガラしょうゆ味、素朴ですけどとってもおいしかったです。

ジョンに迎えに来てもらって、昨日行ったショッピングセンターまで連れていってもらいました。やはり、映画を観ることにしました。観たのは『スパイダーマン：スパイダーバース』。ビップシアターで、値段は通常の四倍となる一〇ドル。中に入ってみると、リクライニング、フットレスト付きのペアシート、背面から重低音がドンドンと響いてきました。映画の音声は英語、字幕がクメール語でした。

映画のあと、ホテルに帰って、日課となった洗濯です。頑張って続けたおかげで、一三日間の旅でも日本に持って帰る洗濯物は着て帰るものだけとなりました。そして、最後の夜、やはりジョンとの飲み会です。午後七時、一年に一回の、へべレケ酔いつぶれ覚悟の飲み会がスタートです。

今日のメンバーは、ジョン以外にサーとナイス。二人ともトゥクトゥクのドライバー。ちなみに、サーは、二年前にジョンの実家に行ったとき、私のためにニワトリをしめて料理をしてくれた人です（一三二ページ参照）。彼には、何か恩返しをしたいと思っていました。

お店はいつもの焼肉屋。豚肉、牛肉のさまざまな部位を楽しんだあと、「二次会に行こう〜！」ということになり、サーのトゥクトゥクでホテル近くのライブバーに向かいました。生バンドによる昔ながらのスタイルです。地元の人が、カンボジアソングを気持ちよさそうに歌っていました。

ええ感じにカラオケは進み、次はナイスの番。気持ちよさそうに歌っていました。そして次はサーの番というところで、もう終わり？　歌の予約をしていたはずだけど……。でも、お店の人は「ゴメン、もう終わりなんだ」のひと言。しかし、私のスイッチが入ってしまいました。

「日本から来て、この人の歌を聞きに来たのに……！　一曲だけ、どうにかならんかなぁ……。お願い、本当にお願い、一曲だけ……。たのんます。ほんまに一曲だけやから」

と、旅の恥は掻き捨てです。店の人も「しょうがないなぁ」って感じでサーに歌わせてくれました。照明も落ちていますが、本人は大喜び。ワンコーラスだけ歌ったあと、私と熱い抱擁。よかった、よかった！　カンボジアの最終日、やはりおもしろおかしい最高の一日でした。来年の一二月、元気にこのカンボジアの土を踏みたいと思いました。心残りはジョンの奥さんだけです。

翌朝の八時に、ホテル前でジョンと待ち合わせをしました。一一時のフライトで、午後九時過ぎには関西空港に到着します。やはり、名残惜しいです。でも、その一方で早く帰りたいという気持ちもありました。早く家族の顔を見て、カンボジアでの報告がしたかったです。

帰国した翌日からは、目白押しのスケジュールがはじまります。二週間のブランクを埋められるかどうかなんて言ってられません。明後日からは、いつもの仕事を二〇〇パーセントのペースで進めていかなければなりません。でも内心は、仕事がしたくてウズウズしていました。なぜかって、それだけ頑張れば、また多くの自転車を提供することができるからです。

5 ただいま！

目覚めた朝、しっかり二日酔いです。「八時に迎えに来て」とお願いしていたので、少し前にホテルの前に出て、ジョンのトゥクトゥクで空港に向かいました。少し時間に余裕をもって出たので、ジョンに「ニャムバーイハウイ？（朝ごはん食べた？）」と聞いたら「まだ」だと言うので、一緒に食べることにしました。

私が初めてカンボジアを訪問した二〇一五年、ジョンに連れていってもらったのは外国人向けのカンボジア料理の店でした。しかし、このときは、ジョンはいつも通っている店に連れていってくれました。まったくかしこまらず、地元の屋台風の店で朝ご飯。三年間かけて仲良くなった結果、観光客としてではなく、友達としていつもの店に連れていってくれたことがうれしかったです。

改めて、空港へ向けて出発。新しいタイプのトゥクトゥクをよく見かけるようになりました。ジョンいわく、「あれはトゥクトゥクとは言わない」そう。ちなみに、車体側面にあるオレンジのマークは「PassApp Taxi」のマークで、Uber と同じような配車アプリです。行き先を指定して、予約ができ、アプリに表示された料金を払えばいいので交渉が不要です。ただ、カンボジアは現金商売が主流なので、Uber のようにクレジット決済には対応していません。とはいえ、「新しい時代の到来……」のようです。

空港に到着。ジョンに「また来るよー！」と挨拶して別れました。空港内に入り、まずは荷物の計量。コーヒー豆が一二キロ。ほかにもいろいろと買いましたが、二八キロで何とかパス。そのあと、いつものとおり、出発ロビーのスタバで物思いにふけりました。今回の旅もいろいろありました。たくさんの笑顔にも会えました。いろいろと反省点もありますが、何とかミッションクリアという感じでしょうか……。

しかし、ここからもうひと波乱ありました。帰りのトランジットです。待ち時間が一時間五分という短さなのですが、プノンペン発の飛行機が遅れてしまって見事にトランジットは失敗。代替機のチケットと七五香港ドルの食事券が二枚。それで晩ご飯をすませて、朝の便まで空港内で寝ることにしましたが、とても寒くて寝れません。そのときに気付きました。今は冬でした。

香港からの飛行機はトラブルもなく、関西空港に無事到着しました。自宅に帰ったのは七時二〇分。ちょうど、娘が学校に行く支度をしているところでした。荷物だけ置いて娘と一緒に家を出て、事務所までの道のり、娘にカンボジアの話をしました。本来なら、昨晩に帰ってきて、今日からバリバリと仕事をする予定でした。事実、その日からの予定は目白押し。四七歳のオッサンに徹夜は厳しい。ボーッとしながら仕事をこなすという一日になりました。

さて、「自転車プロジェクト2018」もいよいよ締めくくりです。今回の旅は、昨年、一昨年とどのように違ったのか。何といっても同行者がいたことでしょう。もしかしたら、一つの転機かもしれません。このような活動をしている関係で、カンボジアの本やボランティア活動の本をよく読むようになりました。多くの団体が、「最初は一人でやってたんだけど、次第に仲間が増えていった」と書いています。もちろん、この活動も多くのみなさんのご協力があって成り立っているわけですが、その主催が私個人からグループになっていくのかなぁと感じています。どんな展開を見せることになるのか、まだはっきりとした形は現れていませんが、よい方向に流れるように頑張ります。

コンポンチュナン州までの自転車旅では、二日目に大きく体調を崩し、みなさんにご心配をおかけしました。しかし、それが理由で「こまめな休憩」と「熱中症対策」の必要を学びました。もちろん、来年もチャレンジしたいと思っています。やはり、「プノンペンまで自転車で行ける。プノンペンは世界につながってるんだから、みんなはこの自転車で世界とつながれる」ということを伝え続けていきたいのです。

自転車プレゼントのセレモニーでは、混乱もあって多くの課題を残しました。備忘録的に書いておくと以下のような感じです。

・自転車プレート、固定ワイヤー、軍手、修理マニュアル、名刺などはあらかじめセットにして、袋に入れて番号を振っておく。
・事前に得られる名簿と上記の番号を対応させる表をつくっておく。写真の撮り漏れがあったときに役に立つ。
・セレモニーの際、右のセットを配布するときに名簿の順に並んでもらい、一つずつ手わたしする。
・自転車クラブについては、自転車管理のあり方をこちらで構築して、訪問時に学校の先生に説明する時間を設けたほうがよい。
・全体的に感じたことは「やはり、クメール語の会話力」。それと、英会話力の強化。
そして、プノンペン大学での講義体験、本当に楽しかったです。来年以降も続けていきます。これは、自転車プロジェクトとつながっていく私の夢の形なのです。自転車で教育を受け続けられる子どもが増えていく。その子どもたちには、卒業後に働く職場が必要なのです。私の本業であるコンサルティングやセミナーなどでカンボジアによい企業が増えていけば、そこにつながっていくように思います。

念のために言いますが、私がイメージしている「よい企業」とは、「お客さんが喜びまくっていて、それがうれしくって、スタッフがやる気を出しまくっている会社」です。こんな企業が世界中で増えていけば、そこで働くスタッフの人生も豊かになっていくはずです。

「こんな生活から抜け出したい」と、訪問した貧困家庭の子どもたちは口を揃えて言っていました。このように言って、泣いてしまう子どももたくさん見てきました。そんな子どもたちが、「自転車で頑張って通学して、卒業できた！　働いた先の会社がすごくいい会社で、給料もたくさんもらえるし、仕事も楽しい！」と笑顔になっていく未来に向けて、自転車プロジェクトを続けていくことにします。

あとがき

　原稿の執筆、本当に苦しかったです。新評論の武市社長に会ったのが二〇一八年七月、そこから原稿を書きはじめて、結局一年八か月かかりました。ペースがなかなか上がらないなか、モチベーションを上げるためにさまざまな手をつくしてくれた福住さんや、中小企業家同友会の仲間が、「原稿書き、頑張ってる？」としょっちゅう声をかけてくれました。そして、「がんばって書いてます！」とフェイスブックなどに発信するたびに、「いいね！」をしてくれたり、「読むのを楽しみにしています！」とたくさんの方々が「声かけ」をしてくれました。みなさんのおかげです。本当にありがとうございました。

　たくさんの人たちに支えられて実現し、継続している「カンボジア自転車プロジェクト」、お礼の意味も込めて、できるかぎり多くの人や企業名を紹介させていただきましたが、紙幅の関係でほんの一部となりました。ご紹介できなかったみなさま、この場を借りてお詫び申し上げます。

「まえがき」に書きましたが、「この子は、将来、自分の夢をあきらめるときが来る」という言葉が私の頭の中にこびり付いています。そうかもしれませんが、そうはなってほしくないのです。「自分は無力だけど、なんかでけへんのか！」と思い立ち、二〇一五年にはじめた活動はまだ道半ばです。

本書では紹介できませんでしたが、二〇一九年もこのプロジェクトを行っていますし、二〇二〇年も一二月に訪問する予定となっています。本書を持ってカンボジアに行き、みなさんに見せるつもりです。もちろん、読めないでしょうが、写真などでその雰囲気は感じていただけるでしょう。もし、二〇一九年の活動内容に興味をもたれた方は、ホームページ（http://cam-bi.net）をご覧ください。

「本は面白くないと意味がありまへん！」という武市社長の言葉、強烈な形で印象に残っています。今さらながら、武市社長が言うところの「意味がある」本になっているのか心配になってきました。できるだけ「面白く」伝えようと、プロジェクトとは関係のない話を盛り込んだり、プロジェクトの様子を詳しく書きすぎたかもしれません。それは、みなさんに、カンボジアの現状を知ってほしいこと、そして、そのような環境で暮らす子どもたちに自転車をプレゼントするというこのプロジェクトの意義を伝えたかったからです。

自転車プロジェクトも本の出版も同じです。活動を広く伝えることで多くの賛同者を得ることができ、さらによいアイデアが生まれてきます。「自転車もらったんだから自分の人生、自分で切り開いていきや！」と同じで、まずは私自身が、本書やフェイスブックをベースにして切り開いていきたいと思います。そして、さらに多くの人に支えられながら、みんなの力を借りながら「完成形」を目指していくことにします。

本書を読まれた感想など、フェイスブックやツイッター、あるいはメールなどでお寄せいただけるとうれしいです。でも、打たれ弱いので、辛辣なご意見はご勘弁ください。

最後になりましたが、このような機会をいただきました新評論のみなさん、本当にありがとうございました。そして、執筆中にもいろいろと支えてくれた大切な家族にお礼を言って締めくくりたいと思います。

「ほんまに、おおきに！」

二〇二〇年　七月

安田勝也

著者紹介

安田勝也（やすだ・かつや）

1971年、大阪府出身。会社員を経て、2005年に「安田コンサルティング」として独立。
2019年には、両親が経営していた喫茶店と同名の「株式会社パール」を設立。コンサルティング業の傍ら、カンボジアへの自転車支援に奮闘中。
カンボジア自転車プロジェクトのホームページ
http://cam-bi.net
Facebook：https://www.facebook.com/katsuya.yasuda
メール：yasucon@ea.main.jp

カンボジア自転車プロジェクト
――オッサンが国際支援をはじめた！――

（検印廃止）

2020年9月30日　初版第1刷発行

著　者　安田勝也
発行者　武市一幸

発行所　株式会社 新評論

〒169-0051 東京都新宿区西早稲田3-16-28
電話 03(3202)7391
振替・00160-1-113487

落丁・乱丁はお取り替えします。
定価はカバーに表示してあります。
http://www.shinhyoron.co.jp

印刷　フォレスト
製本　中永製本所
装丁　山田英春

Printed in Japan
ISBN978-4-7948-1159-2

新評論　好評既刊

土方 美雄

アンコールへの長い道

江戸時代の初期から今日まで、実に多くの日本人がその偉容にひかれて訪れているアンコール・ワット遺跡群。毎年のようにカンボジアを訪れている著者が、アンコール・ワットの過去と現在を案内する。

四六上製　306 頁　2500 円　　ISBN978-4-7948-0448-8

原　康子／イラスト：田中由郎

南国港町おばちゃん信金

「支援」って何？　“おまけ組”共生コミュニティの創り方

「経済成長」「平和改憲」「国際協力」…。美名のもとで何が奪われ、何が失われているのか。勇ましい議論を超えて「共生」の本質に迫る。

四六並製　208 頁　1800 円　　ISBN978-4-7948-0978-0

林 俊行 編

国際協力専門員

技術と人々を結ぶファシリテータたちの軌跡

JICA 国際協力専門員 12 名が、そうした「技術と人々」のつなぎ役としてそれぞれの現場で現地の人々とともに学んだことや、専門家としての仕事の意味を、それぞれの自分史と重ね合わせながら真摯に綴る。

四六並製　352 頁　2800 円　ISBN978-4-7948-0787-8

ドクターファンタスティポ★嶋守さやか

寿《ことほ》ぐひと

原発、住民運動、死の語りと

生死の語りが繰り返される日々の中、対立と分断を超えて信頼・助け合い・共感の地域社会を共に築くための備忘録。

四六並製　300 頁　予 2400 円　　ISBN978-4-7948-1161-5

北九州キャリア教育研究会 編

夢 授 業

大人になるのが楽しくなる、もうひとつの授業

2019年キャリア教育アワード「奨励賞」受賞！ 1000 名超の職業人が子どもたちに自らの仕事を語る唯一無二の取り組み。

四六並製　288 頁　2000 円　　ISBN978-4-7948-1153-0

表示価格は本体価格（税抜）です。